U0871817

城市轨道交通网络大客流管控理论与方法

江志彬　著

同济大学出版社
TONGJI UNIVERSITY PRESS

图书在版编目(CIP)数据

城市轨道交通网络大客流管控理论与方法 / 江志彬著. —上海:同济大学出版社，2021.8
ISBN 978-7-5608-7225-4

Ⅰ. ①城… Ⅱ. ①江… Ⅲ. ①城市铁路—交通网—旅客运输—客流—管理 Ⅳ. ①U239.5

中国版本图书馆 CIP 数据核字(2021)第 150605 号

同济大学学术专著(自然科学类)出版基金资助
中央高校基本科研业务费专项资金资助

城市轨道交通网络大客流管控理论与方法
江志彬 **著**
责任编辑 陆克丽霞 **责任校对** 徐春莲 **封面设计** 陈益平

出版发行 同济大学出版社 www.tongjipress.com.cn
(地址:上海市四平路 1239 号 邮编:200092 电话:021-65985622)
经 销 全国各地新华书店
排 版 南京文脉图文设计制作有限公司
印 刷 常熟市华顺印刷有限公司
开 本 787 mm×1092 mm 1/16
印 张 14.5
字 数 362 000
版 次 2021 年 8 月第 1 版 2021 年 8 月第 1 次印刷
书 号 ISBN 978-7-5608-7225-4

定 价 79.00 元

前　言

我国城市轨道交通发展迅速，部分城市（如上海、北京、广州等）已进入了超大规模网络化运营的新阶段，而迅猛增长的客流和有限的运输能力之间的矛盾也日益突出，以城市轨道交通为防控重点的大客流输送与高密度集散所引发的公共安全问题进一步受到关注。2018 年 6 月，交通运输部发布了《城市轨道交通运营管理规定》，2019 年 10 月，交通运输部发布了《城市轨道交通客运组织与服务管理办法》，2020 年 3 月，中国城市轨道交通协会发布了《中国城市轨道交通智慧城轨发展纲要》。这些文件都提到了城市轨道交通大客流风险，并对运营企业在大客流监测、管理与控制等方面提出了明确要求。

城市轨道网络是一个“人、车、环境”相互作用的复杂动态系统，从乘客出行时间、路径选择到列车选择的这一过程是随机和动态的。而大客流具有成因多样、组成复杂、客流影响及传播范围广的特点。目前，针对大客流预防与管控的理论体系还不健全，仍缺乏针对性的理论与方法的指导。本书依托国家自然科学基金青年基金项目“延误条件下城市轨道交通网络客流演变机理(51008229)”、国家自然科学基金面上项目“城市轨道交通网络限流与列车调整协同优化建模与仿真(61473210)”、上海市科技委员会科技攻关项目“城市轨道交通大客流与运营安全的智能感知预警与应急疏散技术研究及示范应用(18DZ1201404)”、上海申通地铁集团有限公司合作项目“基于 Wi-Fi 信令数据挖掘的轨道交通运营需求研究”等科研成果，搭建了城市轨道交通网络大客流管控的基础理论体系，重点阐述了有关城市轨道交通大客流的形成与传播机理、大客流可视化分析、大客流感知、基于轨迹数据挖掘的车站和网络大客流分析、大客流预警和限流等一系列关键技术、理论体系和实施方法，并辅以典型案例进行分析说明。

本书所研究的问题都是以现场运营需求为指引，是笔者十余年科研成果的总结与归纳。本书撰写的初衷更多的是想给读者提供解决问题的思路、原理和方法。本书可作为相关专业本科生、研究生的教学参考资料，同时，对轨道交通系统相关的政府决策、工程规划与设计、运营企业的管理人员也有很好的参考价值。

本书由笔者完成撰写与统稿，谷金晶、刘伟、朱冰沁、周旻、廖沈美慧、武嘉萌等参与了资料整理和校核工作，并且由徐瑞华教授审核。本书的撰写得到了上海申通地铁集团有限公司等业内专家的指导，同时，本书参考了大量国内外文献以及国内部分城市（如上海、北京等）轨道交通运营企业的相关运营资料。本书的出版获得了同济大学学术专著（自然科学类）出版基金的资助，也得到了同济大学出版社的大力支持。笔者在此向他们表示最诚挚的谢意。

由于笔者业务视野和学术水平的局限性，本书的内容安排、学术观点难免存在不当或疏漏之处，恳请各位同行、读者批评指正。

江志彬

2021 年 2 月于同济大学

目　　录

0 绪 论

我国城市轨道交通发展迅速，部分城市（如上海、北京、广州等）已进入到了超大规模网络化运营的新阶段，而迅猛增长的客流与有限的运输能力之间的矛盾也日益突出，一方面表现为部分线路高峰时段超负荷运行、车厢拥挤、候车滞留、大客流集聚等情况日趋严重；另一方面，由于设施设备功能失效和一些不可预知的外部因素（如突发事件、恶劣天气等）导致列车发生长时间、大面积延误，造成部分车站客流积压严重，给网络运营安全带来了严重挑战。

随着城市轨道交通客流的快速增长，高密度客流集散所引发的公共安全问题越来越引起关注。2018 年 6 月，交通运输部发布了《城市轨道交通运营管理规定》[1]，其中第四十五条明确要求："运营单位应当加强城市轨道交通客流监测。可能发生大客流时，应当按照预案要求及时增加运力进行疏导；大客流可能影响运营安全时，运营单位可以采取限流、封站、甩站等措施。" 2019 年 10 月，交通运输部发布了《城市轨道交通客运组织与服务管理办法》[2]，其中第十五条规定："运营单位应当持续监测客流情况，科学编制列车运行计划，在线路设计能力范围内合理安排运力，不断满足客流需求。发生突发大客流时，客运人员应当协调行车调度人员及时增加运力进行疏导。预判站台客流聚集超过预警值、可能危及安全时，应当实施单站级客流控制。无法缓解客流压力的，应当在本线多个车站实施单线级客流控制；预判断面客流满载率超过预警值时，应当在本线及与之换乘的线路车站实施线网级客流控制。"2020 年 3 月，中国城市轨道交通协会发布了《中国城市轨道交通智慧城轨发展纲要》[3]，在建设重点中明确提出"研发智慧客流管理系统，对日常峰谷、节假日、重大活动预测及动态监测，及时发布疏导信息，为智慧运输提供可知、可调、可控的大数据管理应急处置解决方案"。

城市轨道交通是一个"人、车、环境"相互作用的复杂动态系统，乘客出行并不依赖时刻表，故是一种"弱计划"出行方式，从乘客出行时间、路径选择到列车选择的这一过程是随机的、动态的，且客流量大、组成复杂。城市轨道交通网络具有行车间隔小、客流量大、网络连接性强等特点，在一票通的城市轨道交通网络化运营条件下，由于网络中的列车运行具有随机有控性和计划协调性，网络中的客流具有路径变化性和时空动态性，网络上某一地点的列车延误会逐渐向相邻的区段和线路进行传播，进而容易对整个网络产生严重影响。这种影响最直接的表现是运营效率的下降和大客流风险的增加。

城市轨道交通的客流是一种动态流，其分布与变化随时间和空间的不同而不同。同时，随着轨道交通网络客流规模的快速增长，对于网络层面客流分析的难度也越来越大。

既有的研究成果对乘客在时间与空间上出行规律的宏观与微观结合分析不足，也很少从客流信息的多源性、多维度性和时变性等特征进行综合考虑，因而分析结果对于日常运营决策的支持有限[4]。事实上，城市轨道交通网络中的客流信息隐含着丰富的乘客出行规律和特征，如何从海量的乘客历史出行大数据中提取与挖掘有价值的信息，为运营者提供科学决策是需要重点解决的一个关键问题。大数据可视化分析是从把人作为分析主体和需求主体的角度出发，强调基于人机交互、符合人的认知规律的分析方法，意图将人所具备但机器并不擅长的认知能力融入分析过程。通过把客流大数据以直观可视化图形的形式展示，将人的知识引入数据分析中，让用户能够根据自身认知去分析客流数据，在分析过程中实现人机交互，以获得洞察大规模复杂客流数据的能力[5]。

城市轨道交通网络大客流具有典型的时空聚集性，网络大客流的演变实质是每位乘客在网络上的运动过程以及乘客与列车交互影响的结果。而获取实时、准确和全面的客流出行时空数据是分析乘客出行规律、准确把握客流实时分布状态、预测未来时段客流趋势、提高客流协同管控决策的时效性和有效性的基础保障。时空数据是指同时具有乘客出行时间和空间属性的数据，传统的自动售检票（Automatic Fare Collection，AFC）数据仅记录了乘客 OD 和进出站时刻，随着 Wi-Fi 嗅探、视频、手机信令等新技术的应用，乘客的微观出行时空过程能够从不同粒度、层面和视角得到记录。以 Wi-Fi 嗅探为代表的新技术所获得的时空数据具有个体连续、精准刻画、广域观测和实时反馈等优点，且蕴含着丰富的语义信息。可以说，Wi-Fi 嗅探为精准化的客流状态评估和预警提供了一种新的技术手段。随着时空数据体量和类别的持续增长，如何从海量的出行时空数据中分析出乘客的个体出行轨迹，进而挖掘乘客的时空分布特征和客流演变规律，为客流预警和站车协同优化提供动态的客流数据支持，是需要重点解决的另一个关键问题[6]。

大客流预警是客流管控的前提，它是指在海量历史客流规律挖掘的基础上，基于多维度、多类型的实时客流分析，对当前的客流状态进行评估、辨识和警示。在日常实践中，对于客流异常的判别以及应急处置的时机和流程，通常是基于现场工作人员的经验，因此往往只关注到局部区域的变化，而缺少对线路和网络客流演变趋势的准确把握。然而，实时监测的多源数据为大客流预警提供了基础，对此需要依据增量更新的客流时空序列数据的聚类特征，设计相应的预警指标，以实现对大客流的实时、准确预警。

限流是使客流量与车站能力和运能相匹配的客流控制措施，其本质是改变客流的时间分布，使高峰时段延长，峰值降低，甚至使客流向其他交通方式转移。限流原本只是一种突发条件下的应急管理措施，但随着网络客流的激增，目前，北京、上海和广州等城市已将限流纳入常态化管理。限流包括单站限流和站车协同限流两种。站车协同管控是一种线路车站限流与列车运行调整协同优化的组合策略[7]，旨在对大客流运营情境下的乘客出行过程和列车运行方案进行实时管控，以实现大客流风险主动防控。站车协同管控既能保障乘客安全，有效避免大客流可能引发的拥挤、踩踏、乘客被挤下站台等安全隐患；又能合理、有效地均衡各座车站单位时间的进站客流量，提高列车运能的利用率，协同调整列车运行方案以实现运能资源的优化配置，达到快速疏解车站客流压力的目的。它体现的是一种“用时间换安全”“牺牲局部保全局”的思想[7]。目前的运营实践中，限流车站和限流时段的选定以及限流强度的判断与决定，大多仍旧依靠车站工作人员的现场管理经验，由于带有一定的主观性，缺乏科学依据，从而导致客流管控方案在全局前瞻性和动态有效性方面的考虑明显不足[8,9]。因此，我们就需要重点研究在综合考虑乘客出行过程和列车运行的随机性、时变性、复杂性条件下的协同限流理论与方法。

长期以来，我们对于城市轨道交通大客流风险防控和安全管理仍处于粗放型的管理阶段，在网络客流管控的理论体系构建和技术应用上仍有待完善，其中需要重点突破从事后管理向前瞻性管理、从人工经验决策向数字化科学决策以及从危机管理向风险防控的转变。本书依托国家自然科学基金青年基金项目“延误条件下城市轨道交通网络客流演变机理(51008229)”、国家自然科学基金面上项目“城市轨道交通网络限流与列车调整协同优化建模与仿真(61473210)”、上海市科技委员会科技攻关项目“城市轨道交通大客流与运营安全的智能感知预警与应急疏散技术研究及示范应用(18DZ1201404)”、上海申通地铁集团合作项目“基于 Wi-Fi 信令数据挖掘的轨道交通运营需求研究”等科研成果，搭建了城市轨道交通网络大客流管控的基础理论体系，本书的后续章节将从大客流的形成感知、分析、预警和控制四个方面进行重点论述。

参考文献

[1] 交通运输部.城市轨道交通运营管理规定[EB/OL].[2018-05-24]. http://www.gov.cn/xinwen/2018-05/24/content_5293175.htm.

[2] 交通运输部.城市轨道交通客运组织与服务管理办法[EB/OL].[2019-10-27]. http://www.gov.cn/xinwen/2019-10/27/content_5445538.htm.

[3] 中国城市轨道交通协会.中国城市轨道交通智慧城轨发展纲要[EB/OL].[2020-03-25]. https://wenku.baidu.com/view/3eb71c2f0875f46527d3240c844769eae009a3b7.html.

[4] 谢英豪，江志彬，徐瑞华.城市轨道交通断面客流数据可视化分析及优化[J].城市轨道交通研究，2017，20(1)：69-74.

[5] 江志彬，刘伟，韩彦钊，等.城市轨道交通网络客流大数据可视化[J].城市交通，2018，16(2)：70-75，8.

[6] 江志彬，陈菁菁，谷金晶.地铁智慧车站的内涵和实践途径[J].城市轨道交通研究，2019，22(09)：6-9.

[7] 江志彬，朱冰沁，周明.城市轨道交通网络限流方案的制定与评估及其应用[J].城市轨道交通研究，2017，20(3)：5-10.

[8] JIANG Zhibin, GU Jinjing, FAN Wei, et al. Q-learning approach to coordinated optimization of passenger inflow control with train skip-stopping on a urban rail transit line[J]. Computers & Industrial Engineering, 2019，127：1131-1142.

[9] JIANG Zhibin, FAN Wei, LIU Wei, et al. Reinforcement learning approach for coordinated passenger inflow control of urban rail transit in peak hours[J]. Transportation Research Part C: Emerging Technologies, 2018, 88：1-16.

1 城市轨道交通大客流的形成与传播机理

城市轨道网络是一个“人、车、环境”相互作用的复杂动态系统，乘客出行并不依赖时刻表，故是一种“弱计划”出行方式，从乘客出行时间、路径选择到列车选择的这一过程是随机的、动态的，且客流量大、组成复杂。想要掌握大客流的特征与演变趋势，首先要解析大客流的形成机理。在城市轨道交通网络中，大客流的形成受到物理结构网络、列车运行网络和乘客出行网络的综合影响，本章将重点论述城市轨道交通大客流的定义与分类、大客流的形成机理以及列车运行延误对大客流的影响机理。

1.1 大客流的定义、分类与风险

1.1.1 大客流的定义

城市轨道交通大客流是指车站在运营过程中的某一时间段内，候车、停留的乘客数量超过了该站设计最大允许的客流容量，或列车的实际载客量已经超过了设计载客量，并有继续增加的趋势，如果不采取紧急措施，将极有可能发生人员伤亡事故或意外事件[1,2]。

1.1.2 大客流的分类

按照不同的标准可以将城市轨道交通大客流分为不同的类型，例如按照大客流的时效性，可将大客流分为可预知性大客流和突发性大客流；按照大客流产生的影响和后果，可将大客流分为一级大客流和二级大客流[3]；按照大客流的发生频次，又可分为常态大客流和非常态大客流[4]。

城市轨道交通大客流发生的场景主要有以下几个方面。

(1) 工作日早晚高峰。城市轨道交通服务于城市公共交通，日常客流以上班、上学的通勤客流为主。该类客流出行具有明显的规律性，通常在早晚上下班、上学、放学期间会产生客流高峰。随着路网规模的不断扩大和通达性的不断增强，选择城市轨道交通通勤的市民越来越多，致使工作日早、晚高峰易发生大客流，该类大客流与线路途经地区的功能密切相关，且发生的时间与位置有很强的规律性。

(2) 节假日出行量增加。在元旦、妇女节、清明节、劳动节、端午节、中秋节、国庆节等国家法定节假日期间或节日的前一天，市民出行量会因为休闲娱乐活动的增加而增加，往往造成部分车站客流量大幅上升。这类大客流与节假日类型、星期几、天气、季节等因素的关系较为密切。

(3) 举办大型活动。随着国民经济的发展和人民生活水平的提高，人们对于物质文化生活的需求也在逐步提升，以大型文化体育活动、商业会展、博览会等为代表的大型活动也越来越多。此类活动的举办会引起大规模客流的集散，其特征是客流强度大、持续时间固定、可预估。

(4) 恶劣天气。在大雨、大雪、大雾等恶劣天气下，地面交通存在极大的不便，这会使得较多市民选择城市轨道交通出行或进入车站躲避雨雪，从而易形成车站局部区域拥挤。

(5) 突发事件。当发生火灾、大面积停电和自然灾害等突发事件时，线路往往会长时间停运，严重时甚至会导致人员伤亡，引起客流混乱。这类事件属于偶发性事件，很难找到规律，但事件一旦发生，客流疏散与应急处置的难度就很大，对客流的高效管控和列车运行调整的协同要求很高。

(6) 线路间运输能力不匹配。在城市轨道交通系统中，各条线路的运营较为独立，不同线路的客流只能通过换乘来实现线路间的转换，如果换乘站衔接线路的运输能力相互不匹配，则换乘站易形成客流积压。

(7) 规划阶段对线路客流的预测偏差。规划阶段的客流预测是城市轨道系统的建设规模、制式选择、车辆选型、列车开行方案等的基础，如果无法保证客流预测的准确性，则会对系统的后续运营产生影响。若预测客流量过大，最终建成的城市轨道系统能力会远大于运输需求，从而造成系统能力和资源的极大浪费；若预测客流量过小，建成后客流增长过快，短时间内就达到了该系统的能力极限，沿线各站将面临常态性大客流。

(8) 城市功能区规划的不平衡。城市轨道交通服务于城市居民出行，若城市功能区规划不当，如核心功能区过于集中，则易导致通勤、商务以及旅游等客流重合叠加，造成该区域的运能紧张，使高峰时段该区域内车站出现大客流的概率增大。同时，城市功能区的不平衡也易形成客流在空间与方向上的不平衡。

除上述原因外，大客流的产生还与网络的通达性和轨道交通的规划设计有关。随着新的线路接入城市轨道交通系统，其网络的通达性就会增强，客流的吸引范围会进一步扩大，客流量会出现较明显的增幅，大客流形成的时间和空间也会随之发生变化。

1.1.3 大客流风险

大客流风险是指由于城市轨道交通受到大规模客流的冲击，导致客流需求和列车能力、设施设备能力之间出现失衡，从而出现运营安全的不确定性[5]。这种不确定性导致的结果，轻则是出现乘客滞留和列车延误，重则有可能造成乘客被夹、被挤下站台或人群拥挤踩踏等重大事故。

《城市轨道交通运营管理规范》(GB/T 30012—2013)在 6.2.2 节中明确规定[6]，运营单位应根据车站的客流情况，做好客流组织工作，加强巡查管理，并满足以下要求：

(1) 运营单位应优化车站客流组织，保证乘客进出站顺畅，避免进出站客流交叉；

(2) 车站客运服务人员应做好车站管理区域的巡查和管理;

(3) 运营单位在客流高峰时段应增派车站客运服务人员,维持乘车秩序;

(4) 当发生突发客流影响行车安全或乘客人身安全时,运营单位应及时采取控制措施,保障乘客安全和运营秩序;

(5) 发生紧急情况时,运营单位应采取措施控制事态扩大。

2018 年 6 月,交通运输部发布了《城市轨道交通运营管理规定》[7],其中第四十五条明确要求:"运营单位应当加强城市轨道交通客流监测。可能发生大客流时,应当按照预案要求及时增加运力进行疏导;大客流可能影响运营安全时,运营单位可以采取限流、封站、甩站等措施。"

1.2 大客流的形成机理

城市轨道交通车站是乘客、列车、车站、线路交互关系最为集中和复杂的场所[8],其主要功能是实现各类客流的集散,因而最容易形成大客流。大客流存在的主要风险为大量人员积聚在受限空间内引发人员踩踏,进而造成人员伤亡事故。当车站出现大客流时,车站内的楼扶梯、闸机、换乘通道等疏运节点的通行能力若不能满足疏运客流量,那么在相应的节点处就易发生局部聚集、拥堵等现象。随着人群数量、密度的不断增大,人体之间的横向作用力也会逐步增强,加之人群恐慌、异质人群、突发事件等因素,使得人群受力系统发生变化,最终导致人群拥挤踩踏。

城市轨道交通网络大客流具有典型的时空聚集性,网络大客流的演变实质是每位乘客在网络上的运动过程以及乘客与列车交互影响的结果,形成大客流的主要原因是乘客与列车交互过程的不协调所产生的客流聚集。城市轨道交通系统主要由物理结构网络、列车运行网络及乘客出行网络三个要素构成[9],乘客与列车的交互过程受这三个要素的综合影响。

1.2.1 物理结构网络

城市轨道交通的物理结构网络是列车运行和乘客出行行为实施的场所,主要分为网络层、线路层和车站层三个层面。对于物理结构网络的抽象化设计是实现列车与乘客空间位置描述的基础。

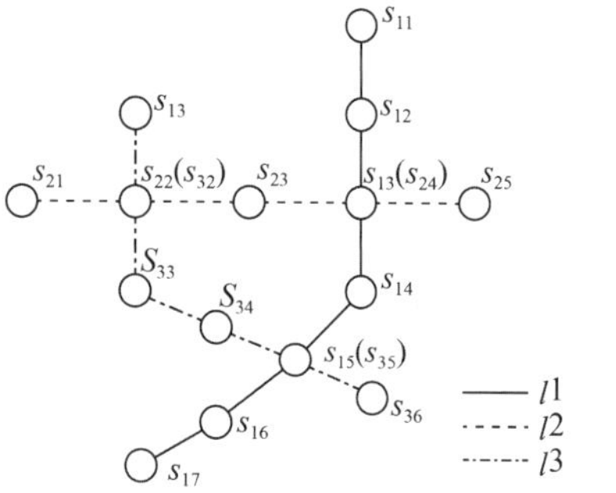

图 1-1 城市轨道交通网络层拓扑结构示意

1. 网络层

网络层重在体现各车站及其所属线路的布局以及各相邻车站之间的连接关系。结合拓扑结构理论,可将城市轨道交通网络表示为由一系列节点和边组成的连接图,图中各节点对应实际网络中的车站,边则用来表示相邻车站间的连接关系。图 1-1 为城市轨道交通某一网络层拓扑结构的示意，用 $L=\{l1, l2, \cdots, lm\}$ 表示网络中的线路集合，$S=\{s_{11}, s_{12}, \cdots, s_{ij}, \cdots, s_{mn}\}$ 表示网络中的车站集合，$s^{T}\{s_{i1j1}, s_{i2j2}, \cdots\}$ 表示网络中的换乘站，网络中换乘车站的集合可以表示为 $S^{T}=\{S_1^{T}\{s_{i1j1}, s_{i2j2}, \cdots\}, S_2^{T}\{s_{i3j3}, s_{i4j4}, \cdots\}, \cdots\}$。通过对城市轨道交通网络层拓扑结构的构建，可以实现用车站节点对乘客出行路径的宏观描述，如乘客要从车站 s_{12} 前往车站 s_{33}，则其有效路径共有两条，路径一表示为 s_{12}—$s_{13}(s_{24})$—s_{14}—$s_{15}(s_{35})$—s_{34}—s_{33}，路径二表示为 s_{12}—$s_{13}(s_{24})$—s_{23}—$s_{22}(s_{32})$—s_{33}。

2. 线路层

城市轨道交通线路层的物理结构主要由车站、区间、相关设施设备和若干支撑系统等组成。典型的城市轨道交通线路配线示意图如图 1-2 所示。由于城市轨道交通列车为双线运行，故线路有上、下行之分。在车站层面，对于侧式站台车站，其站台有上、下行之分；对于岛式站台车站，上、下行乘客虽均汇集到同一站台，但站台也会根据上、下行线路的布局具体划分为上行候车区和下行候车区。

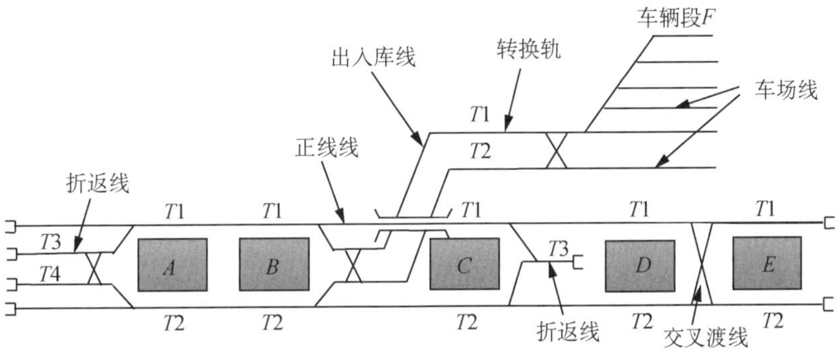

图 1-2　典型的城市轨道交通线路配线示意

3. 车站层

城市轨道交通车站层的物理结构主要由出入口、通道、站厅及站台构成，基于乘客出行过程中的关键节点可以将车站层的物理结构进行简化。图 1-3 所示为简化后的换乘站物理结构，图中用一系列具有关联性的节点来表示整个换乘站内部的主要组成成分，这些节点分别代表闸机、楼扶梯、站台和列车，同时使用了有向线段来反映各节点之间的连接关系。

1.2.2　列车运行网络

列车是实现乘客出行过程的载体，列车运行组织是影响乘客与列车交互行为的重要因素。列车运行图作为列车运行时间与空间关系的图解，规定了各列车占用区间的次序、到达、出发或通过的时刻、列车交路和车底周转等信息，是列车运行网络的构成基础[10]。

城市轨道交通多为平行运行图(图 1-4)，上、下行列车成对开行，车底周转快，停站方案大多为站站停，根据不同时段的客流需求，在不同时段的运行间隔可能有所不同。为了提高运输效率，降低运营成本，使列车的运能与客流需求达到最佳匹配，或为适应线路的

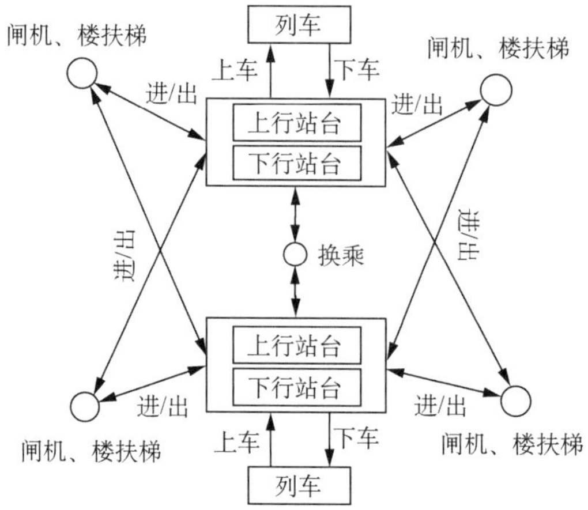

图 1-3　简化后的城市轨道交通换乘站物理结构

复杂拓扑结构，部分线路可能会选择开行复杂交路，图 1-5 所示为城市轨道交通常见的交路形式。当选择复杂交路开行时，由于列车出行目的地和服务区段间隔的差异，会对乘客在车站的列车选择行为产生影响。

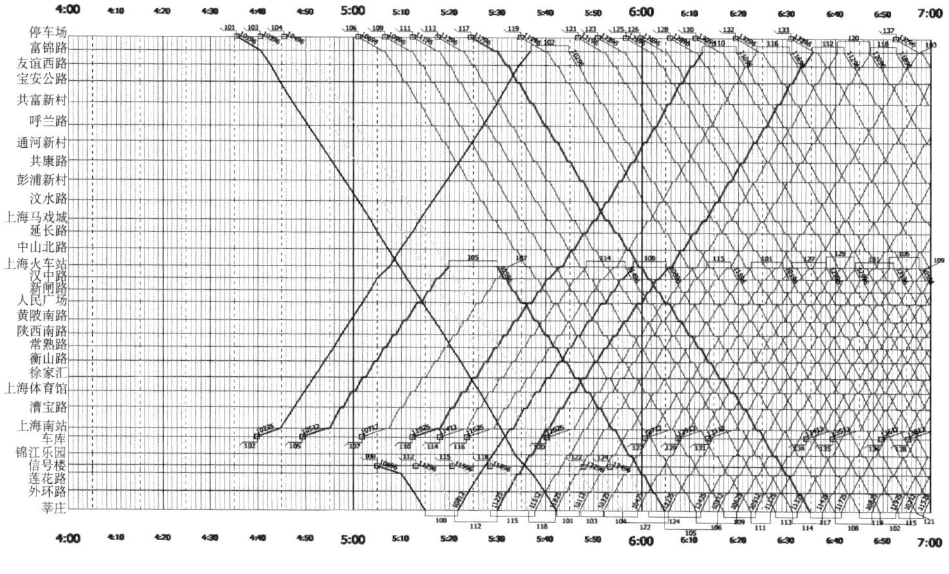

图 1-4　城市轨道交通列车运行图(彩图见附录)

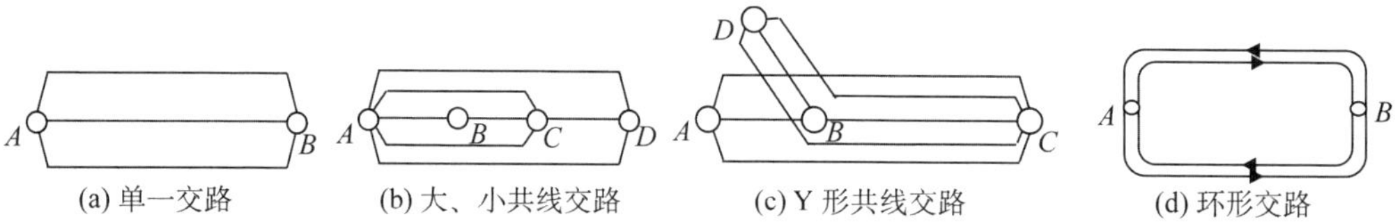

图 1-5　城市轨道交通常见的交路形式

1.2.3 乘客出行网络

乘客在城市轨道交通网络中的出行过程是指乘客从出发站进站到目的地站出站的全过程，如图 1-6 所示。乘客出行过程可以用出行链或轨迹链（时空序列）和相关属性（如进出站、上下车、换乘等）来表示。

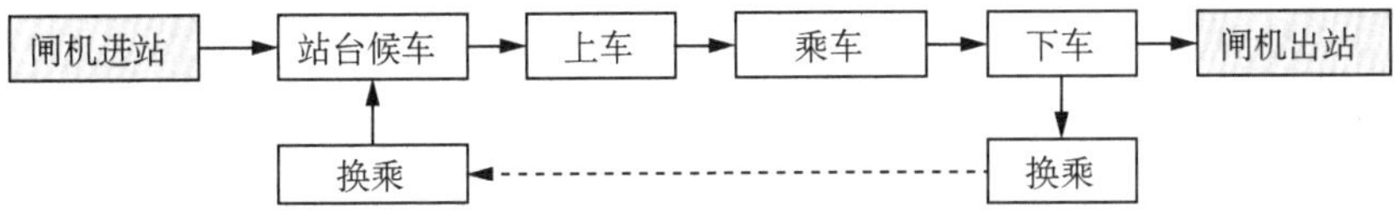

图 1-6 城市轨道交通乘客出行过程

1.2.4 乘客与列车的交互机理

乘客从一个站点移动到另一个站点的行为是需要借助列车这个载体得以实现的，故乘客与列车之间的交互是整个乘客出行过程中的关键环节。在线路上，乘客与列车的交互包含乘车方案选择和乘客上下车这两个重要机制。

1. 乘车方案选择机制

针对不同的开行交路方案，乘客的乘车方案也存在着差异。

（1）对于单一交路，每趟列车的运行范围覆盖线路上的所有车站，站台上的乘客只需要选择目标方向上最先到达的列车即可。

（2）对于共线交路，由于不同交路覆盖的服务范围不同，乘客会根据目的地站来选择对应的交路，也有可能通过不同交路间的换乘到达目的地站。

（3）对于衔接交路，由于整条线路是由若干个短交路衔接而成的，跨交路出行的乘客需要进行下车换乘才能最终到达目的地站。

（4）对于环形交路，乘客选择任何方向的列车都可以到达目的地站，如果出发站到目的地站在不同方向上的旅行时间差异不大，乘客往往会选择不同方向最先到达的列车。

2. 乘客上下车机制

乘客选择了乘车方案以后，在站台会按照“先到先服务”的原则排队等候目标列车，列车到达目的地站后，按照“先下后上”原则完成下车过程。

由于列车容量的限制，在早、晚高峰时段，对于那些列车运能与客流需求量矛盾较大的车站，到站列车的剩余运能并不一定能满足候车乘客的需求，因此会导致部分乘客的留乘。以图 1-7 中乘客 P 的出行过程为例，由于列车 Train_1 满载导致已经到达站台的乘客 P 在 T_1 时刻无法完成上车行为，只能等待后续列车 Train_2 到达后，在 T_2 时

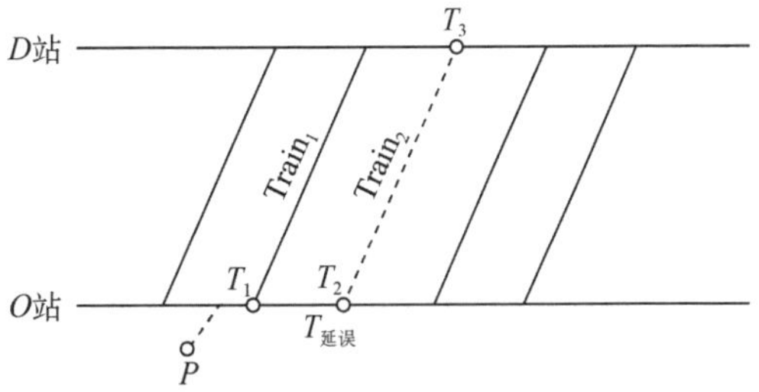

图 1-7 留乘乘客出行示意

刻完成上车过程，乘客 P 在站台的候车时间延长了 $T_{延误}$。

根据上述对乘客上下车过程的分析，整个线路运营过程中，乘客与列车的上下车交互行为如图 1-8 所示。

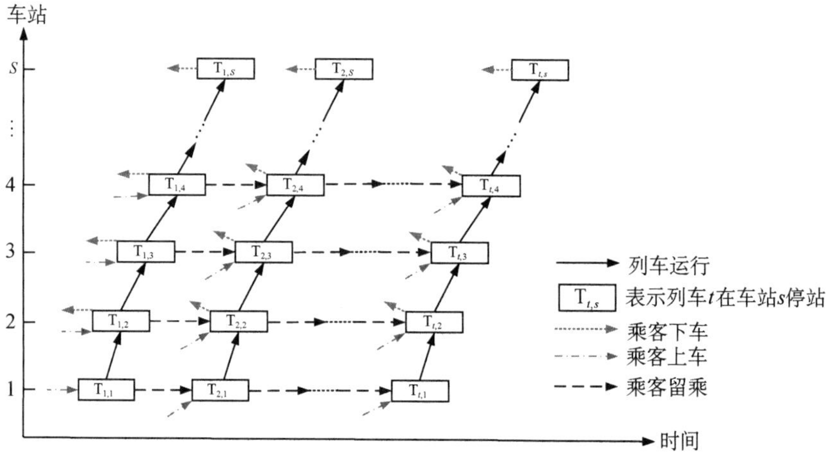

图 1-8 线路运营过程中乘客与列车的上下车交互行为

1.2.5 大客流的形成原因

在乘客与列车的交互过程中，大客流的形成原因主要有两种：一是由于列车间隔较大或短时到达客流量大，导致在下一趟列车到达之前，站台候车的客流量已经超出了站台的设计容量；二是由于到达列车的运能接近饱和，可以带走的站台客流量非常有限，导致滞留在站台的客流量超出了站台的设计容量，如图 1-9 所示。

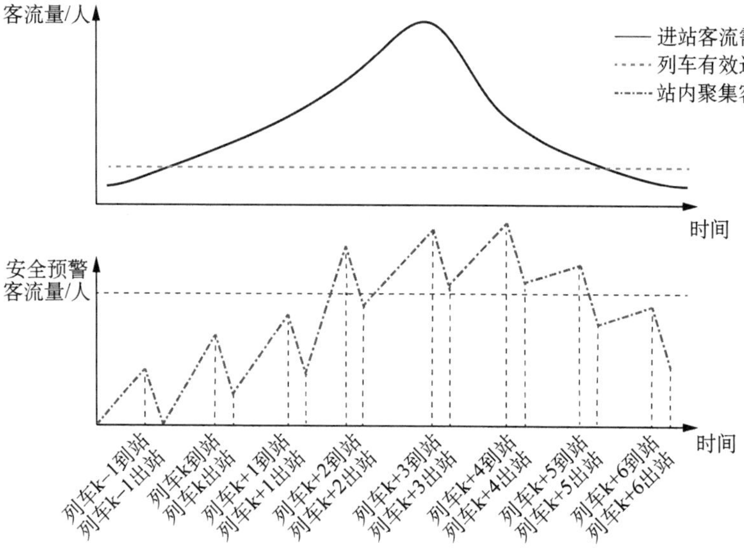

图 1-9 车站大客流风险的形成过程

1.2.6　大客流的风险演化

城市轨道交通乘客出行主要依托车站和列车，这两个载体均是密闭有限空间且都要承载高密度的乘客出行压力。大客流风险演化的实质是供需矛盾的时空演变过程，具体包括客流需求与车站承载能力、列车运能的矛盾，通过增加运能供给可以降低站内客流的风险。在列车容量有限的情况下，线路上游车站过高的满载率可能诱发下游车站站台产生客流拥挤的风险。客流需求与列车运能的矛盾在网络中的传播可能引发网络内关联车站的乘客滞留。伴随着客流空间位移，大客流风险演化分为车站内和车站间两个阶段，如图 1-10 所示。

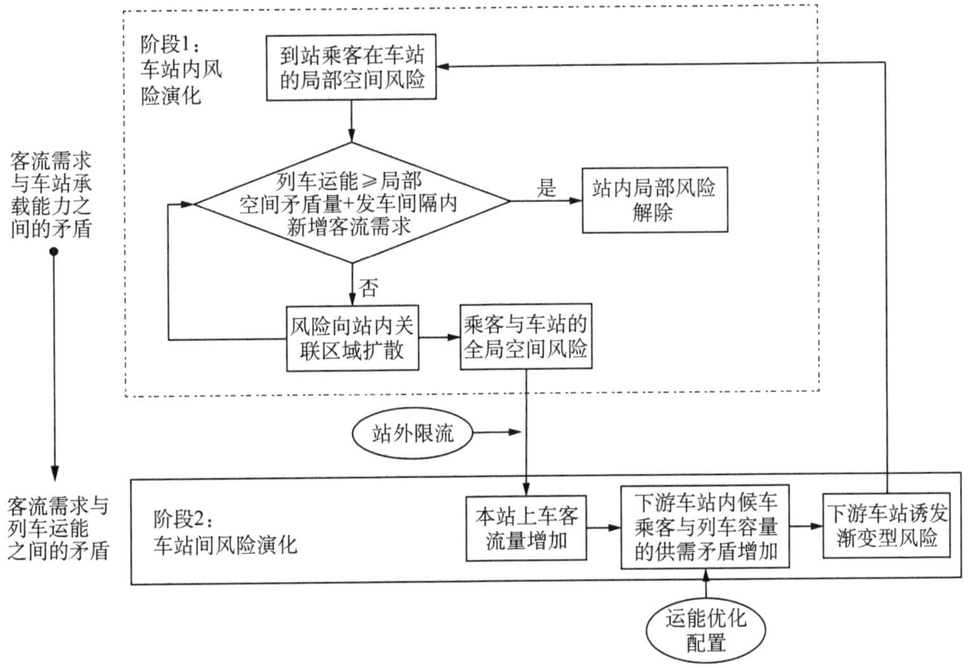

图 1-10　车站大客流风险演化过程

车站内和车站间的风险演化介质是客流需求与车站内设施供需矛盾、客流需求与列车容量供需矛盾之间的互换。风险演化具有多样性、多层次性和自适应性。具体来说，网络大客流风险演化过程如图 1-11 所示。

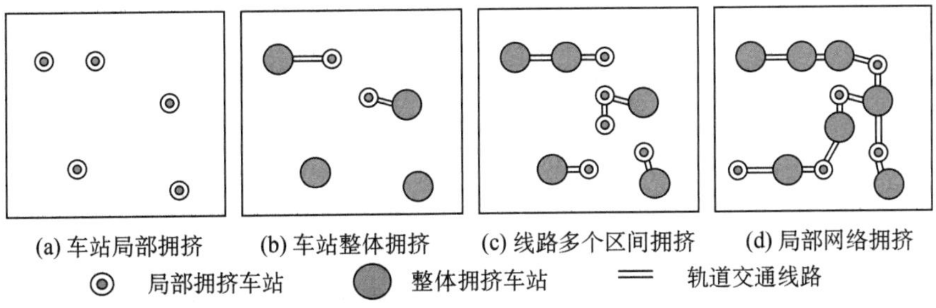

图 1-11　网络大客流风险演化四阶段

1.3 列车运行延误对大客流的影响机理

1.3.1 铁路与城市轨道交通列车延误对客流的影响差异分析

城市轨道交通和铁路系统具有一定程度的相似性,但城市轨道交通系统在网络结构、车底周转、售检票方式、客流组织等方面有其自身特点,从而导致城市轨道交通在乘客出行行为、列车延误影响与传播方式等方面与铁路系统有所不同。

1. 乘客出行行为的不同

铁路列车可在网络各线路之间互通运行,换乘客流比例较低,铁路乘客出行具有明显的计划性,对时刻表有较强的依赖性,乘客出行需要事先购买车票,并且需要对号入座,旅客一旦购票,就已确定其出行路径和列车车次。城市轨道交通网络结构复杂、列车单线独立运行,通常采用公交化的运营模式,乘客出行无须事先购票,可以随到随走,多数情况下跨线出行则需要换乘。

2. 列车延误影响的不同

由于铁路系统中客票和列车之间固定的对应关系,列车延误必然会导致乘客延误。而城市轨道交通系统的列车延误并非必然导致乘客总出行时间的延长,甚至还有可能节省某些乘客的出行时间。

3. 列车延误传播方式的不同

铁路列车在网络各线路之间互通运行,列车延误只是通过列车之间的相互影响向网络传播,客流因素通常不会对列车延误的传播产生影响。而城市轨道交通列车的延误传播主要有两个途径,一是通过列车间相互干扰使延误在本线传播;二是当发生较长时间延误时,除了会导致客流积压外,还有可能导致乘客出行路径的改变,进而波及其他线路甚至整个网络。

1.3.2 列车运行延误的形成原因

城市轨道交通系统在复杂多变的环境下,列车运行延误难以避免,长时间的延误会导致服务质量下降、系统能力利用损失、系统运营成本增加和综合社会经济效益降低等,严重时,还会带来安全风险。由于城市轨道交通在日常运营过程中会受到车站、线路、信号设备与旅客需求等多方面因素的影响,列车的运行会因为旅客乘降、车辆故障、线路故障等原因产生运行延误,而这样的延误会造成乘客滞留时间过长,进而给城市生产和生活带来不便。列车运行延误具有时间与空间上的双重传播特征,一趟列车的延误可能会对其他列车的运行产生影响,从而形成连带延误。由于城市轨道交通线路具有配线简单、行车间隔小、客流量大等特点,因此延误的传播影响范围较大、造成的能力损失也较严重,而在城市轨道交通网络中,这样的影响则更大,延误还有可能通过客流的传递引起相连线路上列车的延误,打乱整个网络的正常运营,对网络乘客造成严重影响。

列车运行延误是列车运行图在执行过程中受到各种因素影响后的综合表现，可以分为初始延误和连带延误。初始延误产生的原因有基础设施的因素，也有运营管理和外部环境的因素[11]，如表 1-1 所列。

表 1-1 初始延误产生的原因

原因	具体内容
基础设施因素	1. 轨道线路：股道、道岔、线路结构等； 2. 车辆：车辆动力、制动、照明、空调、屏蔽门等； 3. 信号系统：车站联锁系统、区间闭塞系统、列车自动运行控制系统（ATC）等； 4. 供电设施：牵引供电、照明、环控等
运营管理因素	1. 乘务员：乘务员的工作经验，工作压力，身体状况等； 2. 车底周转：系统切换、打扫卫生等； 3. 调度人员：调度人员的工作经验、工作压力、身体状况等； 4. 乘客：大客流、上下车客流量、列车载客容量、站台容量； 5. 运行计划：运行图薄弱环节、车底不足、乘务员不足等
外部环境因素	1. 恶劣天气：雷雨、台风、冰冻、冰雹等； 2. 突发事件：火灾、异物侵入、自杀跳轨、爆炸、地震、恐怖袭击等

显然，初始延误的时间与发生延误的原因及程度有关，某些原因可能导致延误只持续了几秒钟，而有些原因会导致延误持续数小时甚至更长。另外，初始延误的规律与线路设备特性及客流特征等诸多因素有关，且具有随机性，因此很难描述初始延误的分布规律。一般来说，由于高峰时段行车间隔小、客流量大、车辆信号等设备负荷大等原因，导致初始延误发生的概率较其他时段要大。

连带延误是由于初始延误的影响而造成的延误。连带延误是大客流传播的主要驱动要素，在城市轨道交通系统中非常普遍，也占了大部分。但对于乘客来说，他们无法判别列车发生的延误究竟是初始延误还是连带延误。初始延误与连带延误最大的区别在于：一旦发生延误事件，初始延误是无法避免的，但是连带延误却是可以通过相关措施来减少或者消除的。根据产生的机理不同，连带延误可分为受迫延误和主动延误两类。

(1) 受迫延误。受迫延误是指延误发生后，由于前行列车在区间和车站的安全冲突，或者由于初始延误导致客流在某些车站的集聚引发列车停站时间的延长，导致正常运行列车不得不接受的连带延误。

(2) 主动延误。主动延误是指当初始延误发生时，为了减缓部分车站的客流聚集压力，通常采取间隔调匀、运行线偏移、扣车等列车调整策略，而这些调整策略需要人工延迟某些列车的发车时刻，进而导致的连带延误，如图 1-12 所示。例如，考虑到线路间的换乘衔接，若一条线路列车发生延误，可能会人为地推迟衔接线路的发车时刻以满足乘

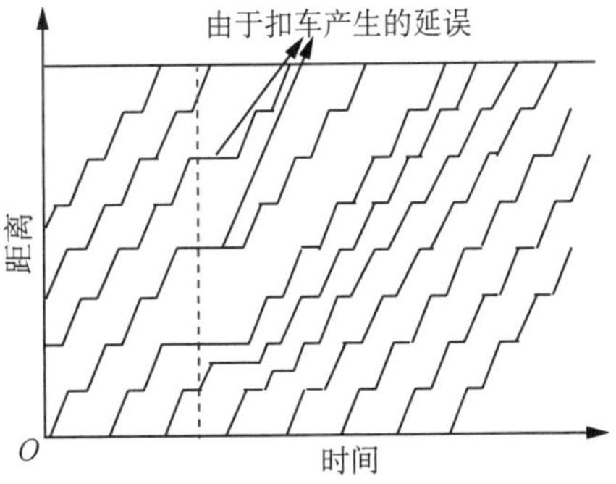

图 1-12 延误传播的向前传递性

客的换乘需要，特别是在末班车情况下，为了防止换乘客流由于列车延误错过衔接列车，就需要人为调整衔接线路列车的运行时刻。

导致连带延误的因素有很多，在城市轨道交通系统中，主要有以下 8 个方面[11]。

(1) 列车自身原因。当某列列车在某一地点发生初始延误后，有可能会导致该列列车在下一个或几个车站发生连带延误，这种连带延误是由于列车自身原因造成的。

(2) 缓冲时间。在城市轨道交通运行图中，缓冲时间包括追踪间隔缓冲时间、区间运行缓冲时间、停站缓冲时间、折返缓冲时间和换乘缓冲时间等。缓冲时间的大小与分布将直接影响到延误的传播速度与范围。

(3) 车底周转。在城市轨道交通线路中，车底折返时间短，周转频率高。当车底前一列车发生终到延误时，就有可能由于折返时间不足而导致后一接续列车发生出发延误，这时，延误就会传播到线路的另一个方向。

(4) 乘务组织。由于列车延误，乘务员（司机）有可能会因列车延误而不能及时担乘另一计划列车，导致另一计划列车的出发延误。

(5) 辅助线数量及其布置形式。在城市轨道交通线路上，辅助线包括折返线、存车线、停车线、渡线和安全线。辅助线的合理设置是列车安全行车、提高运营应变能力的重要保证。其中，折返线的布置形式决定了车站的折返能力；存车线的数量决定了线路上可以存放备车的数量；停车线主要用于运行中故障列车的临时停放，以减少对正常行车的干扰，也可用于发生长时间延误时改变临时交路。因此，辅助线的数量及其布置形式对列车的延误调整起着非常重要的作用。

(6) 运营调度。当发生较小的延误时，ATC 系统会根据缓冲时间的分布对列车进行自动调整。这种情况下，列车的运行秩序基本保持不变，因此也不需要调度人员进行干预。但是，当发生较大的延误时，列车正常的运行秩序往往会被打乱，这时就需要调度人员根据经验和相关规则重新调整列车的运行秩序或采取特殊的调度措施，如跳停、扣车、小交路折返、备车替换等。

(7) 乘客换乘。在城市轨道交通网络中，一旦列车发生延误，要充分考虑乘客换乘的要求，如果某一线路列车发生延误，这种延误会造成乘客无法换乘另一线路的列车，这时就需要调整另一线路列车的时刻以满足乘客的换乘要求，尤其是在线路末班车的条件下。

(8) 客流变化。在城市轨道交通系统中，由于列车延误会导致客流在车站迅速集聚，因此必然会增加乘客的上下车时间，从而使列车的延误时间进一步加长。在网络运营条件下，延误很容易由于客流量以及客流选择路径的变化而波及相邻线路，从而进一步对网络其他线路的列车产生影响。

1.3.3 列车运行延误传播的基本特点

运行延误的传播是指前行列车发生初始延误的情况下所引起的后行列车或其自身的后效延误现象。这种现象是由于列车运行图中运行线间或运行线群间缓冲时间不足或调整措施不当引起的。城市轨道交通系统列车运行延误及其传播具有如下 6 个特性[11]。

1. 延误传播的直接性

城市轨道交通系统的车站线路设置相对简单,列车运行过程中几乎不具备越行条件,一旦列车运行图确定,实际运营组织中列车的运行顺序就不会轻易改变,因此,列车运行延误将直接在列车间相互传播,会在空间上呈现出多米诺骨牌效应的特点。

2. 延误传播的快速性

城市轨道交通系统具有站间距离短、列车运行间隔小的特点,因此,列车运行延误的传播速度较快,影响范围也较广。尤其是在发生较长时间的延误后,前、后行列车之间的相互制约加上客流的变化使得延误的传播速度非常快,这在高峰时段尤为明显。

3. 延误传播的双向性

城市轨道交通系统车底折返在日常运营组织中占有十分重要的地位。车底的周期循环运用使得列车运行延误的传播具有双向性,即表现在如果延误列车完成折返作业后,还没有恢复正点运行状态,延误列车将造成对向列车出发晚点,进而使延误在对向列车间传播。

4. 延误传播的向前传递性

城市轨道交通系统在发生较长时间的延误后,为了提高服务水平,有时会将延误列车的前行列车扣车,使前行列车的运行间隔逐渐增大,以保证一定的服务水平,如图 1-12 所示。因此,前行列车也会受到后行列车延误的影响,使延误向前传播,这种特性是城市轨道交通系统所特有的。

5. 网络扩散性

由于列车延误导致车站客流迅速集聚,必然会增加乘客的上下车时间,从而使延误列车的延误时间进一步增加,而列车延误时间的增加又会进一步加大客流聚集的密度(这种影响在高峰时段内尤为明显),增加乘客的上下车时间,进而造成后续列车的进一步延误。在网络化运营条件下,延误很容易因为客流量以及客流选择路径的变化而波及相邻线路,并进一步向网络扩散,从而会对整个网络的正常运营造成影响,如图 1-13 所示。

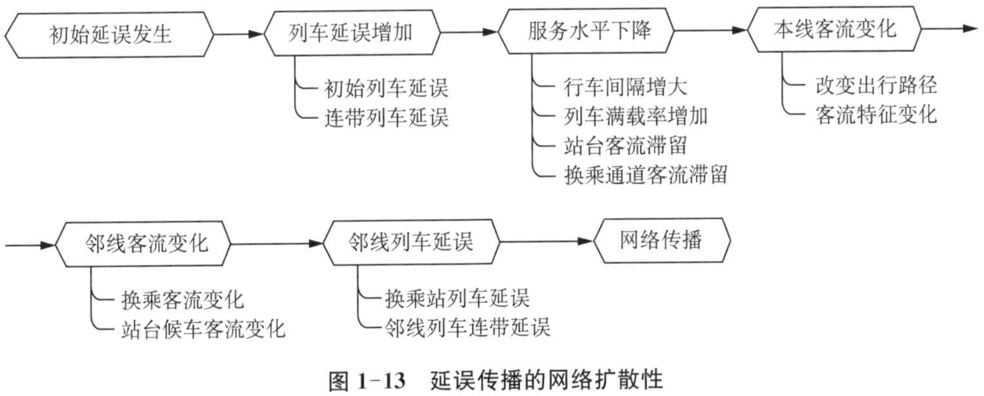

图 1-13 延误传播的网络扩散性

6. 循环叠加效应

由于列车在前一车站或区间发生延误,可能造成后一车站乘客积压,从而使后续列车停站时间延长，产生新的延误。延误发生后，如果不及时采取有效措施，延误的传播过程很容易形成“滚雪球”效应，使整个网络陷入“车越跑越慢，人越聚越多，影响范围越来越大”的恶性循环，最终导致行车间隔的紊乱、列车满载率水平的不均衡、网络列车的周转失去平衡，进而严重影响城市轨道交通网络的运输效率与安全。延误传播的循环叠加效应如图 1-14 所示。

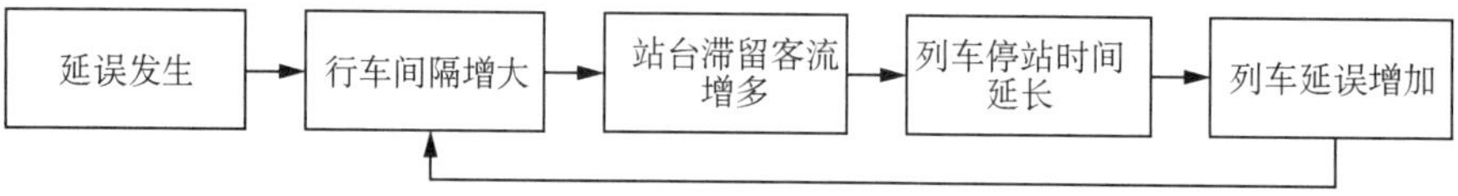

图 1-14 延误传播的循环叠加效应

1.3.4 大客流传播的影响因素

大客流在城市轨道交通网络中的传播主要体现在车站服务水平和列车运行影响两个方面。从车站客流拥堵的传播过程可以发现，车站大客流的传播范围除了与速度有关外，还与很多因素有关，具体如下。

1. 列车运行间隔

一般而言，列车的运行间隔越小，拥挤车站的拥挤客流传播到另一个车站的所需的时间就越短，车站之间的相互影响也就更明显，大客流传播的速率也就越快。但列车的运行间隔越小，拥挤车站的拥挤缓解速率也越快。因此，列车的运行间隔越小，大客流事件的传播速率和消散速率都越快。但是，列车最小运行间隔受设施设备能力的影响，如追踪能力、折返能力、出入库能力等。

2. 车站节点连接数

车站节点连接数是指与车站相邻连接的车站数量，也就是车站节点在网络结构中的度值。车站节点的连接数等于车站在本线路所连接的其他车站的个数与车站在其他线路中所连接的车站个数之和。拓扑结构越复杂即节点度值越高的车站，其拥挤状况在网络中传播得就越快，影响范围也越大，且在一段时间内，随着时间的推移，车站客流拥挤在单位时间内波及影响的范围会达到一个最大值，随后客流拥挤的传播速率逐渐减弱直至为零。此时，车站客流拥挤传播达到最大波和最大范围。

3. 初始拥挤站点数量

运营网络中多个站点或多个区段可能会同时发生客流拥挤，比如大型活动现场相邻区域内的站点、早高峰时段大型居住区站点、晚高峰时段集中办公区站点、节假日时旅游景点站点等。初始拥挤站点的数量越多，拥挤在网络中的传播速率就越快。

4. 列车的输送能力

列车的输送能力取决于列车的满载率和列车定员。输送能力对列车运行延误传播的影响类似于列车的发车间隔对大客流传播的影响，列车的输送能力越强，大客流拥挤站的传播速率就会越快，同样地，拥挤在路网上的消散速率也就越快。

1.3.5 列车运行延误对客流产生的影响

城市轨道交通列车运行延误对大客流的影响是动态的、非线性的演变过程。一方面，列车运行对乘客产生影响；另一方面，乘客出行行为反过来影响列车运行。因此，要素间的影响并非简单的线性关系。列车运行延误对系统的直接影响主要表现在对列车运行和乘客出行这两方面，同时，列车运行延误也会在以下 7 个方面对系统的运营产生不利影响。

1. 服务质量下降

城市轨道交通系统的服务要求是"安全、快捷、准时、舒适"，当系统出现经常性、长时间的运行延误时，服务水平势必下降，必然也会减少对乘客的吸引力。列车运行延误对乘客出行的影响主要体现在"点""线""面"三个层次："点"是指延误导致乘客在车站的集聚；"线"是指延误导致某条线路的服务水平下降；"面"是指延误导致网络客流的重新分布。

2. 系统能力利用损失和分布改变

城市轨道交通系统是大容量的快速交通方式，具有很大的运输能力。缩短列车开行间隔、提高列车性能都是为了增强和充分发挥系统的能力，以便更好地满足城市的交通需求。但在发生列车运行延误时，会限制系统设备能力的充分利用，尤其是在客流高峰时段的运行延误将导致更大的能力利用损失。延误可能会使列车的运行过程发生改变，从而导致列车运输能力在时空分布上的变化。在时间上，列车运行延误将打乱列车运行时刻表，从而改变运输能力在时间维度上的分布；在空间上，列车运行延误将改变列车在途经车站的实际运输能力，从而改变运输能力在空间维度上的分布。

3. 车站客流集聚

城市轨道交通客流量大，在高峰时段某些车站甚至需要通过限流来保障乘客的安全和正常行车。在列车延误期间，站台可能会聚集大量客流，同时，由于延误影响列车在各个车站的输送能力，导致下游车站的客流难以被及时输送，集中表现为站台拥挤、车厢拥挤等现象，当站台客流的集聚达到一定程度时又会反过来对列车运行产生影响。

4. 乘客服务水平下降

列车运行延误首先是单线传播，继而通过换乘站向网络其他线路传播。列车运行延误可能会延长下游站台候车乘客的等待时间、车上乘客的乘车时间，导致车站乘客集聚、车厢拥挤，使出行环境变差，舒适度下降。同时，列车、站台、通道的客流拥挤又延长了乘客上下车、进出站及换乘的时间，导致乘客出行时间延长。当发生列车故障或重大延误时，系统的服务水平将大大降低，当降低至一定程度时，乘客将有可能考虑改变其出行计划。

5. 网络客流的重新分布

列车运行延误发生以后，城市轨道交通网络的局部可达性和服务水平都将发生变化，从而导致本来预期通过轨道交通出行的乘客和轨道交通系统内的乘客可能重新进行出行方式和出行路径的选择。乘客出行行为选择属于动态选择，随出行环境的变化而改变，会导致网络客流的重新分布。

6. 系统运营成本增加

当城市轨道交通系统发生大间隔的运行延误时,必须采取人工干预的方式代替列车自动调整模式,以尽快恢复列车的正常运行。在人工干预调整方式下,为恢复列车的正常运行,运营企业需要投入额外的人力和设备资源,以增加能源消耗,这些都将导致城市轨道交通运营成本的增加。

7. 综合社会经济效益降低

城市轨道交通系统是准时性较高的交通方式,人们对其不准时性的容忍度较小,一旦发生大间隔的运行延误,会立刻引起社会的普遍关注。而且,采用城市轨道交通方式出行的主要人群为通勤客流,当发生运行延误时,将会产生较高的社会时间价值损失。

1.3.6 网络化运营条件下的延误对大客流的影响

在城市轨道交通网络化运营条件下,线路之间的通达性加强了,线路之间和车站之间可实现互联、互通、互动和资源共享[12]。网络化运营的新特点,如网络结构和规模复杂化、列车运行组织方式多样化、客流时空分布复杂性等,是构成网络列车运行延误产生和大客流传播的重要因素。

在网络化的进程中,客流量的高增长是必然要面对的一个巨大挑战。客运需求的不断增加导致了运输能力无法适应客流需求的矛盾,尤其是高峰时段的列车满载率居高不下,使得车辆等运营设施设备面临超强度的负荷,而设备长期超负荷运行,故障发生的概率不断增加,设备的可靠性下降,这些因素已经成为列车延误和大客流产生的主要原因。

掌握客流的动态变化规律以及采取一定的客流管理措施将有利于减缓客流变化对延误的影响。一旦线路发生延误,不同车站客流的集聚规律是不一样的。通过对不同车站的客流规律进行统计与分析,对不同延误时间条件下的客流进行科学管理,并采取一些特殊的管理措施(如限流、控制、引导等)将有利于减少延误对本线或整个城市轨道交通网络的影响。

1.3.7 客流延误指标

延误包括列车运行延误和乘客延误两个方面[13],列车运行延误的指标包括延误列车数和列车延误时间,而针对乘客延误的指标主要反映列车运行延误对某类乘客的出行时间的影响情况,根据分析目的的不同,乘客延误指标可从车站、线路、网络等不同层次进行统计计算,具体如下。

1. 正延误乘客数和负延误乘客数

正延误乘客数 $N_{\mathrm{d}}^{\mathrm{P}}$ 是指发生列车运行延误后出行时间增加的乘客数量:

$$\left.\begin{aligned} N_{\mathrm{d}}^{\mathrm{N}} &= \sum P_i^{\mathrm{P}} \\ P_i^{\mathrm{P}} &= \begin{cases} 1, & \text{乘客 } i \text{ 出行时间增加} \\ 0, & \text{其他} \end{cases} \end{aligned}\right\} \tag{1-1}$$

负延误乘客数 N_d^N 是指发生列车运行延误后出行时间减少的乘客数量：

$$\left.\begin{aligned} N_d^N = \sum P_i^N \\ P_i^N = \begin{cases} 1, \text{乘客 } i \text{ 出行时间减少} \\ 0, \text{其他} \end{cases} \end{aligned}\right\} \tag{1-2}$$

2. 正延误乘客时间和负延误乘客时间

正延误乘客时间 T_d^P 是指所有正延误乘客增加的旅行时间之和：

$$T_d^P = \sum P_i^P T_{i,d}^P \tag{1-3}$$

式中，$T_{i,d}^P$ 为乘客 i 的旅行时间增加值。

负延误乘客时间 T_d^N 是指所有负延误乘客节省的旅行时间之和：

$$T_d^N = \sum P_i^N T_{i,d}^N \tag{1-4}$$

式中，$T_{i,d}^N$ 为乘客 i 的旅行时间减小值，为正值。

3. 总延误乘客时间

总延误乘客时间 T_d 是指所有乘客增加的出行时间，等于正延误乘客时间与负延误乘客时间之差：

$$T_d = T_d^P - T_d^N \tag{1-5}$$

4. 平均正延误乘客时间和平均负延误乘客时间

平均正延误乘客时间 T_{ad}^P 是指所有正延误乘客平均增加的旅行时间：

$$T_{ad}^P = T_d^P / \sum P_i^P \tag{1-6}$$

平均负延误乘客时间 T_{ad}^N 是指所有负延误乘客平均节省的旅行时间：

$$T_{ad}^N = T_d^N / \sum P_i^N \tag{1-7}$$

5. 乘客总出行时间

乘客总出行时间 T_p 是指轨道交通系统中所有乘客完成其出行过程所花费时间的总和：

$$T_p = \sum T_i \tag{1-8}$$

式中，T_i 为乘客 i 的旅行时间。

6. 留乘人数、留乘人次和总留乘时间

留乘是指因站台人数较多、列车剩余的载客能力不足导致站台候车乘客无法全部上车、部分乘客被迫等待下一班列车的现象。留乘人数 N_l 是指出行过程中发生留乘的乘客数量：

$$\left.\begin{aligned} N_1 = \sum M_i \\ M_i = \begin{cases} 1，乘客\ i\ 发生留乘 \\ 0，否则 \end{cases} \end{aligned}\right\} \tag{1-9}$$

留乘次数是指乘客在某一车站候车过程中或在整个出行过程中留乘的次数。留乘人次 N_1^{P} 是指车站、线路或网络中的所有乘客的留乘总次数：

$$N_1^{\mathrm{P}} = \sum M_i K_i \tag{1-10}$$

式中，K_i 为乘客 i 的留乘次数。

总留乘时间 T_1 是指车站、线路或网络中的乘客由于留乘需要额外候车的时间总和：

$$T_1 = \sum M_i T_{i,1} \tag{1-11}$$

式中，$T_{i,1}$ 为乘客 i 的留乘时间。

参考文献

[1] 梁春燕.首都轨道交通突发事件应急管理研究[M].北京：群众出版社，2015.

[2] 王婵婵，张琦.上海城市轨道交通日常大客流检测及预警需求研究[J].城市轨道交通研究，2018，21(10)：11-15.

[3] 张星臣.城市轨道交通运营管理[M].北京：高等教育出版社，2017.

[4] 朱海燕.城市轨道交通客运组织[M].北京：中国铁道出版社，2009.

[5] 李得伟，张琦，韩宝明.城市轨道交通大客流风险动态控制理论与方法[M].北京：人民交通出版社股份有限公司，2015.

[6] 中华人民共和国国家质量监督检验检疫总局，中国国家标准化管理委员会.城市轨道交通运营管理规范：GB/T 30012—2013[S].北京：中国标准出版社，2013.

[7] 交通运输部.城市轨道交通运营管理规定[EB/OL].[2018-05-24].http://www.gov.cn/xinwen/2018-05/24/content_5293175.htm.

[8] 朱炜.轨道交通车站大客流事件的形成、传播及对策[J].城市交通，2013(3)：55-61.

[9] 刘伟.基于多智能体的城市轨道交通乘客与列车交互式仿真研究[D].上海：同济大学，2017.

[10] JIANG Z B, HSU CH, ZHANG D Q, et al.Evaluating rail transit timetable using big passengers' data[J]. Journal of Computer and System Sciences, 2016, 82(1):144-155.

[11] 江志彬，苗秋云.城轨交通列车运行延误影响及其减缓措施[J].现代城市轨道交通，2009(5)：59-62.

[12] 周艳芳.城市轨道交通网络列车运行计划一体化编制理论与方法研究[D].北京：北京交通大学，2012.

[13] 徐瑞华，江志彬，邵伟中，等.城市轨道交通列车运行延误及其传播特点的仿真研究[J].铁道学报，2006，28(2)：7-10.

2 城市轨道交通大客流可视化分析

客流是城市轨道交通运营管理的核心，对于线网的规划建设和运营管理具有十分重要的意义。不把客流情况弄清楚，运营管理就会迷失方向[1]。客流既是车站和线路安排运能、制订运营计划、组织行车及分析运营效果的基础，也是制订客运组织方案的前提[2]。城市轨道交通客流指标主要包括进出站量、换乘量、客运量、客流量、客运周转量、拥挤情况、出行特征、强度、客流不均衡性等，分别反映线网客流的不同特征。城市轨道交通客流是一种动态流，其分布与变化随时间和空间的不同而不同。根据客流的时间分布特点，客流可以分为 5 min 客流、15 min 客流、30 min 客流、1 h 客流、日客流、月客流和年客流等。客流的空间分布主要可以分为网络客流、站间 OD 客流、线路客流、车站客流、换乘客流、断面客流等[2]。

随着城市轨道交通网络客流规模的快速增长，对于网络层面客流分析的难度也越来越大。以上海市为例，每天自动售检票(AFC)系统采集的原始交易 OD 对数据近 800 万条，其存储容量超过 1 GB。在每天运营结束后，AFC 系统会基于清分模型对客流数据进行计算，并得到最小单位为 5 min 的网络分时断面、进出站、换乘等客流数据，然后通过 Excel 等报表的形式输出。同时，AFC 系统会借助饼图、柱状图、折线图等较为简单的二维图形对客流进行辅助分析。既有的客流分析存在对乘客在时间与空间上出行规律的宏观与微观结合不足的问题，也很少从客流信息的多源性、多维度性和时变性等特征进行综合考虑，因此，目前的分析结果对于日常运营决策的支持较为有限[3]。

事实上，城市轨道交通网络客流信息隐含丰富的乘客出行规律和特征，如何从海量的乘客历史出行大数据中提取与挖掘出有价值的信息，为运营者提供决策是值得研究的课题。当前，大数据已成为新兴的学术研究热点，并被认为是继云计算和物联网之后又一个革命性的信息技术。而大数据可视分析是从以人作为分析主体和需求主体的角度出发，强调基于人机交互、符合人的认知规律的分析方法，意图将人所具备而机器并不擅长的认知能力融入分析过程中。通过把客流大数据以直观可视化图形的形式展示，将人的知识引入数据分析中，从而让用户能够根据自身认知去分析客流数据，在分析的过程中实现人机交互，以获得洞察大规模复杂客流数据的能力[4]。

本章基于城市轨道交通网络实际运营需求，从客流认知、可视化、人机交互的综合视角出发，基于 GIS 地图、网络迁徙图、日历图、散点图、弦图等可视化图形，研究网络 OD、断面、进出站和换乘客流大数据可视化的关键技术以及实现方法，并以某城市轨道交通网络为实例进行分析。

2.1 网络客流分析

网络客流分析主要是对网络客流的时空特性进行分析。网络客流的时空特性是指网络化运营条件下的时间动态性和空间动态性。网络客流的时间动态性是指随时间变化而表现出的客流量变化趋势,其与单线客流的时间动态性相似,日、周、月及年客流趋势呈现规律性,工作日具有明显的早、晚高峰特性。网络客流的空间动态性主要指不同位置、不同方向上的动态性,车站和线路具有不同的方向动态性,组合在一起就表现为网络的方向动态性[4]。

2.1.1 分析的目的

综合运用各类客流指标对客流的分布特征与动态变化进行实时跟踪和系统分析、掌握客流现状与变化规律,对网络客流特征以及演变规律的精确把握,可以为制订科学的行车与客运组织方案提供决策依据,也可以为网络客流特征评估与趋势预警预测提供参考。对网络客流进行精细化分析的主要目的有以下 5 个方面。[2]

1. 掌握网络发展及客流成长的规律

网络发展是指某一城市轨道交通建设和运营过程中城市布局、网络结构、线路里程及运营模式的演化过程。客流成长是指随着城市的社会经济发展,在城市轨道交通网络日趋成熟的过程中客流走向、客运量、客流结构、换乘量等各类客流指标发展变化的过程。网络发展及客流成长是相互依存、交替成长的关系,但其中的规律是复杂的,可以通过网络发展和客流成长阶段相关性的精细化分析,提出符合城市发展和客流输送需要的合理的网络建设时序及动态匹配的运营组织模式。

2. 编制网络列车开行方案

常规运营条件下,列车运行计划编制可以通过对一段时间内的客流数据进行分析,总结变化规律,然后依据全日分时最大断面客流量和乘客服务水平的要求确定详细的运能安排。同时,受临时性社会活动及重大节假日活动的影响,特殊日期的能力配置也需要分析特殊日期客流在线网上的分布特征,分析局部、邻线以及整个网络受到的影响,判断运营组织方案的合理性,为采取缩短行车间隔、扩大列车编组、新车投入使用等措施提供依据。城市轨道交通形成网络以后,需要充分掌握网络中各线路之间换乘客流的主要流量与流向的规律特征,从而为多条线路交汇换乘站的首末班车确定、不同线路列车到站时刻的匹配优化、末班车的延长等提供依据。

3. 编制网络客运组织方案

网络客运组织方案包括宏观和微观两个层面。宏观层面是指将线网上的客流通过不同的线路输送到其目的地所采用的运能配置、列车开行方案及客流路径选择诱导等一系列方法和措施;微观层面是指在车站层面,经过对车站设备、设施和空间的分析,根据车站某个时间段的进出车站乘客数量预测,制定符合车站实际情况的乘客进站、乘车(或换乘)、下车、出站疏导和指引的方案,以及根据方案进行的车站行车、票务和人员组织。对网络和站点客流时空特征的精确把握是制订合理、安全以及高效的客运组织方案的关键。

4. 辅助网络应急处置

在应急条件下,当城市轨道交通网络发生大客流事件时,可以通过实时的客流采集手段及时了解车站客流的动态变化情况,估计突发事件的影响人数,并根据列车运行情况,合理组织乘客疏散工作;还可以通过客流数据,采用计算机仿真等技术对列车运行与线网客流变化过程进行模拟仿真,以评估调整后的运输方案与客流的适应性,为制订故障处置预案提供科学依据。此外,可以通过对客流数据的分析,研究在故障条件下线网可达性的变化和客流的重新分布情况,利用乘客信息发布系统为乘客提供合理的路径信息,并为有效疏导乘客、维护网络运行秩序提供技术支持。

5. 评估客流服务水平

通过网络客流的时空分布特征,可以分析评估城市轨道交通网络的客流服务水平,并对服务水平较低的指标进行有针对性的优化改善。比如通过分析各线路断面的满载率、交通衔接方式构成、车站拥挤水平、换乘系数、旅行时间和旅行距离等指标,可以发现网络中运能紧张、潜在的安全风险或不合理的换乘衔接路径等问题,并加以改进。

2.1.2 分析的关键

网络化运营中城市轨道交通的客流特征与单线运营相比,存在较大差异,故应对网络客流特征进行全面的分析和了解,以提高网络规划设计和运营管理的水平。网络客流分析的核心是分析客流的时空分布规律[2]。

1. 时间分布特征

客流的时间分布按分析的时间跨度主要分为一日内小时(或 5 min,15 min, 30 min)客流分布、一周内全日客流分布和季节性或短期性客流的不均衡性等。按照分析范围,又可以分为网络、线路、车站的上下车和换乘客流的时间分布特征。客流的时间分布特征是针对客流在时间上的波动和突变来动态配置线网的运输能力,也是调整线网运输组织方案和制订点线客流管控方案的主要依据。因此,对客流的时间分布特征掌握得越透彻、越及时,就越有可能制订出更优的运营管理方案。

2. 空间分布特征

客流的空间分布按分析的空间范围和区位可以分为线路客流分布、上下行方向客流分布、各区间断面客流分布、各车站进出站和换乘客流分布、客流出行距离与平均运距分布等。客流的空间分布特征是针对城市不同区位、不同线路和车站的客流出行需求差异来有针对性地配置线网运输能力,也是做好换乘衔接和制订点线客流管控及分流方案的重要依据。因此,对不同区位客流的出行需求、行为特征和客流空间分布特征掌握得越准确,就越有可能制订出更有针对性的运营管理方案,从而满足城市各区位客流出行的需求。

2.2 OD客流分析

OD客流带有空间(起讫点)和时间(出发时刻和到达时刻)的双重特征,从空间上分,客流OD可分为车站间OD、线路间OD、车站至线路之间汇总的OD和区域间OD等类型,其数量可用绝对量或相对比例来描述。OD客流具有多种属性,结构复杂且数据量庞大。网络OD客流分析的主要目的是基于OD客流的复杂性、多样性特点,从宏观与微观两个层面掌握乘客在网络上的时空分布(如最大OD发生在哪些车站之间、客流在时间上的流向)和网络上主要出行OD与时间分布(最大的OD发生在哪些车站以及客流来源与去向等)。OD客流分析是线路选线、线网布局以及制订线网运输组织方案和站点客流组织方案的基本依据。根据不同的用途,OD客流数据分析可以分为三类:全网主要OD流向分析、关键节点的OD流向分析以及组团的OD流向分析。在运营阶段,全网主要OD流向分析被用于制订和优化线网运输组织和列车开行方案,关键节点的OD流向分析主要被用来确定站点的客流压力来源以制订线网客流管控方案,组团的OD流向分析主要被用来确定客流区段和列车运行交路。

2.2.1 全网主要OD流向

客流的流动方向是与城市的功能布局密切相关的。大多数城市往往具有一个中心城区以及多个副中心区域。在工作日,城市轨道交通客流以通勤和公务出行为主,因而在整个网络中具有朝向中心城区的潮汐特性,早高峰全网主要OD流向指向中心城区,具有向心性;晚高峰则由中心城区流出,具有离心性;平峰时段,客流穿梭于城市各个中心区域之间,网络总体客流分布均衡。周末和节假日,城市轨道交通客流虽没有特别集中的出行高峰,但主要的客流OD在商业、休闲区域与居住区之间有较为明显的指向性。一旦举行大型活动,客流OD则以活动区域为中心,具有活动举办前后的向心特性和离心特性。

城市轨道交通网络的主要OD流向既有与城市居民稳定的日常活动相关的周期时变性,又有特定条件下的临时聚散特性。高峰时段客流的主要OD流向是影响网络运输能力利用、运输组织效率和安全的主要因素。因此,要充分分析各种情况下的全网主要OD流向,对于日常相对稳定的主要OD流向,可以采取提高本线运能、增加延长线和增设平行线路等方法来实现客流在线网上出行和换乘的均衡分布;对于偶发高峰客流OD,可以通过制订相应的运输组织方案和客流管控、疏导方案,保障客流出行,提高运输效益和安全性。

由于乘客出行实际上是发生在空间上的一种迁徙行为,因此结合实际地图坐标信息的迁徙图可以很好地描述乘客的出行过程,“百度迁徙”就是其中一个成功的应用案例。“百度迁徙”利用百度地图基于地理位置的服务(Location Based Services, LBS)开放平台、百度天眼对其拥有的LBS大数据进行计算分析,并采用创新可视化的呈现方式,在业界首次实现了全程、动态、即时、直观地展现中国春节前后人口大迁徙的轨迹与特征，从推出开始就受到广泛关注[5]。目前，百度也开放了模拟迁徙功能的 Echarts 控件，基于该控件，可以结合城市轨道交通网络的实际地图坐标信息，基于对海量 OD 客流数据的加工与处理，最终可以展示客流在网络上的时空分布。图 2-1 分别展示了某城市轨道交通网络工作日早高峰(07:30—09:30)和晚高峰(17:30—19:30)的 OD 客流分布，直观展现了网络上主要 OD 位置、OD 量以及早高峰向心性和晚高峰离心性等特征。

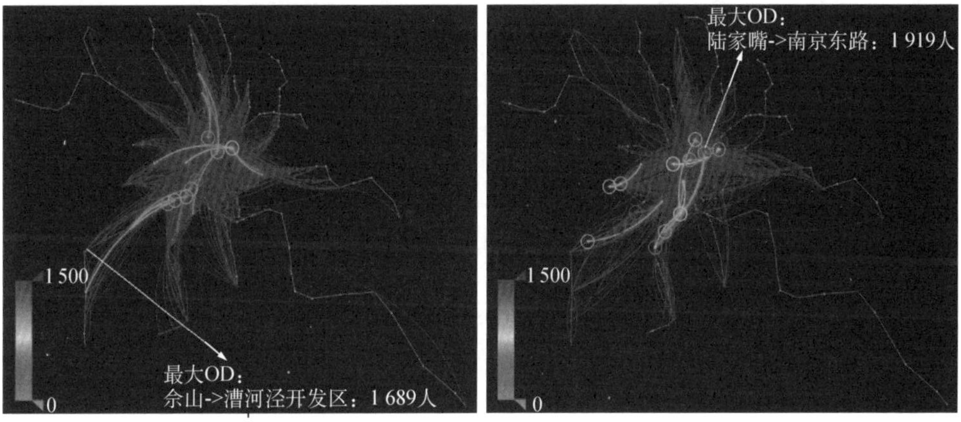

(a) 早高峰(07:30—09:30)OD客流分布　　(b) 晚高峰(17:30—19:30)OD客流分布

图 2-1　基于迁徙图的网络 OD 客流分布(彩图见附录)

2.2.2　关键节点的 OD 流向

在高峰时段易发生进出站大客流或换乘大客流的车站是城市轨道交通网络中的关键节点，须采取必要的线网客流管控和列车运行调整措施，以降低关键节点的客流压力，减少安全风险。通过关键节点的 OD 流向分析，可以了解车站的客流来源，必要时，可以提前在 O 点采取限流措施，以实现对大客流的远程管控，有效缓解车站大客流。也可以通过 OD 客流分析，了解关键节点车站的客流来源组成，为主要客流来源的后方换乘站实施有效的列车调整方案提供数据支撑。

同样可以通过迁徙图分析主要车站 OD 的来源与去向分布。图 2-2(a)和(b)所示分别为某城市轨道交通网络中某站在早高峰(07:30—09:30)所有出发与到达 OD 对中最大 5 对的客流分布。该图直观地展现了某站在早高峰时段 OD 主要来向与去向特征。

2.2.3　组团的 OD 流向

城市轨道交通线路出于列车运行的需要，根据所跨越的城市区域的用地功能及线路自身条件，可以划分为若干个区段(通常为市区段和郊区段)，每个区段内的若干个车站就构成一个组团。通过对组团内部及组团之间的 OD 流向进行分析，可以为线路制订列车开行方案提供数据支撑，也能够对既有的列车开行方案进行评价。如组团内部是以到发

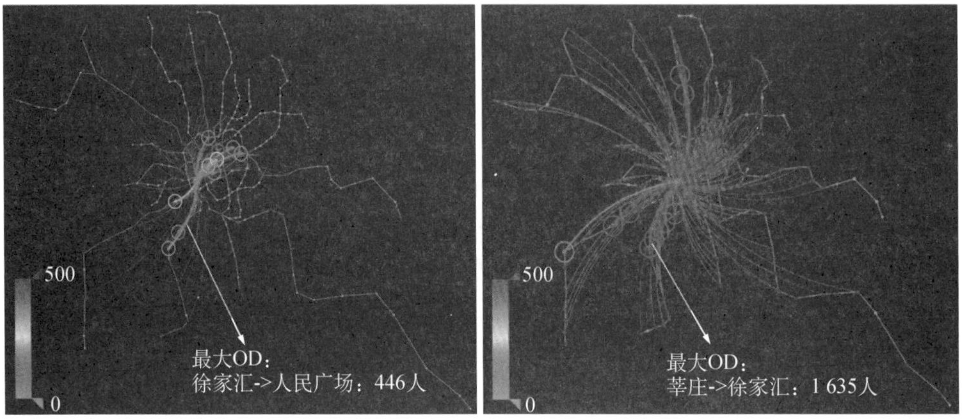

(a) 早高峰(07:30—09:30)以徐家汇站为O点的所有OD分布

(b) 早高峰(07:30—09:30)以徐家汇站为D点的所有OD分布

图 2-2 基于迁徙图的某车站出发与到达 OD 分布(彩图见附录)

的短途客流为主,则可采用组团间的衔接交路、站站停车方案。如组团间或相关 OD 间的长距离出行客流比例较大,为避免大量乘客换乘,可考虑采用混合交路和部分列车跨多站停车方案。

2.3 进出站客流分析

进出站客流可分为线网和车站进出站客流,分别表征宏观和微观两个层面的客流发生量及强度的时空分布。对线网进出站客流主要进行分时分析,从而可以得到线路和网络中不同时段的客流量情况,通常,工作日有明显的早、晚高峰,全日呈马鞍形分布;周末波动相对平稳,全日呈纺锤形分布。线网进出站客流量代表了线网的总体客流强度,它是安排运能配置和制订客流组织方案的总体性依据。而车站进出站客流则能体现出更微观的客流发生量和客流强度在时间和空间上的分布特征,城市的不同区位、线网上的不同功能、周边不同土地利用性质的车站每日进出站的客流在不同时段和不同方向上也会存在明显的差异,这是制订列车停站方案和车站客流管控方案的重要依据。

2.3.1 网络进出站客流

对于网络进出站客流的分析主要在于空间与时间特性的分析。散点图体现的是数据点在坐标系平面上的分布情况,因此可以将散点图与地理坐标系相结合,借助散点图和地理地图来表达车站及其所处的空间位置。图 2-3 所示为某城市轨道交通网络工作日早高峰(07:30—9:30)和晚高峰(17:30—19:30)的进出站客流情况,以点的大小和颜色的深浅来表示进站客流量的大小。从图 2-3 中可以看出,早高峰时段郊区车站的进站客流量较大,市区车站的出站客流量最大,而晚高峰的情况恰好相反。通过这类图表便可较好地掌握网络进出站客流在时间与空间上的分布规律。

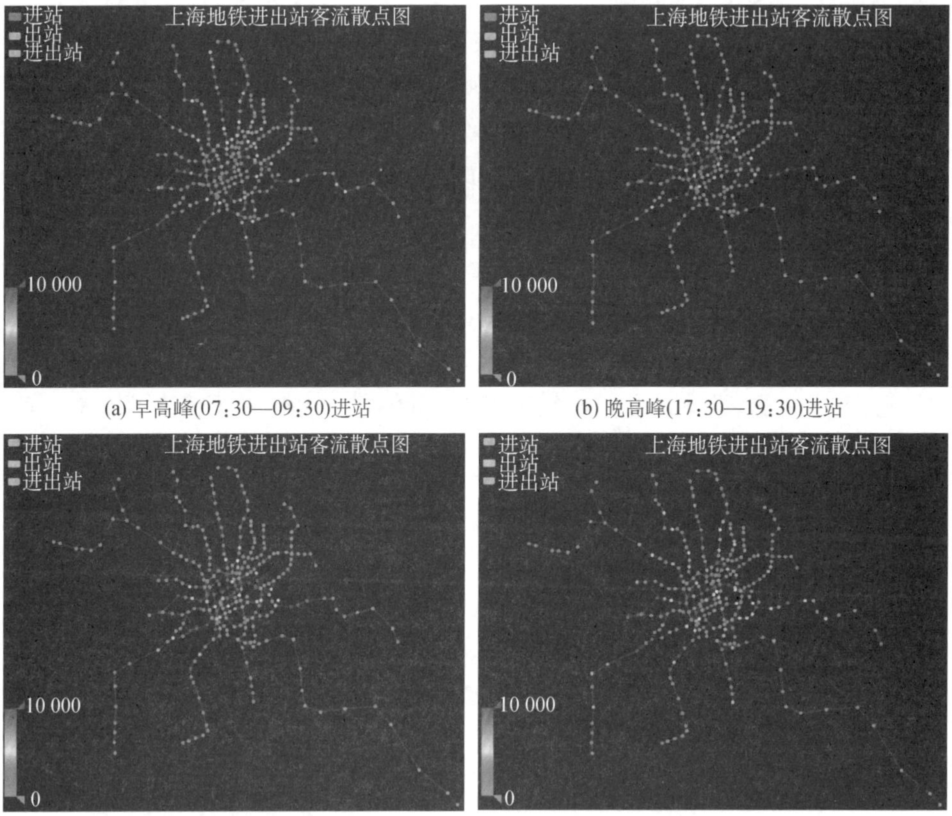

(a) 早高峰(07:30—09:30)进站　(b) 晚高峰(17:30—19:30)进站

(c) 早高峰(07:30—09:30)出站　(b) 晚高峰(17:30—19:30)出站

图 2-3　基于散点图的轨道交通网络早晚高峰进出站客流分布(彩图见附录)

2.3.2　线路进出站客流

针对线路进出站客流的分析主要有两个层面:一是分析不同车站在同一时段的进出差异性;二是分析同一车站在不同方向和时段上的差异性。

在分析线路同一时段各车站进站量和出站量的差异性时,可以将进出站汇总到同一图形中,这将更有利于从全局上把握不同空间位置车站的进出站客流特点,利用饼图(圆圈大小表示进出站总量)可以实现进出站客流量在网络上的宏观表现,如图 2-4 所示。

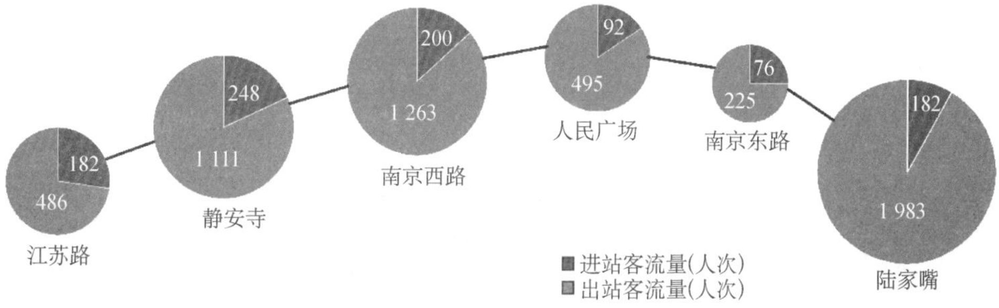

图 2-4　同一线路不同车站的进出站客流对比

同一车站在不同方向和时段上的差异性则体现在分时进出站客流分布特征上。研究表明，典型的城市轨道交通车站的进出站客流时间分布有五类，如图 2-5 所示。第一类车站主要位于非中心城区，周边用地以居住用地为主，客流以通勤为主，进站高峰多发生在早高峰时段指向城市中心方向，出站高峰多发生在晚高峰时段远离城市中心方向。第二类车站主要位于中心城区，周边用地以办公用地为主兼有商业用地，客流以通勤为主，出站高峰多发生在早高峰时段指向城市中心方向，进站高峰多发生在晚高峰时段远离城市中心方向。第三类车站介于城市中心和郊区之间，周边办公用地与居住用地的比例接近，客流以通勤为主，早、晚高峰期间均有较大的进出站客流量，且进、出站客流基本对称。第四类车站周边以商业及休闲娱乐用地为主，客流多为购物和休闲娱乐，出站客流在早高峰形成峰值后逐渐下降，进站客流全天逐渐增加至晚高峰后下降，平峰客流量较大。第五类车站位于城市对外交通枢纽，以对外交通客流为主，全日进出站客流量维持在较高水平，

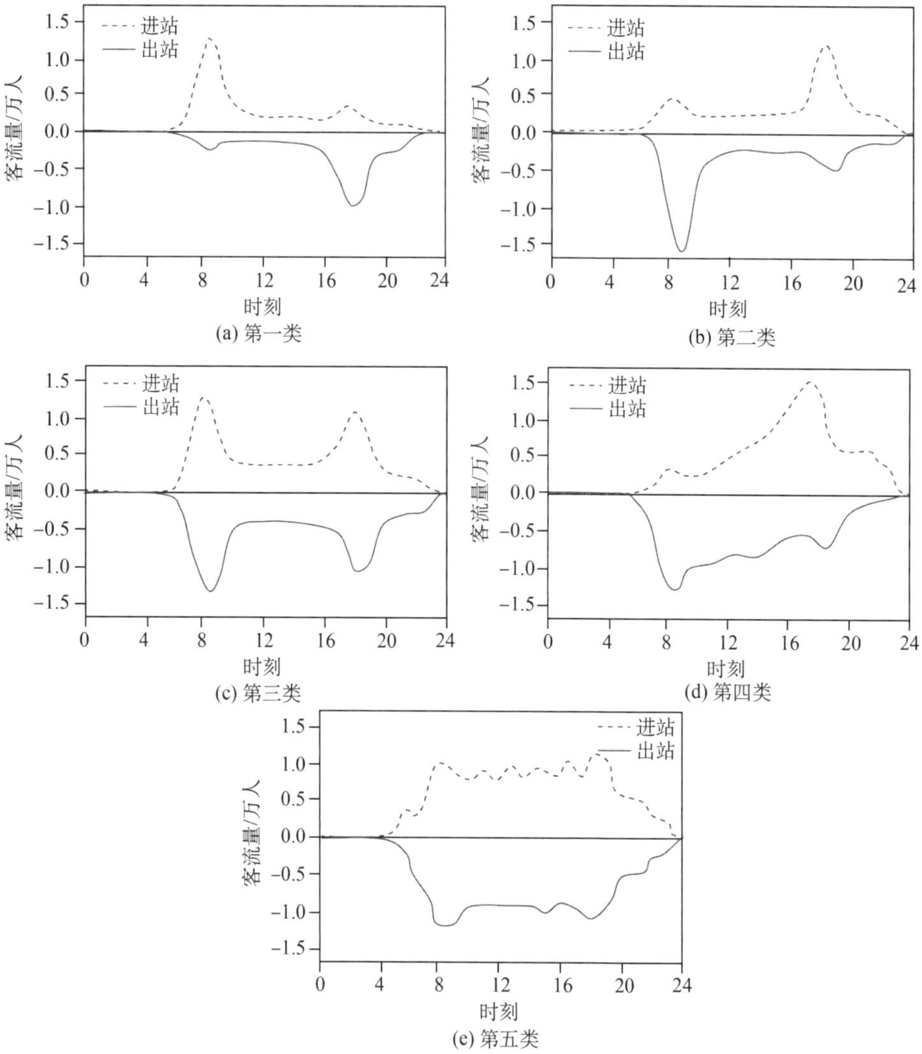

图 2-5　车站进出站客流时间分布特征分类

但没有明显的早、晚高峰。在周末和节假日，第二类车站全天进出站客流量具有与第四类车站类似的分布。

由于各车站位于网络的不同位置且车站周边特征不同，故各车站的进出站客流高峰时段存在时间先后和时段长短的差异，对此应对不同车站不同运行方向上的进出站高峰客流发生时段和强度进行精确的分析。

2.4 在站客流分析

在站客流的时空特征是车站客流组织的关键，而在站客流分析的主要任务是评估客流在时空上的不均衡性。车站客流的不均衡性主要体现在两个方面：一是每天各时段的客流是不均衡的，二是不同时期的客流是不均衡的。对此，采用多种特征的带平滑效果的折线图可以很好地反映在站客流随时间的变化规律。

以图 2-6 所示的在站客流曲线为例，首先，对于工作日而言，上下班时段的乘客出行需求比其他时段要大，客流曲线存在明显的早、晚高峰，平峰时段客流则较为稳定。其次，双休日与工作日相比，双休日乘客出行需求相对较小，时段分布上也更为平均。由于客流的不均衡性，导致客流容易在短时间内高度集中，这种特定时段的集中客流正是车站客流管理需要关注的重点[6]。

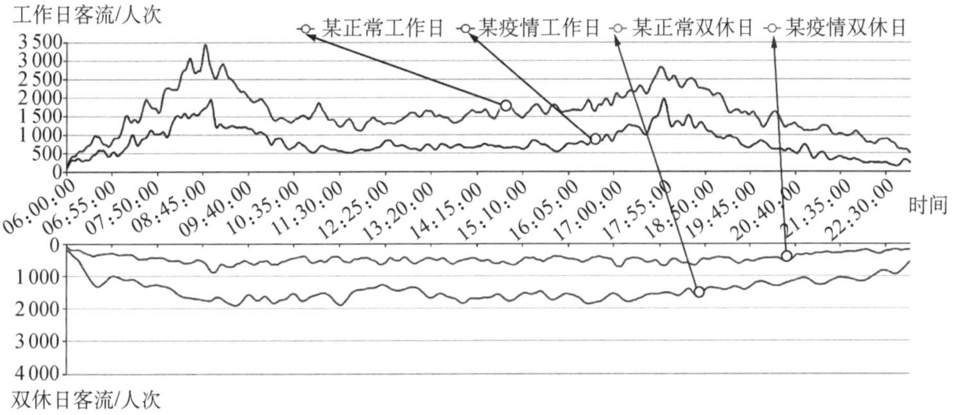

图 2-6 不同日期在站客流对比(彩图见附录)

由于乘客的日常生活存在工作和休息的周期，因此，车站客流也存在与日期有关的规律性。以图 2-7 所示的某一周的在站客流曲线为例，周一至周五的客流进出站情况比较相似，都有明显的早、晚高峰，客流波动趋势也大致相同，而周六和周日的客流进出站情况较为相似，客流比较平稳，无明显波峰，其客流量与工作日平峰时段持平。

由于客流波动情况存在规律性，因此，在车站客流历史特征提取的过程中，需要对客流数据进行客流特征分类，根据客流波动的相似性找出同属一类波动情况的客流，再根据不同的客流特征类型归纳出相应的客流波动规律，为之后同类型的客流实时数据提供异常识别的规律参考。

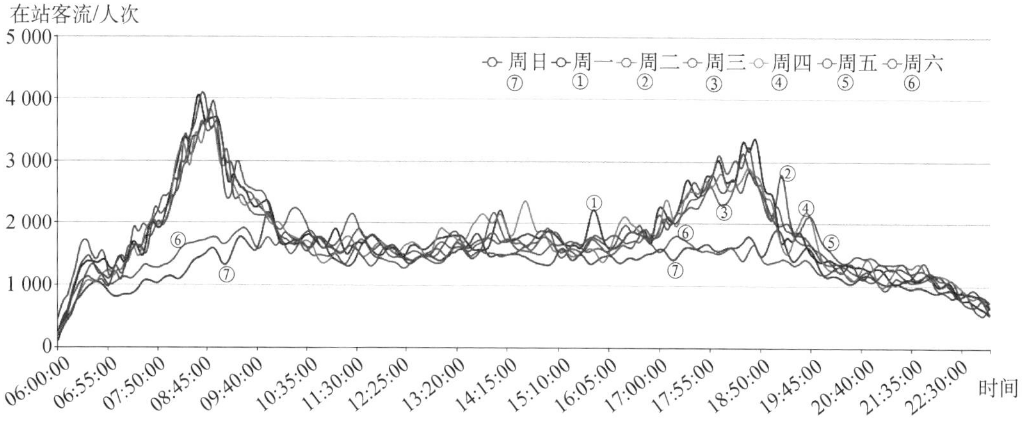

图 2-7　某一周的在站客流曲线(彩图见附录)

当某时段站台的主要客流为到达客流时,列车的到达会带来大量乘客,站台客流量迅速增多,甚至会造成楼扶梯口暂时性的客流集聚;反之,列车离开时,会带走大量乘客,站台客流量迅速减少。在未经平滑处理的客流曲线上,就会呈现出一种随列车间隔时间而变化的震荡性。以岛式站台某工作日平峰时段的客流情况为例(图 2-8),未经平滑处理的客流数据上下抖动幅度大、间隔小,且峰值几乎都发生在列车到发时刻,说明列车每次到达都会给站台带来大量客流,导致客流曲线的震荡。正是因为客流的震荡性,导致客流数据在一定范围内将出现快速波动,且波动周期与列车到发时刻有关。

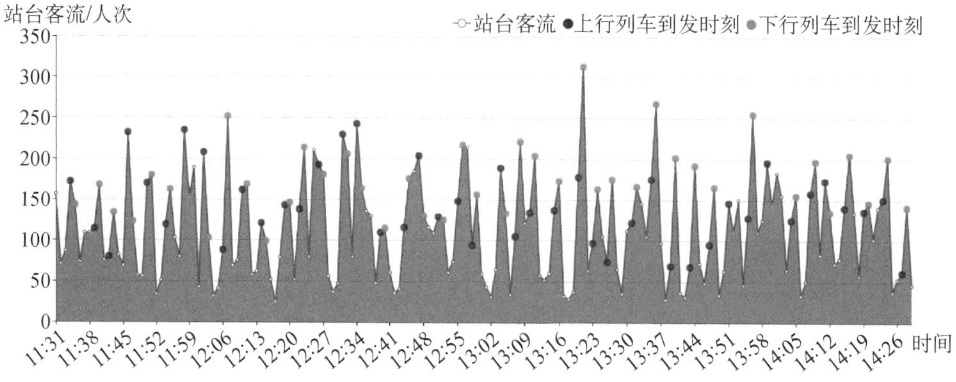

图 2-8　列车到发时刻与站台客流的关系(彩图见附录)

2.5　换乘客流分析

换乘站是城市轨道交通线网中的重要节点,对于换乘客流更为重要的是分析不同换乘方向上的换乘量。换乘客流的流向也取决于网络的主要 OD 流向,在不同区位、不同时段、不同方向上的车站换乘客流高峰和走向均有着不同的特点。换乘客流分析是制订城市轨道交通网络的运输组织方案和线路站点的客流协同管控方案、保证换乘客流的顺利出行及线网客流的均衡分配的关键[4]。

换乘站在不同线路之间的换乘方向与该站衔接的线路数量有关，如 2 线换乘站共有 8 个方向，3 线换乘站共有 24 个方向，而 4 线换乘则多达 48 个方向。弦图是以圆和弦为基础的图形表达方式，可以将换乘方向映射成弦图中的弧线，同时借助弧线的颜色和粗细来反映换乘方向上的客流量大小。圆外的箭头方向指代线路的上下行方向，在内部通过弧线连接各线路，从而实现对不同线路不同方向间的换乘关系表达。图 2-9 展示了 2 线换乘站和 3 线换乘站在某工作日 9:00—9:05 的换乘客流量。通过弧线的颜色和粗细可以清晰地看出人民广场站 8 号线上行换 1 号线下行、8 号线上行换 1 号线上行、1 号线下行换 2 号线上行方向的换乘客流量较大。该类图的最大优点是能适应不同的衔接线路数量，且有助于运营管理人员快速掌握各个方向换乘量的大小及站内换乘客流的分布情况，为制订合理的客流组织方案与设施设备优化方案提供决策依据。

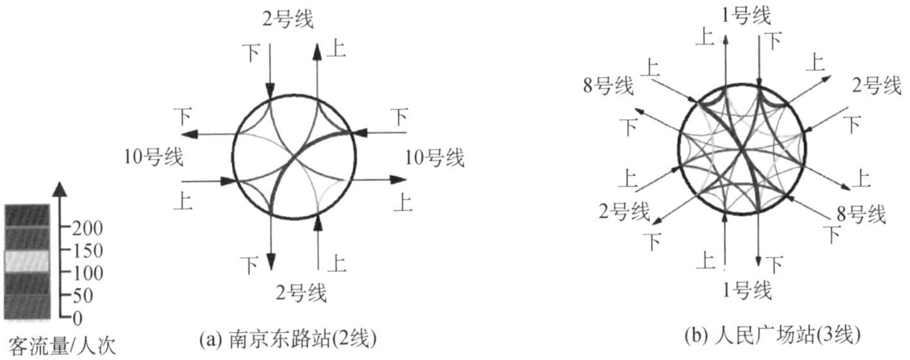

图 2-9 多线换乘站的分方向换乘客流分析(彩图见附录)

2.6 断面客流分析

对于断面客流特征的把握，既需要展现其在不同时段(早、晚高峰)、不同时期(工作日、双休日与节假日)的差异性，又要体现其在发生位置与发生方向(上、下行)上的差异性。基于分析目的的不同，断面客流可视化可以通过断面绝对量与断面满载率两个指标来展现，断面绝对量主要反映不同位置与方向上的客流量，而满载率是结合列车运能的综合性指标，反映了列车的拥挤程度[4]。

2.6.1 基于日期变化的网络断面客流分析

对于同一线路，其最大断面客流量在时间上存在较大差异，这种差异性既体现在一天中的不同时段上，还体现在一段时期内的不同日期上。具体的分析方法是将甘特图与日历图进行综合展示，以实现对断面客流不同时段与不同日期的对比。图 2-10 展示了某轨道交通线路在 5 月份的分时最大断面客流量日历图，在传统日历格式基础上，融入分时条状图，通过条状元素的颜色深浅来描述分时最大断面客流量。从图中可以发现该线在工作日最大断面客流量在时间上有两个峰值，分别是 7：00—10：00 和 17：00—19：00，而周末断面客流比较均衡，起伏不明显，但在节假日期间，断面客流较周末要大，且有一定的峰期。因此，可以通过这类可视化图表完成对基于时间特性客流的对比分析，从而得出一定的周期性变化规律。

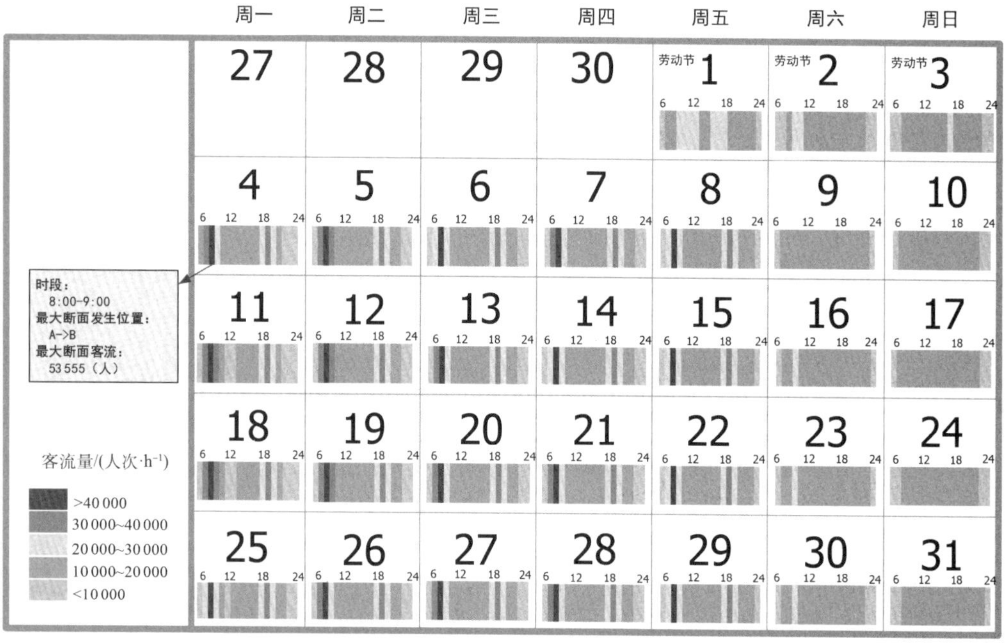

图 2-10 基于甘特图与日历图结合的单月分时最大断面客流分析(彩图见附录)

2.6.2 结合 GIS 地图的网络断面客流可视化

对于网络断面客流的分析既要展现网络各断面在不同空间上的差异性，还要展现同一区间在不同方向上的差异性。通过网络拓扑结构中对于点对象与边对象的处理，可实现线网拓扑结构的可视化，用车站节点间的连接线的粗细来表示断面绝对量，用连接线的颜色深浅表示满载率。融合地图 GIS 信息与区间动态迁徙的组合图，将每条线路按方向虚拟成两条线路，并且将分方向线路的车站映射到 GIS 地图上，用车站节点间的连接线来表示断面，用动画迁徙过程表示方向，用连接线的颜色深浅表示断面绝对量或满载率。图 2-11 展示了某城市轨道交通网络某工作日 15 min 分时断面客流量与满载率的分布特征，从图中可以看到早高峰全网断面客流的动态集散过程，图 2-11(a)为早高峰，全网络多数区间呈现拥挤状态，各郊区线路潮汐现象凸显，部分入城方向的运能紧张。图 2-11(b)为晚高峰，其特征与早高峰刚好相反。图 2-11 将杂乱的客流数据利用坐标轴和时间轴合理划分与排列，有效、直观地将断面客流信息映射到相应图形属性中。这类可视化分析图充分结合了网络断面客流的空间与时间特征，可以辅助运营管理者从宏观、微观两个层面全面了解断面客流的分布规律。

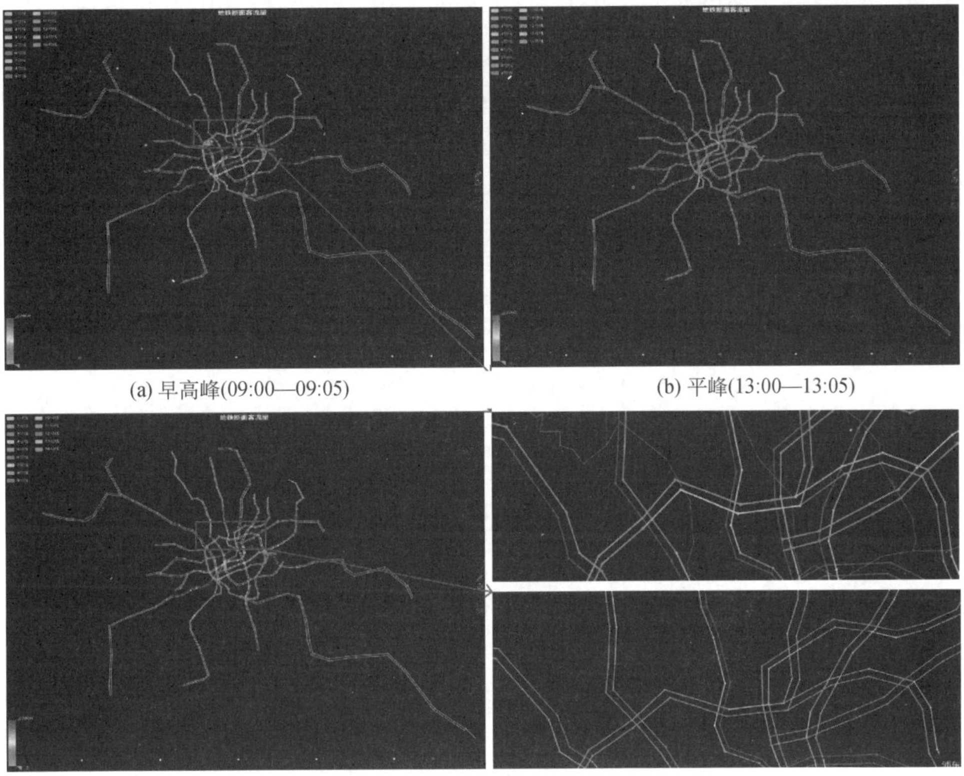

(a) 早高峰(09:00—09:05)　(b) 平峰(13:00—13:05)

(c) 晚高峰(19:00—19:05)　(d) (a)图与(c)图的局部放大

图 2-11 基于空间特性的网络断面客流可视化展示(彩图见附录)

需要指出的是,在图 2-11 的基础上,可以将断面客流数据中的时间变量映射到动画的时间轴上,实现通过控制时间轴来观察各个时段内各个断面的客流变化,也可将不同时间段的图形生成动画或视频文件。这种动态可视化分析可以直观地展示网络断面客流随时间的演变规律,对于优化列车开行方案与客流组织方案具有重要的参考价值。

2.6.3 结合拓扑图的网络断面客流可视化

城市轨道交通网络通常具有中心城区线路密度大、郊区线路密度小的特点,因此,利用 GIS 技术取点得到的路网拓扑图往往均匀性和对称性较低,可视化效果不理想。从美学的角度,对于可视化呈现结果的评价标准为:①图形均匀、填满可视化显示区域、图上各部分信息密度统一;②图中非节点处的边交叉尽量少;③边的走向尽量平滑。基于此,可采用变形处理后的路网拓扑图来展示网络断面客流的可视化效果。

1. 点对象的可视化呈现

利用 GIS 技术在地图上取得各车站的地理坐标,将车站抽象为"点图元"的集合 $V=\{v_1, v_2, \cdots, v_n\}$,并可视化呈现,如图 2-12(a)所示。在"点图元"集合相对方位不变的情况下,将其移动到网格交点集合 $K=\{k_1, k_2, \cdots, k_m\}$上,使得整体布局的可视化效果更规整、可读性更强,如图 2-12(b)所示。为了使得到的图形尽量均匀地分布于显示区域，给客流可视化留出足够空间，除对站点位置进行规整以外，利用 Beck 方法对路网图形做进一步变形处理。中心城区（一般可认为是环线以内的部分）站点密度大、客流量大，可视化图形易重叠覆盖，因此，将各站间隔按比例放大，使得图形有足够的空间可用于客流与各站基础信息（如车站名称）的展示。将郊区各线按比例适当缩小，使得图形更为紧凑与方正，整体布局美观，如图 2-12(c)所示。从图 2-12 可以看出，通过变形处理同时将平行走行区间的线间距拉大，这也是为后续客流数据的可视化做准备，由于断面客流需用宽度表征客流量的大小，因此，较大的线间距能尽量减少各断面客流的重叠与覆盖，以保证展示效果。

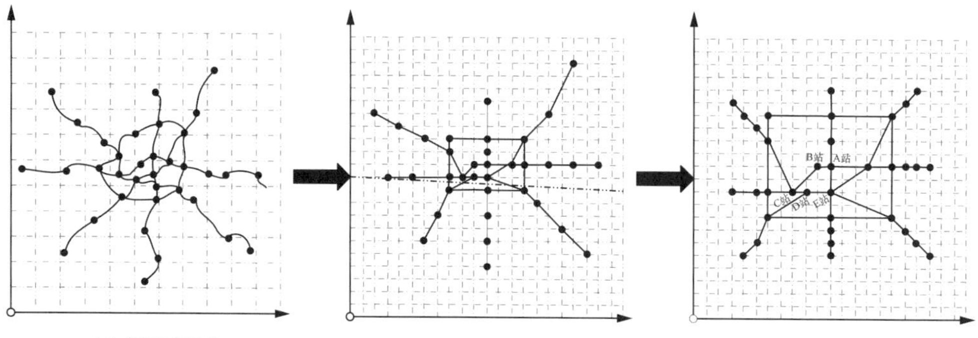

(a) 点图元集合　(b) 网格交点集合　(c) Beck方法处理

图 2-12　轨道交通网络点对象可视化展示方法

由于路网车站众多，难于直接定位某一车站，因此，拓扑图上还需展示车站的名称信息。站名文本的大小应与车站“点图元”在一个数量级，其位置位于车站一角。由于展示空间有限，且站名文本须满足与“边图元”无交叉干扰，因此可设计站名的水平、垂直或任意旋转某角度的显示。设计时，应尽量保证同一线路站名展示方式一致，使展示效果较为美观。

2. 边对象的可视化呈现

客流流动与列车开行均具有方向性，区间对象需要微观地展示出其上、下行线路，以区间的某方向为“边图元”形成一张完备的有向图。“边图元”即表征连接某相邻两站的某方向上的区间线路，设计中须遵循线路大致走向，为保证线路连接的平顺性与美观性，“边图元”需要支持弧形绘制功能，以圆表征“点图元”，两端与圆相切的线段或曲线表征“边图元”。

通过对某城市轨道交通路网拓扑结构中点对象与边对象进行处理，实现路网拓扑结构的可视化展示，如图 2-13 所示，该路网共有 14 条线路、363 座车站和 724 个区间（分方向）。在该图形上，结合地理图形和网络特点进行了优化，具体思路如下：

（1）车站坐标是利用直交布局算法思想处理后的网格交点坐标。

（2）对 4 号线环线之内的各站点的间距进行了局部放大，使得中心城区有更多的空间可用于路网基础信息的可视化（如站名的显示），即中心城区数据信息可读性更强。同时，对 2 号线东延段、16 号线、5 号线等郊区线路进行了局部缩小，使得图形更为规整。

(3) 对于区间边对象，采用了分方向的可视化图形予以呈现，这将有利于后续断面客流的展示；部分区间线路采用曲线绘制，指明了区间的大致走向，使得整体图形更为合理、美观。

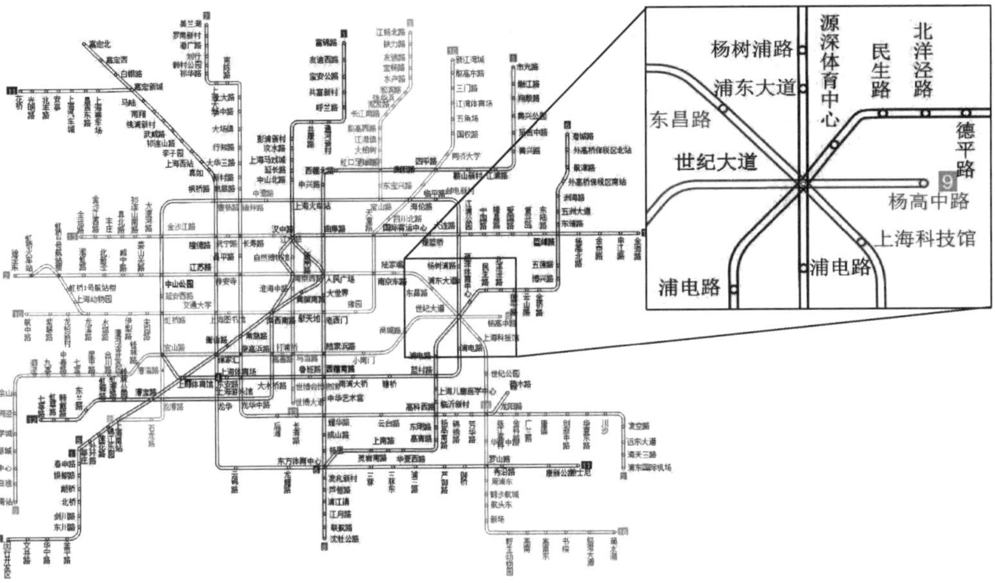

图 2-13　某城市轨道交通路网拓扑结构图的可视化展示效果

3. 断面满载率可视化

除图形化之外，利用色彩也是可视化的重要手段，色彩可将数据信息提升一个维度。本书借助色谱图的表现方式对断面满载率进行表征，由于换乘站处各断面流量带不可避免地存在重叠与覆盖，影响整体可视化效果，因此，采用 ARGB 的色彩模式对满载率进行可视化表征，即在 RGB 模式中另加入一维透明度(Alpha 值)参数，而 ARGB 与数值的映射方式可根据用户需求交互式确定。在初始化映射中，仅考虑换乘节点的可视化效果而对各范围满载率的透明度均设为同一值，用户可根据需求以不同的透明度来凸显或弱化某类区间。

以某城市轨道交通网络某工作日 5 min 分时断面客流量与满载率客流数据为例，该日早高峰全网断面客流动态集散过程如图 2-14 所示。图 2-14(a)所示为早高峰初期，客流量相对较小，拥挤情况不明显，郊区线路进城方向部分区间已达到轻微拥挤，这也印证了郊区线路较中心城区线路更早进入早高峰的规律。图 2-14(b)和(d)所示为早高峰极端高峰时期，全网络多数区间呈现拥挤状态，各郊区线路潮汐现象凸显，部分入城方向的运能紧张，区间满载率甚至超过 120%，极为拥挤。图 2-14(c)所示为早高峰即将结束，大客流基本消散，路网客流进入平峰期。除此以外，还可以采用动画与时间线相结合的方式，利用坐标轴和时间轴将杂乱的客流数据进行合理划分与排列，从而有效、直观地将断面客流信息映射到相应的图形属性中。

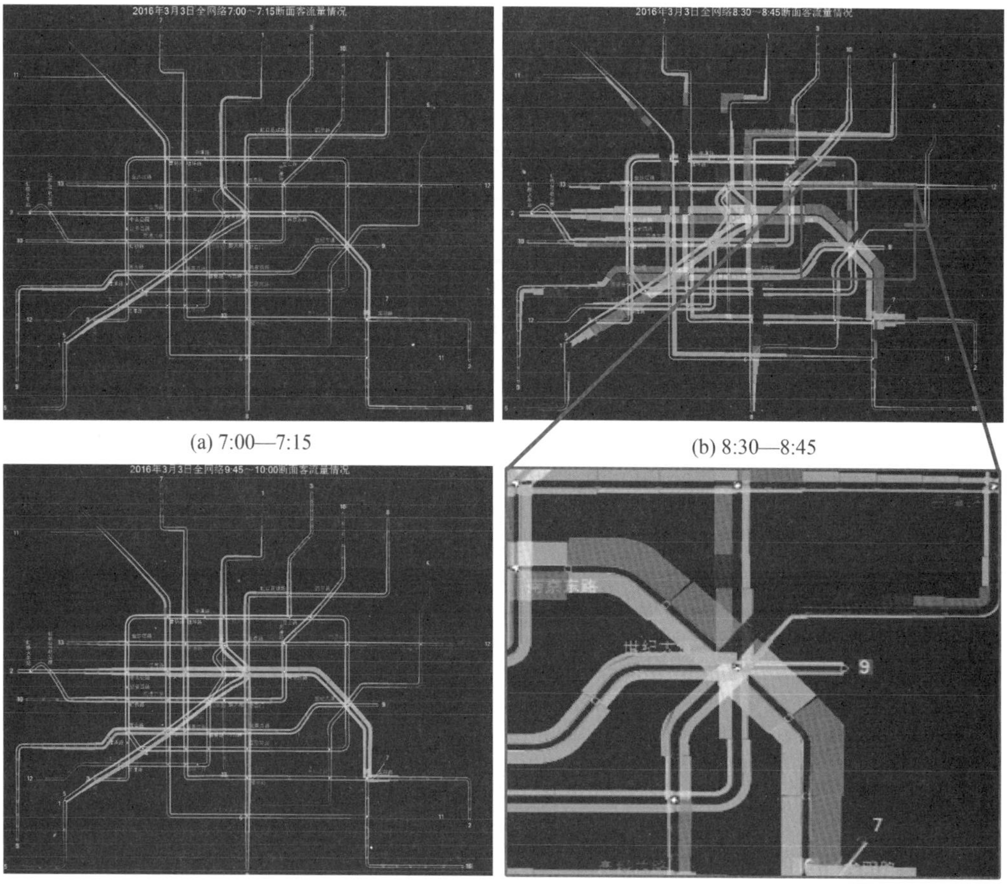

(a) 7:00—7:15　　(b) 8:30—8:45

(c) 9:45—10:00　　(d) 8:30—8:45(放大世纪大道站连接区间)

图 2-14　某城市轨道交通网络某工作日早高峰断面客流展示(彩图见附录)

2.6.4　分区间断面客流特征分析

分区间断面客流特征是指在给定的时段条件下,线路上各区间分方向的小时(或其他时间刻度)最大断面客流分布,该特征是制订交路方案的基础。如图 2-15 所示为某线路各区间在 8:00—9:00 的最大断面客流统计结果,从图中可以看出,在该时段内客流呈纺锤形分布,上、下行客流主要发生在 A—G 站区段,列车过 G 站后,断面客流明显下降,因此,在该类客流特征条件下,线路比较适合开行大小交路(小交路为 A 站—G 站,假设 G 站具备折返条件)。

2.6.5　全日分时最大断面客流分析

全日分时最大断面客流特征是指全线所有区间(包括上、下行)在不同时段上的最大断面客流分布,该特征是制订全日行车计划的基础。如图 2-16 所示为某线路各区间在每小时的最大断面客流分布情况,从图中可以看出,该线路全天具有明显的高、低峰特征,在编制全日行车计划时,需计算不同时段的列车开行数量。

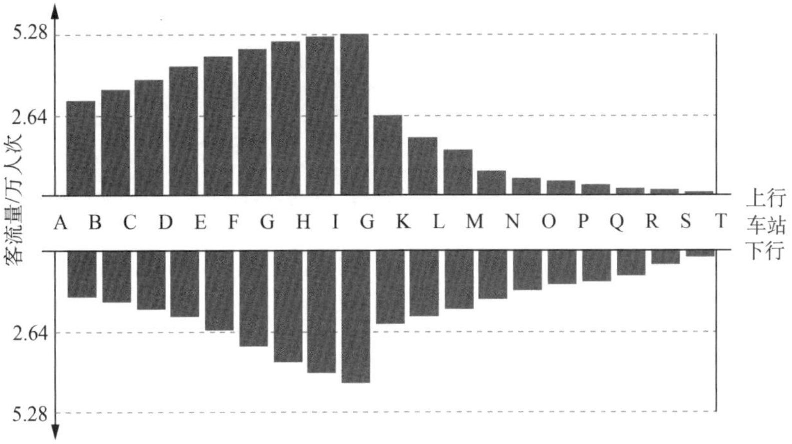

图 2-15 某线路各区间在 8:00—9:00 的最大断面客流

最大断面客流分析的精细化是实现运行图精细化编制的基础。传统的最大断面客流计算都是以整点小时为单位。实际上，大部分线路的极端高峰断面往往不一定发生在整点小时处，随着 AFC 系统的投用和客流分析的精细化程度加深，断面客流的统计精度可以精确至 5 min，如此便能分析出全日最大极端高峰断面发生的位置和持续时间。

2.6.6 运能运量适应性分析

在全日行车计划或运行图编制好以后，可以用运能运量适应性评估图来分析运能与运量的匹配情况，在线路最大断面的分时特征图上可以加上计划能力线（图 2-16），如果计划能力线可以覆盖所有断面，表示运能供给能满足线路的需求。当然，能力线不能与断面相隔太远，如果相隔过远，表示运能过于富余，则需要修改全日行车计划或运行图，以调整运能的供给，使运能与实际运量达到最佳匹配。

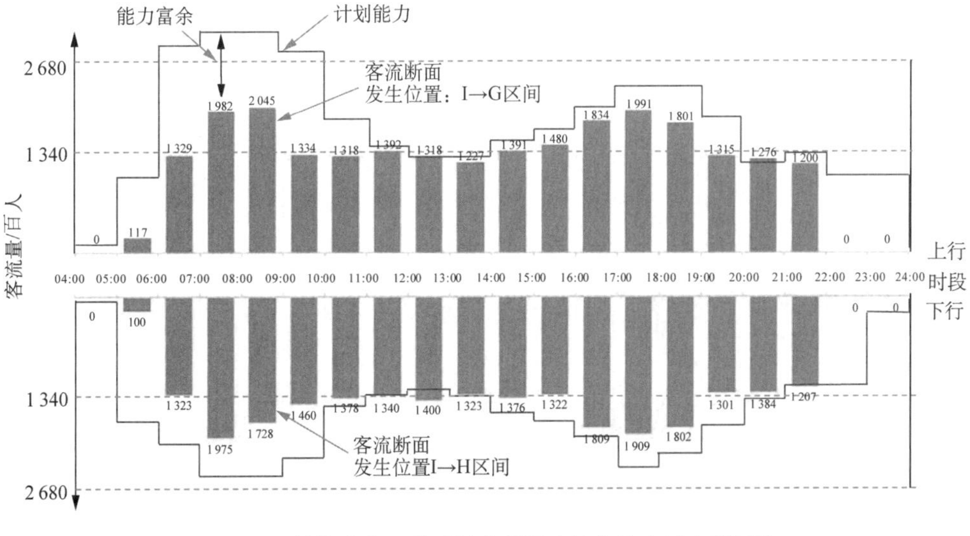

图 2-16 某线路全日分时最大断面客流和能力适应性评估

参考文献

[1] 颜景林.城市轨道交通运营管理[M].成都:西南交通大学出版社,2014.

[2] 江志彬.城市轨道交通网络列车运行组织与管理[M].上海:同济大学出版社,2018.

[3] 谢英豪,江志彬,徐瑞华.城市轨道交通断面客流数据可视化分析及优化[J].城市轨道交通研究,2017,20(1):69-74.

[4] 江志彬,刘伟,韩彦钊,等.城市轨道交通网络客流大数据可视化[J].城市交通,2018,16(2):70-75,8.

[5] 百度.百度地图迁徙人气[EB/OL].[2018-06-20].http://qianxi.baidu.com/.

[6] 廖沈美慧.基于多源数据融合的城市轨道交通车站实时客流异常识别[D].上海:同济大学,2020.

3 城市轨道交通大客流感知

城市轨道交通网络大客流具有典型的时空聚集性,网络大客流的演变实质上是每位乘客在网络上的运动过程以及乘客与列车交互影响的综合结果。获取实时、准确、全面的客流出行时空数据是分析乘客出行规律、准确把握客流实时分布状态、预测未来时段客流趋势、提高城市轨道交通客流协同管控决策时效性和有效性的基本保障。时空数据是指同时具有乘客出行时间和空间属性的数据,传统 AFC 数据仅记录了乘客 OD 和进出站时刻,随着 Wi-Fi 嗅探、视频、手机信令等新技术的应用,乘客的微观出行时空过程能够从不同粒度、不同层面和不同视角得到记录。以 Wi-Fi 嗅探技术为代表的时空数据具有个体连续、精准刻画、广域观测和实时反馈等优点,蕴含着丰富的语义信息,为精准化的客流状态评估和预警提供了一种新的技术手段。本章将重点论述大客流感知的主要指标、大客流感知的相关技术、基于数据驱动的大客流处置和基于感知技术的运营应用场景与需求分析,最后介绍基于 Wi-Fi 嗅探技术的客流感知案例。

3.1 大客流感知的主要指标

随着城市轨道交通网络化运营的不断深入和网络客流量的激增,日常运营中的大客流压力也在不断加剧。在这种情况下,准确感知车站客流,实现对客流安全状态信息的准确获取和客流变化趋势的准确判断成为提升轨道交通运营效率和保障运行安全的关键。大客流感知的主要指标包括客流量、客流密度、客流移动速度、乘客移动轨迹和异常状态信息等[1]。

3.1.1 客流量

客流量是指单位时间内通过某一点(某一横截面)的总人数,客流量既是反映车站客流吞吐能力的指标,也是反映客流集散安全的指标。

为了保证客流的正常集散,在城市轨道交通设备上,需要保证某区域设备的流量小于该设备的通行能力,且不同设备之间的通行能力应该相互匹配。当设备或者区域的流量大于其通行能力时,将会导致大量乘客聚集在设备出入口处而得不到疏导,设备上游也将不可避免地出现排队,客流量随之下降,行人整体缓慢前进,并开始出现安全风险。客流的监测和采集一般应该设在不允许乘客长时间停留的乘客通行设备及区域处,如车站的出入口、楼扶梯、通道、站台以及列车车门等位置。

3.1.2 客流密度

客流密度即单位面积的平均乘客数量，一般用区域人数与区域面积的比值来表示，也可以用某一区域中乘客所占面积与整个区域面积的比值来表示。其中，区域面积通常指水平投影面积，单位为人/m^2。客流密度这个指标一般被用于乘客需要停留或等待的设备，如站台、列车内、安检上游、闸机上游、扶梯上游、售票窗口或者自动售票机前等。

3.1.3 客流移动速度

客流速度是指组成客流乘客个体的平均速度，单位为 m/s，高密度人群并不意味着一定会发生客流踩踏事故，但当高密度拥挤出现速度突变时，极易引发踩踏事故，如果出现客流移动速度的巨大波动，可能会引发安全风险。

3.1.4 乘客移动轨迹

乘客的移动轨迹信息是指乘客在轨道交通网络内部的途径点的时空信息集合，可以体现乘客在站内的走行轨迹、在网络中的出行路径等过程。站内走行轨迹是指乘客在车站内途径的节点和设施设备的时空集合，它是研究站内乘客微观出行行为的基础，也是分析客流安全状态的关键。网络出行路径是指乘客在网络中途径的线路、列车和车站（含换乘站）的时空集合，它体现了乘客的网络出行行为，是研究网络客流分布规律的基础。

3.1.5 异常状态信息

大客流感知中异常状态监测的主要对象包括乘客个体、乘客群体和环境三个方面。在正常运营状态下，针对车站内可能出现的乘客个体异常，包括乘客摔倒、晕倒、区域逗留时间过程、剧烈运动等情况进行监测；针对车站内可能出现的乘客群体异常，包括区域人数异常、滞留、拥挤、踩踏等情况进行监测；针对车站环境可能出现的异常，包括环境空间中出现异物侵袭、火灾等情况进行监测。

3.2 大客流感知的主要区域

3.2.1 出入口

出入口是衔接城市轨道交通系统和外部交通的纽带，是乘客从外界进入城市轨道交通系统的起始点，也是城市轨道交通与其他交通出行方式的接驳点，是大量客流产生、聚集、消散的关键节点。

出入口处容易引发客流安全风险，主要原因包括以下几方面：

(1) 乘客在快速到达目的地心理的驱动下，希望快速进站，尤其是早高峰时段；

(2) 乘客从开敞的外部空间进入容量有限的封闭空间，容易导致人群排队和拥挤；

（3）在运能紧张的线路上采取限流措施时，为了缓解站台的客流压力，往往会将客流限制在站外出入口处。

为了保证站内乘客的安全，必须要保证在发车间隔 t 时间内进站客流 Q_E、上车客流 Q_B、下车客流 Q_A 与车站的容纳能力 C_P 之间保持合理的量级关系，如式(3-1)所示：

$$Q_E + Q_A - Q_B \leqslant C_P \tag{3-1}$$

因此，需要密切监测出入口的客流安全状态，以保证乘客的出行安全。影响出入口客流安全状态的指标是进站客流量和出入口客流密度。

3.2.2　通道

通道是乘客进出站或者换乘另一线路的走行区域，主要包括出入口通道和换乘通道两种类型。通道的导向性强，易于疏导与组织。

对于进站通道，通道内的客流密度与乘客的到达规律密切相关，也与通道的前一个和后一个衔接设施有关。如楼扶梯处，由于乘客在此处通行速度较慢，拥挤严重，可控性弱，很有可能是整个通道通行能力的瓶颈。因此，进站通道应重点监测楼扶梯设施起点与终点处的客流密度和速度。

对于出站通道，出站流量具有一定的周期性，而这个周期随着列车的到达时间间隔而改变。此外，站台上、下行方向列车的到达时间存在时间差，当时间差较小时，两趟列车的出站客流在出站通道会形成合流，导致通道的客流密度较大。出站通道要求到达的乘客能够快速出站，因此，出站通道应重点监测站台出站设备、楼扶梯入口处及出站闸机处的流量和密度。

对于换乘通道，包括单向换乘通道和双向换乘通道两种类型。单向换乘通道对不同换乘方向的乘客实现空间上的分流，客流密度较小，速度较快；而双向换乘通道内，两个方向的乘客是混行的，会产生对向走行的客流，当换乘站衔接两条线路的列车同时到达时，两个换乘方向的客流在换乘通道内会形成交织。由于换乘通道的流量可控性差，故必须重点监控，对此需要准确获取换乘通道内的客流量、客流密度及客流移动速度。

3.2.3　站台

站台作为乘客上下车和临时候车的场所，是出行过程中的关键节点。站台上的客流状态变化主要受乘客到达站台的客流量和列车到发时刻的影响。乘客在站台上的行为很容易受到与其邻接的楼梯、扶梯等设施的影响，因此，站台是轨道交通系统中客流运动最复杂的场所。根据站台客流安全监测的要求，站台需要监测的信息包括站台等候区客流密度、站台行人速度、上下车人数、排队人数、站台滞留人数和滞留时间等。

（1）站台等候区客流密度。站台等候区客流密度是衡量站台客流拥挤程度最关键的指标，特别是针对无屏蔽门的站台，高峰时段候车人数多、密度大，在乘客候车及上下车的过程中，极易发生危险。因此，需要获取站台等候区客流密度指标，为客流组织及安全应急工作提供及时、准确的信息。同时,为了及时有效地辨识站台客流的危险多发地点,实现站台重点区域的智能监控和站台客流密度的动态监测,需分析站台乘客的行为特征及站台客流的分布规律,以便于优化等候区客流密度的采集技术、采集地点和采集方案。

(2) 站台行人速度。站台行人速度是衡量站台拥挤程度的一个重要指标。当站台等候区客流密度较低时,人们以期望速度行走,平均速度为 1.2~1.5 m/s。随着客流密度的增加,行人速度随之下降,当人群密度在 1.5~4 人/m^2 时,速度曲线变得较为平缓,人群自由流变为堵塞流。当人群密度达到 4 人/m^2 时,随着客流密度的继续增大,人群会停滞不前,速度降为 0。因此,可以通过监测速度判断人群的密集程度,当数据显示人群的速度在逐渐减小且达到一定阈值时,可认为是人群密集所致,有可能会发生事故。

(3) 上下车人数。上下车人数是指一趟列车在该站的上车人数和下车人数。上下车人数是研究乘客上下车行为的重要参数,也是研究网络客流分布规律的重要依据。

(4) 站台滞留人数和时间。站台滞留人数指在列车车门关闭时,无法上车的乘客人数以及排队人数,它反映了当前站点的客流密度及列车的满载率。站台滞留人数可以通过统计客流密度的变化情况得到,分析各行车间隔组成的时间周期内最小的客流密度对应的客流人数,即为滞留人数。滞留时间的长短则是反映客流在站台停留时间的关键指标,反映的是输送能力与客流需求的匹配程度。乘客在站台的滞留时间决定了乘客的滞留次数,滞留次数往往更能体现列车运能与站台客流的匹配程度,滞留次数越多,表明列车的运能与站台需要上车的客流需求之间的差距越大,同时,站台候车乘客的密度有快速增加的风险,对此需要重点关注。

3.2.4 列车

列车客流主要体现在满载率这个指标。列车载客人数与列车定员的比值称为列车的满载率,它反映了当前列车的负荷情况,也反映了线路各区段的拥挤程度。当列车满载率较高时,说明列车处于高负荷状态,车内乘客的出行舒适度较低。另外,列车也需要关注不同车厢满载率的差异性,为候车区域引导提供依据。

3.3 大客流感知技术

在道路交通领域,由于 GPS 定位的覆盖面广、室外定位精度较高、效率高且成本较低,因此,GPS 是一种有效的交通流监测手段[2,3]。但由于 GPS 定位需要移动终端接收到卫星信号才能使用,因此在高密度建筑群、室内以及地下系统内通常不可使用。在城市轨道交通领域,传统客流感知技术主要以 AFC 技术为主,为了能快速、准确地检测网络客流的实时流量与客流分布情况,各城市轨道交通管理部门都在研究与推广各种新的技术手段,如车辆称重、热敏传感技术、智能视频分析技术、Wi-Fi 嗅探数据分析和手机信令等[4]。但各项新技术都存在优缺点,也有各自不同的适用情景。

3.3.1 AFC 技术

轨道交通自动售检票(AFC)系统是基于计算机、通信网络、自动控制、自动识别、精密机械和传动等技术,实现售票、检票、计费、收费、统计、清分、管理等全过程的机电一体化、自动化和信息化系统。AFC 系统架构如图 3-1 所示。

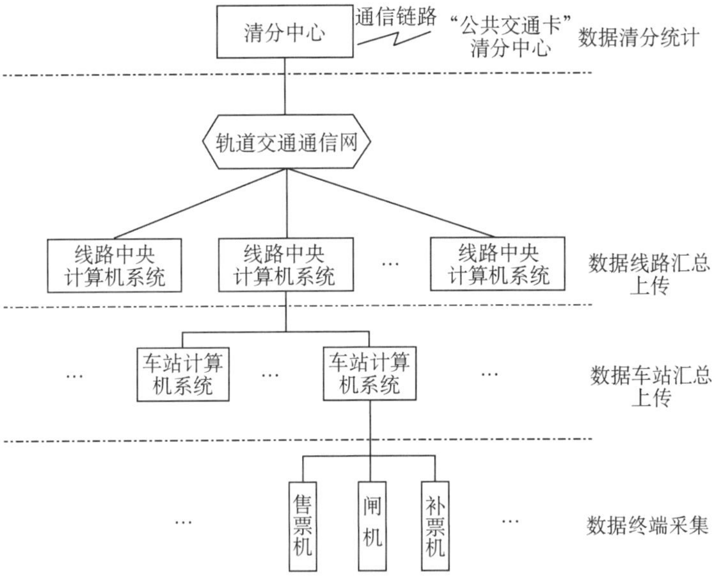

图 3-1 AFC 系统架构

AFC 系统包含 IC 卡编码设备、线路中央计算机系统及网络、车站计算机系统、车站售检票终端设备和车票。在轨道交通网络化运营的情况下,AFC 系统还应包括轨道交通清分中心、维修中心和培训中心等。随着移动支付和人工智能等技术的发展,越来越多的新型支付方式已投入应用,如手机近距离无线通信技术(Near Field Communication, NFC)、手机二维码、刷脸等。

AFC 技术是通过轨道交通自动售检票系统获取车站闸机数据,由此得到乘客进出站的站点位置和时间,以用于分析客流的时间和空间规律。同时,AFC 数据还能通过清分模型将轨道交通客流 OD 分配到相应的路径中,得到各条线路的客流量以及换乘量。利用 AFC 系统采集客流数据是目前最为常用的手段。车站的客流数据采集终端按照一定的时间周期定时进行数据传输和客流量汇总,次日凌晨再将数据上传至网络清分系统以进行清分统计分析。在当前乘客网络出行采用"一票换乘"模式的条件下,AFC 系统采用基于多因素阻抗的多路径清分模型进行网络客流分布计算,适用于轨道交通网络客流总量的统计[5],但是,对车站内客流(如换乘客流、站厅客流、站台客流)的分布情况无法做到实时、精确的统计。同时,由于城市轨道交通网络路径的复杂性以及乘客出行路径选择行为的多样性和差异性,使得目前清分模型得到的客流清分结果与实际情况存在一定的误差。另外,完整的乘客进出站信息需要待乘客出站后才能获取,加上实时进出站数据在传输上的延时性，目前无法通过 AFC 系统获得网络客流的实时分布状态。

3.3.2 车辆称重技术

车辆称重技术是通过测量车辆载客的总重量来计算车辆载客人数，主要原理是在列车车厢的悬挂弹簧上安装压力传感器来检测受压变形量，并结合截面变化曲线及温度补偿、倾斜补偿等算法计算得出列车的承载重量，再根据乘客的平均体重计算出车厢的载客人数。目前，该技术在客流统计方面有一定范围的应用，通过加装相应的压力传感器，能够较为直观和便捷地测算出车厢的载客人数。但是，测算精度依赖于载客数量，载客人数越多，测算精度越高，反之误差较大。车辆称重技术适用于断面客流统计，相比现行的 AFC 技术，它不需要根据进出站客流数据、换乘客流数据等进行计算，且能实时获取车辆载客数量的变化情况。但是，在实际应用过程中，由于城市轨道交通各种列车构造的不同以及乘客的多样性，所以难以保障车厢载客人数的精准性，需要与 AFC 统计数据进行相互校正。同时，需要根据不同列车型号的车体结构加装传感器和检测设备，设备投资和实施复杂度均较高。

3.3.3 热敏传感技术

基于热敏传感技术的客流统计系统主要由传感器、计数器、传输网络和后端处理单元组成。通常，传感器布设在距地面约 3 m 高处，可检测地面上边长约 3 m 的四方形区域，通过集成光学、传感器、信号处理逻辑及电子控制技术，在 60°的角度范围内，把下方人流的热气通过锗透镜转为红外辐射，实现对传感器覆盖区域的热敏检测；同时，通过设置进、出基准路线来捕捉乘客的行走路径，实现对乘客在热敏传感器部署区域内换入和换出的分类统计。

基于热敏传感技术的功能特性，它主要适用于车站内通道的双向客流检测，尤其是对换乘客流的检测。车站可以通过在换乘通道内设置热敏传感器，以覆盖双向换乘客流，实现对站内换乘客流的实时监测。通过数据的收集和分析，能够对车站实现通道进出客流的警示。但由于热敏传感检测系统对安装环境要求较高，同时还会受到客流情况复杂度的制约，因此，难以在车站内大面积安装、推广。热敏传感技术曾在上海世博会期间用于轨道交通 13 号线的几个世博站点，之后在人民广场站也进行了试点。试用结果表明，该技术虽然在客流监测方面理论上可以接近实时，但准确率不太理想，主要原因是热敏的红外感应装置对安装环境要求较高，且在人流复杂的车站不能有效区分客流类型，同时，该技术安装成本较高，不适合大面积推广使用。

3.3.4 智能视频分析技术

智能视频分析技术（Intelligent Video Surveillance, IVS）也称摄像识别技术，源自计算机视觉技术和人工智能技术，其目标是在图像与事件描述之间建立一种映射关系，使计算机从纷繁的视频图像中定位、识别和跟踪关键目标物体，实时分析和判断目标的行为，根据预定的规则进行相应的报警或处理动作，从而能在异常事件发生时及时做出反应，实现早期侦测和防范。图 3-2 所示为智能视频分析技术统计轨交站点客流的工作原理。

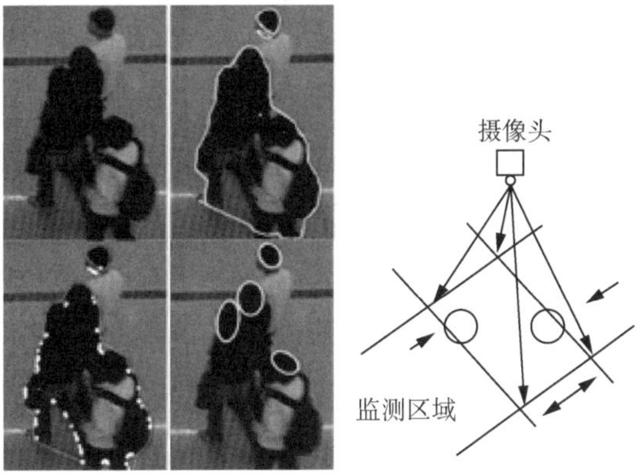

图 3-2 智能视频分析技术统计轨交站点客流工作原理示意

智能视频分析技术在轨道交通的基本应用包括入侵检测、滞留检测、可疑物品遗留检测、逆行检测、客流量突变、图像异常告警及场景重组等。基本技术框架分为三个阶段：前期工作主要是针对摄像机的视频流进行预处理；中期工作主要包括各种目标的检测、识别、分类和跟踪；后期工作是通过建立数据模型，对运动行为进行分析并判别异常行为，从而做出预警。智能视频分析技术可以通过对运动目标的检测、分类和跟踪，根据模型算法对行为进行理解与识别，从而精确地检测出某一断面或区域的客流量数据。其中，运动目标的检测是视频分析技术的核心，现有的检测方法主要有帧间差分法、背景差分法和光流法三种。

目前，各地城市轨道交通都安装了视频监测系统，以上海为例，平均每个车站设置的摄像机数量约为 80 个，基本实现了对车站区域的全覆盖。车站值班员、调度和轨道公安等运营安全管理人员均能实时调看管辖范围内的所有摄像机视频，从而了解车站大部分区域的实时客流情况，并对客流状态做出定性判断。智能视频分析技术能够实现客流的实时采集，可以对每个乘客的个体运动轨迹进行精确检测和跟踪，实现对大范围区域的覆盖和数据采集，通过数据统计和分析，得到客流量、客流密度等数据指标。但摄像头的安装对外部环境(如光线、位置及角度等)的要求较高，车站既有的大部分视频监测设备的安装位置和视频质量无法完全满足要求，在现场试验中测得的数据精确度较低，如果对车站既有视频监测设备进行改造，则需要增加较多的专用硬件和后台软件，工程投资和实施复杂度都很高。

3.3.5 Wi-Fi 嗅探技术

Wi-Fi 嗅探技术是运用 WLAN 无线局域网技术实现接入设备的定位，即在无线接入的同时能够判定接入设备的位置。Wi-Fi 嗅探数据的采集原理为探针设备(Access Point, AP)高频率地向四周广播发送 beacon 帧(信标帧)，用来通知附近的 Wi-Fi 设备

AP 的存在，同时，Wi-Fi 设备(如手机、平板电脑等)也会不停地发送 probe 帧(探测帧)，去寻找附近可用的 AP[6]。在 probe 帧的数据包里包含了设备的 MAC 地址。当 AP 设备接收到 Wi-Fi 设备发送的 probe 帧之后，就获取了这个设备的 MAC 地址。因此，只要在 Wi-Fi 探针覆盖区域内的设备打开了 Wi-Fi，探针就能收集到该设备的 MAC 地址(图 3-3)。Wi-Fi 设备与 AP 布设位置之间的距离可通过信号强度 RSSI 这个指标来反馈，而 RSSI 值还与 AP 的功率及环境的干扰有关。

图 3-3 基于 Wi-Fi 嗅探技术的轨迹采集原理

相比其他定位方式，如超声波、红外线、射频识别(Radio Frequency Identification，RFID)定位等，Wi-Fi 定位的优势是能够利用现有无线网络以及被定位物体自带的无线功能，无须借助额外设备。在技术方面，移动互联网的应用系统是基于 Wi-Fi 无线路由器开源固件平台，实现对关联和未关联 Wi-Fi 移动终端的智能感知来获得用户位置，并且通过对相关数据的挖掘、统计、分析，实现客流的实时跟踪。在实际应用方面，该技术采用了基于无线终端的定位、跟踪与识别技术，实现客流分析。通过终端检测、轨迹分析和特征分类，精确检测出通过该区域的客流量，实现对客流数据的精确统计。同时，Wi-Fi 嗅探技术的身份识别功能还适用于轨道交通 OD 客流分析，通过获取空间位置和时间点，可以得到准确的 OD 客流数据，还可以实现智能导览、信息精准推送、轨迹回放、实时定位和客流分析等功能。但是在实际应用中，由于乘客使用手机习惯的随机性，无法明确乘客使用 Wi-Fi 功能的比例，因此难以保障数据的精准度。同时，在轨道交通复杂的地下环境中，需要布置大量的 Wi-Fi 路由器以确保数据采集工作的进行，并采取措施尽量减少周边环境对信号的影响，确保数据采集的准确性。另外，针对全网络的 Wi-Fi 嗅探数据是海量的，且数据质量较差，因而对于数据的加工与处理要求就非常高，相应地，数据挖掘的难度也非常大。

3.3.6 蓝牙定位技术

蓝牙定位技术是使用蓝牙 4.0 的 beacon 广播的功能，一般应用场合是在室内。在一定的室内区域定点布置 beacon 基站，这些低功耗的蓝牙 beacon 基站不停地发送 beacon 广播报文，搭载了蓝牙 4.0 模块的终端设备接收到 beacon 广播报文后，测量出接收功率，再将其带入到功率衰减和距离关系的函数中，进而计算出距离该 beacon 基站的距离，通过利用距离多个 beacon 基站的距离交叉从而实现定位。

蓝牙定位技术相比现行的无线局域网技术更适用于室内定位，蓝牙定位的精准度更高，定位耗时更少，成本低廉。同时，随着蓝牙 4.0 技术规范的发布，使其在电池续航时间、节能和设备种类等方面得到了极大的改善，对信号的刷新周期也有大幅度的提高。在轨道交通大客流预警方面，蓝牙定位技术适用于站内客流情况的监测，例如客流分布情况、站台客流密度、换乘通道客流情况等。但是，蓝牙定位需要乘客打开移动设备的蓝牙通信功能才能实现，因此需要采取有效手段确保乘客主动参与，才能实现数据的精确采集。

3.3.7 手机信令技术

利用手机数据分析推算交通数据信息是一种新兴的广域动态交通检测技术。手机信令技术中的数据定位原理是基于基站小区的模糊定位技术,通过移动运营商的手机信令采集系统,采集匿名手机用户发生信令事件时的位置信息,包括收发短信、主被叫、基站切换以及位置更新等数据,能够较为全面地反映出行者的连续出行轨迹。因此,当有人使用手机打电话、发短信或利用运营商网络上网时,移动数据就被创建,用户行为就会被移动基站所记录,并被确认在基站范围内的某个位置,当呼叫转移到一个新的基站或者一个新的呼叫连接到不同的基站时,用户的行为轨迹就会被确认下来。

由于手机信令数据在样本量和覆盖范围上的优势,手机信令技术适用于中、宏观层面的客流检测,包括城市人口时空动态分布检测、特定区域客流集散监测、交通出行的 OD 分析。在轨道交通监测方面,手机信令技术能够识别乘客换乘路径和换乘车站,以及区域线路的进、出站客流。同时还能通过识别手机用户的出行时耗、出行距离以及出行次数,分析乘客的出行需求,例如出行需求主要集中在什么时间段以及哪些区域之间等。通过对站点、线路一定范围内的手机用户密度进行统计及分析,可以得到站点和线路的服务范围。

受基站分布密度以及用户手机使用行为的时空随机性两方面的影响,手机信令数据对微观层面分析的适用性相对有限。在实际运用过程中,手机信令数据的采集过程还将受到轨道交通网络复杂环境的影响,如不适用于地面及高架站,地面及高架站点及线路由于采用与路面同样的基站,因此难以实时检测出进、出站客流。

3.3.8 不同检测技术应用情况分析

轨道交通客流检测技术是实现大客流预警的重要技术手段,不同技术适用于轨道交通不同层面的大客流检测预警需求,表 3-1 和表 3-2 分别给出了不同客流数据采集方式的比较以及不同检测技术在轨道交通应用的适用范围。

表 3-1 不同客流数据采集方式的比较

检测技术	采集设备	客流参数	适应性分析	实时性	布设区域
AFC 技术	进、出站闸机	进、出站客流量	数据质量高,但无法实时精确统计站内客流的分布情况	延时	车站
热敏传感技术	热敏传感器	通道的双向客流量	对安装环境要求较高,受客流情况复杂性制约,难以大面积安装、推广	实时	车站局部
智能视频分析技术	智能摄像机	客流量、客流密度	工程投资和实施复杂度都很高	实时	车站
蓝牙定位技术	beacon 设备和手持终端	客流量、客流移动速度、客流密度、乘客移动轨迹	需乘客打开移动设备的蓝牙通信功能	实时	车站局部

（续表）

检测技术	采集设备	客流参数	适应性分析	实时性	布设区域
手机信令技术	手机基站和手持终端	地下站进、出站客流量，换乘量	适用于中、宏观层面的客流检测	实时	车站、隧道
车辆称重技术	乘客载重量检测设备	断面客流量	难以保障车厢载客人数检测的精准性	实时	列车
Wi-Fi 嗅探技术	AP 设备和手持终端	客流量（含断面）、客流移动速度、客流密度、乘客移动轨迹	无法明确乘客 Wi-Fi 功能开启比例	实时	车站、列车

不同的客流检测技术在轨道交通客流检测领域都有其优劣势，现有客流监测技术采集到的数据特点如表 3-2 所列。不难发现，即使是都具备数据采集实时性特征的客流检测技术，由于数据采集范围、数据采集量级和数据处理规模的不同，客流分析结果的延时性也存在较大差异。通过各客流检测技术的融合，能够对采集到的客流数据进行相互印证，以提高数据的准确度，提升数据的采集范围，优化数据的分析结果，从而完善轨道交通综合实时客流监测体系，满足网络层、线路层的大客流预警需求，改善大客流的预警效果。

表 3-2　不同检测技术在轨道交通应用的适用范围

检测技术	客流量检测				公共安全	乘客定服务	
	进、出站客流量	换乘客流量	站台客流量	断面客流量（列车满载率）	乘客行为异动	轨迹定位	
						站外	站内
AFC 技术	√						
车辆称重技术				√			
热敏传感技术		√					
智能视频分析技术					√		
Wi-Fi 嗅探技术		√	√	√			√
蓝牙定位技术							√
手机信令技术	√	√				√	

因此，为了满足大客流预警的需求，城市轨道交通需要建立综合实时客流监测体系，以系统化的方式选择适用的检测技术，并实现多种检测技术的有效集成，从而满足多样化的客流监测需求。

3.4　基于数据驱动的大客流处置

目前，由于城市轨道交通车站客流的管理主要以人工和视频监测为主，并根据运营经验判断客流态势来采取相关控制措施，因此在对客流趋势的准确判断和及时处置上存在较大的局限性。对车站客流组织的优化主要通过建模仿真的手段探究车站的客流特征及规律,也有一些通过 AFC 数据挖掘车站客流特征的新方法,但以上方法在准确度和精确度方面存在不足。随着互联网、移动终端的发展和普及,智能车站的建设,相关客流采集技术和特征挖掘手段(如 Wi-Fi 嗅探、手机信令、智能视频分析、人工智能和聚类等)为车站客流数据的精确获取和实时监测提供了有效的途径,使基于多源数据驱动的车站客流处置数据驱动模式的实现成为可能[7]。

3.4.1 多元感知数据的融合

车站客流数据的实时精准感知是城市轨道交通车站进行客流处置决策的基础。对于城市轨道交通车站这一复杂封闭环境,其客流信息的类型是复杂多样的,包括车站各区域的行人流量、客流密度、客流移动速度以及个体的走行轨迹。传统模式对车站客流信息的采集主要以 AFC 数据为主,对区域客流的感知主要以历史经验和视频监测为主,因此,客流感知的精细化和精确度不足。在数据驱动模式下,对客流感知的实时性和精细化程度提出了更高的要求(表 3-3),需要从中观甚至微观个体角度来捕捉乘客的出行轨迹,实时精确地采集各区域的客流数据,并从个体轨迹入手把握车站客流的整体变化趋势,为客流的精细化分析提供有力支持。

表 3-3 客流动态感知要求

客流动态感知内容	要　　求
客流数据来源	AFC,Wi-Fi 嗅探数据、视频检测数据
客流感知数据	客流量、密度、速度、时空轨迹
客流感知维度	分区域、分方向、分上下行
客流感知水平	实时动态监测
客流感知粒度	多粒度:30 min, 15 min, 5 min, 3 min, 1 min

为了实现对车站客流数据的精准感知,需要对多源数据进行融合。不同空间区域的客流特点各有不同,对客流感知的时空粒度和精度要求也存在差异,不同类型的数据在挖掘客流特点上适用于不同的场景。为了实现客流的精准感知,需要分析应用潜力较大的多种技术手段,并发掘其最大的应用价值。智能视频分析、手机信令、Wi-Fi 嗅探等技术为客流的采集提供了多种有效途径,但不同技术的优缺点以及适用场景存在差异(表 3-1)。视频数据在获取区域客流数据上优势较大,Wi-Fi 数据可追踪乘客的轨迹信息,而 AFC 数据可以准确地获取车站的进、出站客流数据,能够对视频数据和 Wi-Fi 数据进行有效验证。因此,通过融合以上多种技术手段,可以精确地对连续时段内车站各个区域(如出入口、站台、换乘通道)分时段、分方向的客流进行分析与可视化展示,也可对客流速率及客流密度进行实时监测与统计。图 3-4 所示为车站客流数据融合分析流程。

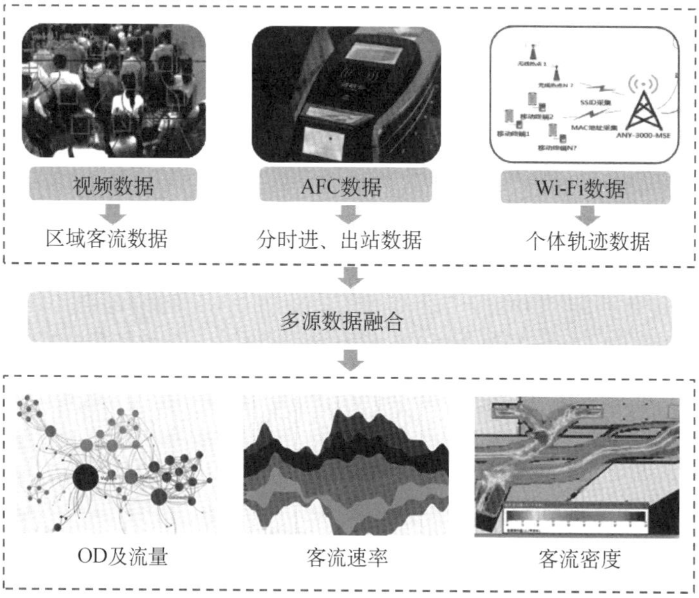

图 3-4　车站客流数据融合分析流程

3.4.2　客流分析及风险预判

城市轨道交通车站内部的各组成部分相互作用关系复杂，大客流的形成原因和传播规律难以把握。因此，基于海量客流数据和对客流数据的精准实时感知，对车站客流实时状态进行识别和风险预警分析，并对客流的变化趋势进行预测，是实现车站大客流智能管控的关键。

客流分析及风险预判的核心技术在于基于多源数据的实时感知信息，搭建大客流风险预警及智能辅助决策平台，为及时采取大客流处置决策提供依据。可基于实时获取的车站客流数据，结合大数据可视化技术和 BIM 技术等，搭建车站的客流信息展示平台，如图 3-5 所示，对车站的客流数据进行场景展示，直观监测车站各区域的客流分布状态。基于人工智能、机器学习以及聚类分析等智能算法，对海量的历史客流数据进行分析，挖掘车站在不同条件以及不同日期类型下的时空特征建立车站客流历史特征数据库，并根据历史客流状态和车站的设施设备使用情况建立车站大客流分级指标及预警阈值。通过对历史客流的分析，也能有效探究大客流的形成过程及传播规律，对于发掘车站时空拥堵瓶颈、优化客流处置决策方案具有重要意义。在此基础上，根据实时感知的客流数据对车站状态进行评估，识别其异常状态的类型及可能的影响范围和持续时间，从而对车站客流状况进行分级，如此便能有效地支撑大客流处置决策的制订和实施，如确定限流等级、启动限流方案等。

此外，通过多维度、多类型的客流预测及组合模型和算法，根据实时客流数据对下一时间粒度下的客流状态进行预测并根据相关指标进行预警，对于及时发现车站前的客流

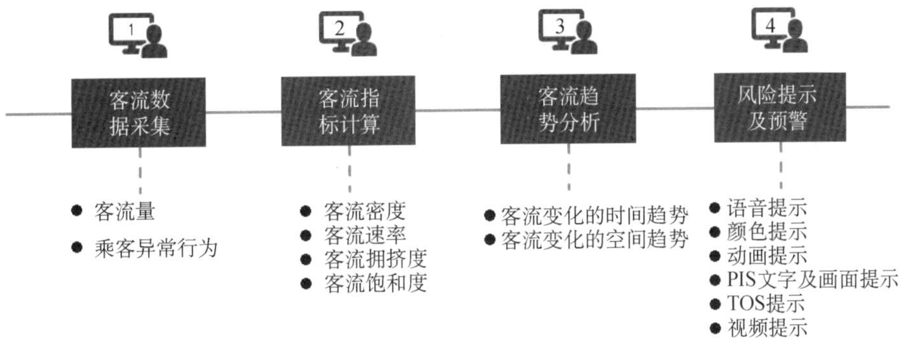

图 3-5　车站客流分析及风险预判

风险、及时采取客流控制措施、降低车站大客流风险具有重要的意义。

3.4.3　客流处置的智能化决策

有效利用客流精准感知结果和客流分布的精准预测及风险辨识等技术，对车站大客流实现有效的组织和诱导是城市轨道交通大客流处置的数据驱动模式探索的最终目标。目前的客流处置决策依据主要以管理人员的经验为主，并在值班站长的指挥下实施客流控制措施，因此主观性较强，缺乏一定的科学性且难以保障客流处置的效率。

大客流处置的数据驱动模式是在客流感知和风险辨识的基础上，针对客流监测系统中识别出的客流风险智能启动客流管控决策和应急联动的处置模式。该处置流程包含了“客流全貌感知—融合客流检测—客流检测预警—智能决策启动—多方应急联动—决策过程追踪—处置决策调整—处置效果评估”这 8 个处置阶段。大客流智能化决策的技术框架如图 3-6 所示。

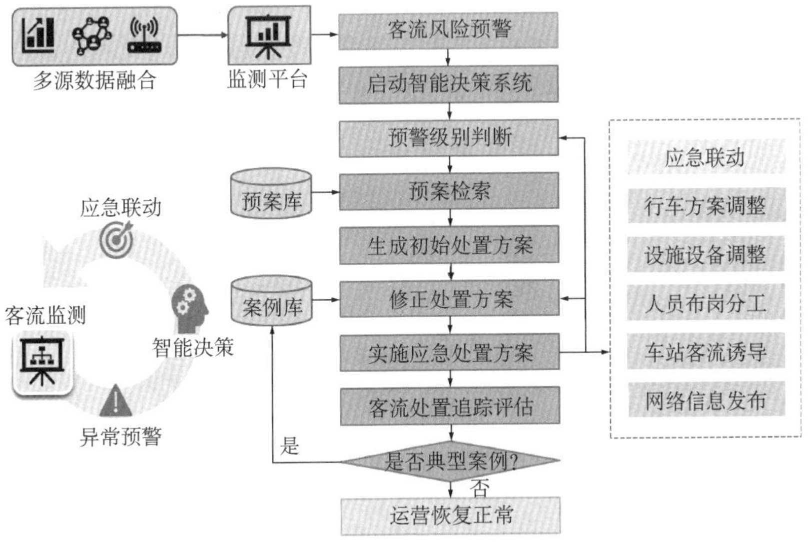

图 3-6　大客流智能化决策技术框架

智能决策的启动是以客流精准感知为基础的，当实测客流量达到系统分析阈值后便自动开启预警并分析生成大客流事件的相关信息，如发生区域、发生时间、事件类型、事件特征、事件影响、预计持续时间及影响范围。该信息生成后，系统依据对运营的影响程度从而对预警级别进行判断，并根据相应的级别自动弹出报警及提示信息，进入应急处置阶段。在处置阶段中，根据事件的类型与特征，系统将基于预案库自动检索相关预案并生成初始处置方案。在初始方案生成以后，系统终端将根据具体情况和历史事件案例库对初始方案进行修正与完善，在对初始方案修正与完善的过程中，处置终端可监视方案生成的整个过程并可对其进行修改。处置方案生成后进入事件处置界面，处置界面显示相关操作流程并根据车站工作人员实时分布状况自动分配处置任务。在大客流处置的过程中，系统将自动追踪监控处置过程及处置效果，并实时根据客流处置效果对处置措施进行动态调整，直至客流恢复正常情况。在客流处置结束后，系统将对客流处置的全过程进行追踪和评价，并将典型的大客流事件计入历史案例数据库中，为后续可能发生的大客流事件提供决策参考。

同时，在实施客流处置的过程中联动多种应急技术，包括行车方案调整、设施设备优化、人员分工自动布岗、车站客流诱导和网络信息发布的协同联动。在客流的全程诱导过程中，常态大客流情况下，可以根据车站的乘客信息系统(Passenger Information System, PIS)发布换乘建议，以引导乘客选择多种可替代的交通方式。异常状态下，根据所推算的大客流影响范围，对出行中直接受影响的乘客推送建议替换路径，同时向间接受影响的乘客推送换乘路径进行绕行引导，以减缓大延误对网络的影响。

基于精准的客流感知技术对城市轨道交通车站各区域客流进行全貌监控，得到车站的实时客流分布状况，并根据对历史客流的特征挖掘把握车站客流的规律，从而为车站客流的异常检测提供参考，并在异常客流情况下采取数字化的客流处置决策方案。这是实现车站大客流处置数据驱动模式的重要途径，在提升车站客流管控水平上具有重大的应用价值。目前，上海已经在一些试点车站初步探索基于数据驱动的大客流检测与处置，并取得了一定的成效，但还存在数据源复杂多样、数据相互兼容性差、设施设备种类数量繁多等情况，后续仍需探究更多有效的数据融合手段和客流的趋势预判，这也是未来智慧车站建设和提高车站智能管控水平的重点方向。

3.5 基于感知技术的运营应用场景与需求分析

基于各种客流感知技术可实现对微观乘客个体出行链路的还原和宏观网络客流时空分布特征的提取和分析，在以下几个方面的场景均有应用价值。

3.5.1 乘客出行路径的还原

针对复杂轨道交通时空网络约束下的乘客出行路径选择问题，基于图论理论与时空数据信息，建立乘客 MAC 地址与车站和列车的时空关联，构建乘客个体出行路径辨识模型，对乘客出行时空链进行还原与校验。

对轨道交通乘客出行路径选择行为进行建模，一方面，能够校验现有乘客出行路径选择模型中阻抗计算公式的合理性；另一方面，能够根据乘客出行路径选择结果的时空分布特征，对乘客进行不同维度的分类（如出行目的、换乘次数、OD 对间的对称性等），进一步挖掘出影响各类乘客出行路径选择的内因，为完善和提高出行路径选择模型的精度提供足够的数据支撑。

在轨道交通乘客出行和运营效率评估方面，通过对各类乘客出行阶段的细分和统计，能够得到相对于仿真实验更加准确的乘客出行路径、候车时间、行程时间、换乘次数、滞留次数和滞留时长等信息。通过客流感知技术，为决策部门提供大范围的客流分布和检测信息，从而降低因客流调查所要花费的巨大人力、物力和财力。对还原后的乘客出行路径进行分类，可以作为分析不同运营情境模式下乘客出行效率的量化指标，也能为清分模型参数分时段、分场景验证和微观个体及群体出行行为分析提供决策。同时还能作为车站内采取不同客流组织措施后评估乘客的出行效率、评估现有仿真软件的参数设置合理性的有效数据支持。

3.5.2 网络实时客流的分布与评估

基于监控技术，运营管理人员可以实时获取网络内车站的乘客进出站量、站台候车客流量、各线路分方向的换乘量和线路分时、分方向的断面客流量等信息。结合数理统计相关理论，运营管理人员可对客流分布进行评估，并制订客流分布状态评估策略，为网络内客流分布评估提供数据支撑。

可从客流认知、可视化、人机交互的综合视角出发，基于 GIS 地图、网络迁徙图、日历图、散点图、弦图等可视化图形，结合大数据可视化技术，实现大规模复杂网络 OD 客流以及断面、进出站和换乘客流的大数据可视化的运营需求关键技术与实现方法，获得洞察大规模复杂客流数据的能力。可视化展示结果有利于运营管理人员掌握网络客流时空变化特征以及演变规律，为制定科学行车与客运组织方案提供决策依据。同时，可视化结果也可作为制定客流实时监测、客流预测预警、运能配置评估与优化、客流组织方案评估等相关运营场景下网络实时客流展示系统的实施要求的数据支撑。

此外，通过对网络内客流分布的实时追踪，还可以进一步挖掘出城市空间功能结构演进与轨道交通运营服务的互动规律。融合轨道交通多源数据，通过不同信息获取手段的交叉观测，基于出行行为与空间特征映射关系的规划模型体系，构建乘客活动空间分析框架。通过了解城市的职住空间、休闲娱乐等功能区的分布现状和吸引量来挖掘乘客的出行结构演变规律。

3.5.3 网络客流预警与预测

从轨道运营网络、线路和车站三个层面出发，基于实时客流数据，对客流的实时状态进行识别与预警分析。该过程可细化为四个方面的工作。首先，基于多源数据的融合分析还原出乘客出行链信息和网络客流分布数据，从而实现大客流变化趋势的判断和大客流预警决策，为运营方案的优化与实施提供决策依据。其次，基于神经网络等大客流视频分析算法，实现对于车站大客流密度与速率、方向、行为突变的识别与评估，并进行列车及车厢客流分析。再次，通过大客流分析与预警系统处理多源海量客流数据，实现客流数据全面分析等功能，并通过集成展示系统发布大客流预警信息。最后，可开发车站大客流应急疏散仿真系统，获取协同联动的大客流处置方法，进一步保障运营安全。

以历史乘客出行过程的多源大数据为基础，综合影响乘客出行的内、外因素，基于大数据挖掘方法，分析各因素与出行行为的关联规则，主要包括以下三个方面：

(1) 对不同类型乘客(常旅客、通勤、非通勤、工作人员等)的识别与出行特征进行提取。

(2) 基于乘客个体活动空间特征的关联信息，探寻关联关系背后的因果，借助人工智能技术，掌握网络客流的实时分布、流向和密度，及时捕捉常态客流中可能发生或正在发生的突变，实现基于关联关系的乘客出行特征的分类和预测。

(3) 分析大客流的形成原因、传播和演化规律以及大客流协同联动处理方案制订的理论方法与乘客之间的交互关系。

3.5.4 网络列车的实时定位与能力评估

司机作业能力评估同样是运营组织中的关键问题，基于客流感知技术可以还原司机与列车的位置，从而为司机作业、乘务管理优化实践等提供技术支撑，因而具有重要的应用价值。

在列车能力利用率评估方面，基于计划或实际列车运行图，结合站台、车厢的客流移动坐标，上下车客流、车厢客流等详细指标，对网络各列车与车厢的实时能力进行计算与评估，从而对能力紧张或虚靡的列车给出提示，同时从轨道交通运营网络系统最优的角度为列车运营调整提供决策，并实现基于多源数据的车厢客流拥挤程度的预警，建立列车容量限制条件下的客流管控优化模型，将客流管控措施与列车运行方案(如列车跳停、扣车、提高发车频率、调整运行交路)进行协同优化。

3.5.5 车站设施设备的实时能力评估

通过计算在设定时段和区域内移动设备的数量，得到车站内各区域分方向的实时客流聚集人数，以实时评估楼扶梯、进出站闸机等设备的服务效率，并可对分方向客流的流量和密度进行实时监测，评估是否需要及时调整楼扶梯或进出站闸机的服务方向。根据车站内各区域乘客的流速信息和相关区域内的设施设备占用情况，判断站内乘客导流方案的开启/结束时刻和优化调整方案。对于某时段利用率较低的设施设备，可在不影响乘客出行效率和运营管理安全的前提下，根据客流需求制订工作状态启动触发策略，实现车站内设施设备减本增效的效果。总的来说，实时评估车站内部设施设备的服务水平，可为车站乘客的微观仿真、车站设施瓶颈点识别、瓶颈点演化机理、设施设备间联动关系、设施设备的布局优化、运营能耗节约和协同限流方案的制订提供决策依据。

3.5.6 站台候车引导

列车的停站时间受到上下车乘客数量、车内和站台拥挤程度等多方面因素的影响，为了提高列车的运行效率、控制大量乘客下车时导致的站台客流量短暂激增和上下车乘客互相推挤等带来的安全风险，需要加强对站台候车乘客的有序引导。依托站台候车乘客 Wi-Fi 数据和视频监控数据的融合，获取到站台区域内的候车乘客分布情况，一方面，能够作为列车停站时间优化的数据支持，另一方面，能够评估站台占用率，作为启动限流方案的决策依据。

移动数据采集设备能够获取到每趟列车内各节车厢的断面客流数据，结合对各节车厢内乘客出行上下车历史数据的分析和实时预测结果，计算出即将到站的列车各车厢的有效剩余空间，这需要客流预测模型拥有短时间内计算庞大海量出行数据的能力。继而根据站台客流实时分布情况，引导站台候车乘客至剩余空间较多的车厢所在位置处候车，以提高乘客的上车效率和列车的空间利用率。当然，这对站台候车信息也提出了比较高的量化要求，即需要具体到列车停站时各车门对应的候车区域还能再增加多少候车乘客位数，并且能够实时采集到对应候车区域内的乘客数量，从而更新候车引导信息。

3.5.7 网络出行信息发布与引导

结合 Wi-Fi 数据和其他数据的融合（如 AFC 系统、PIS 系统、手机信令数据等），实现面向特定区域或特定乘客群体的信息集成、发布或推送，满足实时个性化出行信息服务需求。如特殊日期或应急状态的突发大客流的预警信息能够实时推送给站内乘客和预测到可能会出现在相关车站和线路上的乘客，同时将车站疏散路径实时发送到车站内乘客的手机终端上，引导乘客从最近的逃生通道疏散，提高疏散效率。

对网络乘客出行轨迹特征的深度挖掘，能够提取出多个乘客的相似出行规律，如出行时间、换乘次数、目的地等。通过计算这些乘客出行规律的相似程度，并且在相似程度较高的乘客之间形成一种出行路径推荐机制，以便在乘客出行前规划好出行方案。通过有效识别乘客的出行目的及规律，发现某一类乘客感兴趣的出行路径，便能根据网络实时客流分布和变化态势有效地引导乘客出行，很好地应对不同大客流出行需求情境下对轨道交通运营管理提出的要求。

3.6 案例分析

多线换乘车站的客流组成较为复杂，客运组织工作难度较大，当发生大客流事件时，沿着大客流的传播方向可能会将影响蔓延到其他的线路，下面以某轨道交通换乘站（以下称为 H 站）为例进行分析，该车站为 3 线换乘地下站，车站的立体布局如图 3-7 所示。

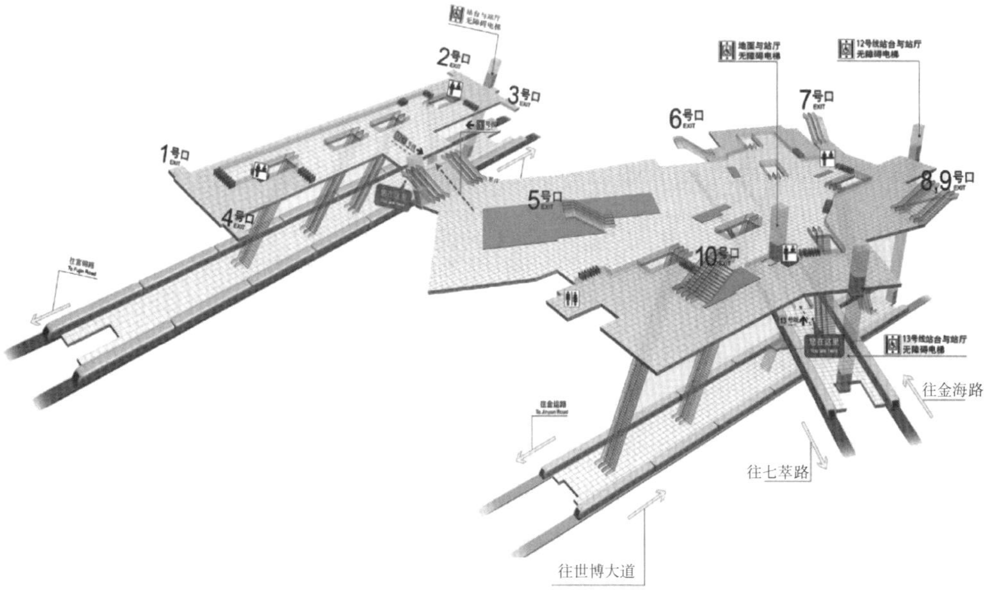

图 3-7 H 站立体布局(彩图见附录)

目前,H 站通过集成 AFC 数据、智能视频数据和 Wi-Fi 嗅探数据,打造了集中综合的实时客流监测和预警平台,分别如图 3-8 和图 3-9 所示。该平台通过对多源数据的采集和有效融合,能够实时获取车站内的区域客流数据及车站内行人的个体轨迹,并实现对车站连续时段各区域客流的流量、流速、密度变化进行分方向、分区域的实时监测和展示。此外,通过对车站重点区域与重点客流指标的监测,能够实时发现车站异常,并能够调用相关区域的监控视频及分工布岗情况,清晰地把握车站客流趋势。

图 3-8 H 站客流实时监测平台(彩图见附录)

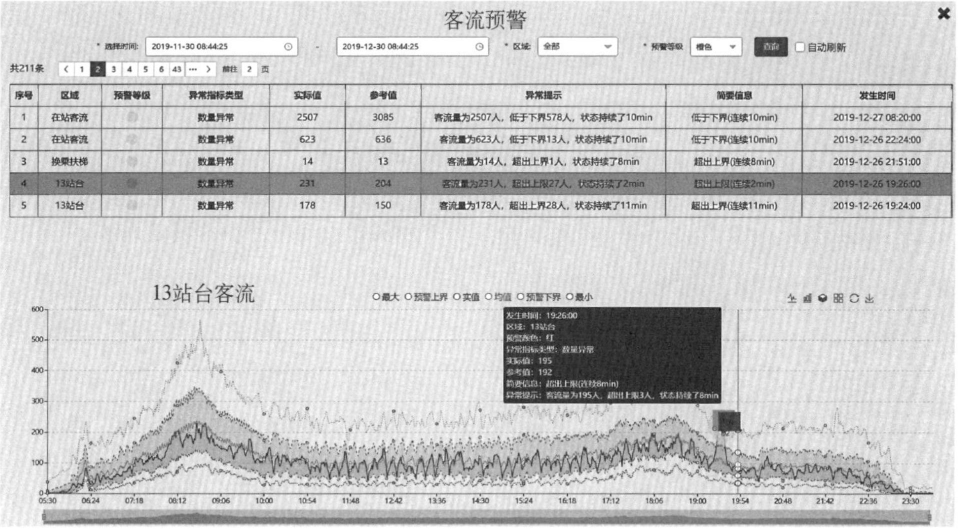

图 3-9　H 站区域客流预警平台(彩图见附录)

通过聚类、机器学习等方法，H 站实现了对车站不同日期类型下的历史客流特征曲线的提取，并通过将实时数据和历史数据做对比，针对区域特点对各区域客流状态进行监测，当监测到客流异常时，如图 3-10 所示，能够即时在系统内报警并提示工作人员。

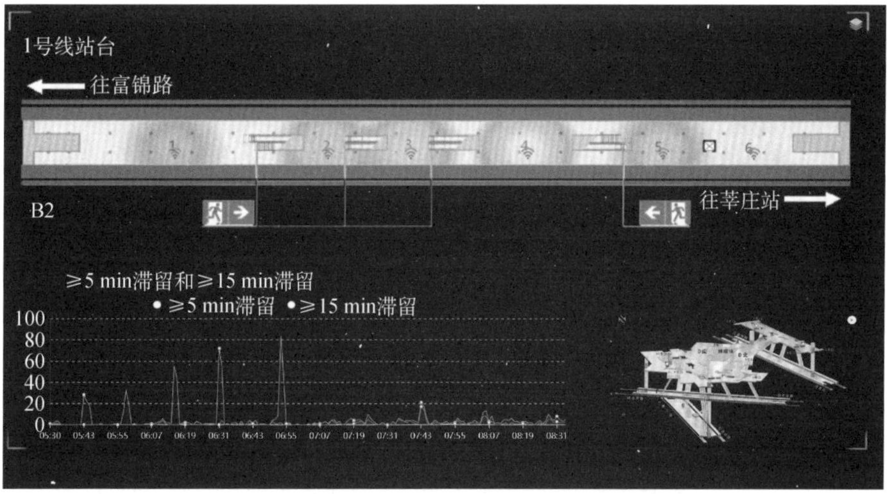

图 3-10　H 站区域客流异常监测(彩图见附录)

预警状态启动后，该平台将根据大客流的级别和类型生成客流处置决策方案，实时发布预警决策信息，并根据车站工作人员的区域定位信息和人员属性发布相关指令。同时，该平台和车站设施设备以及其他管理层及相关部门形成联动，保障客流处置决策的有效实施。

大客流事件结束后，该事件将被进行处置决策效果评估并记入历史事件库。此外，在运营一段时间后，可以通过对不同区域的客流进行分日期、分时段的分析，找出车站流线的关键冲突点，如图 3-11 所示，从而为车站设施设备的布局优化提供参考。

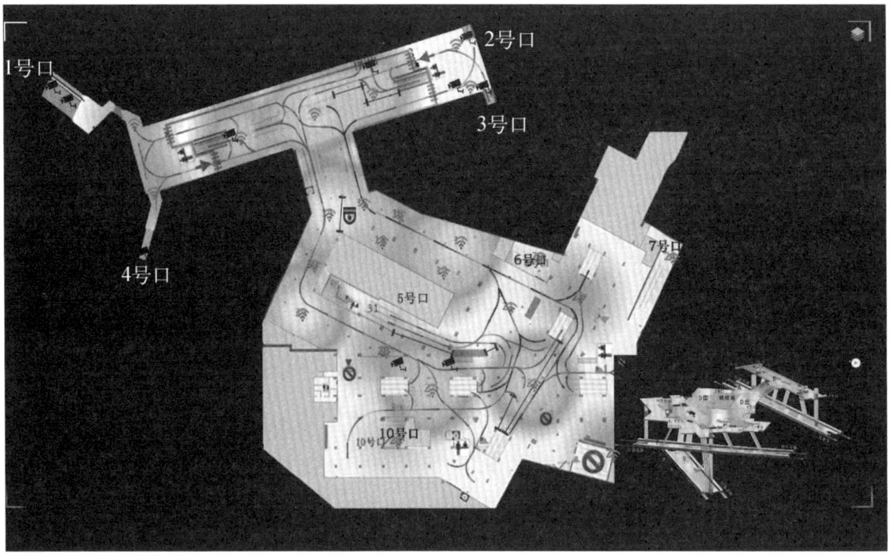

图 3-11 H 站流线关键冲突点分析(彩图见附录)

参考文献

[1] 李得伟,张琦,韩宝明.城市轨道交通大客流风险动态控制理论与方法[M].北京:人民交通出版社股份有限公司,2015.

[2] FENG Z N, ZHU Y M. A survey on trajectory data mining: techniques and applications[J]. IEEE Access, 2017,4:2056-2067.

[3] 李婷,裴韬,袁烨城,等.人类活动轨迹的分类、模式和应用研究综述[J].地理科学进展,2014,33(7): 938-948.

[4] 陈菁菁.城市轨道交通客流检测技术的特征及其应用分析[J].城市轨道交通研究,2018,21(1): 137-142.

[5] 徐瑞华,罗钦,高鹏.基于多路径的城市轨道交通网络客流分布模型及算法研究[J].铁道学报,2009,31(2):110-114.

[6] 陈菁菁,江志彬.基于 Wi-Fi 嗅探数据的地铁网络客流分析技术[J].城市轨道交通研究,2018(5): 155-160.

[7] 伍敏.城市轨道交通车站大客流处置的数据驱动模式[J].城市轨道交通研究,2020,23(3):8-11.

4 基于 Wi-Fi 嗅探技术的城市轨道交通车站客流分析技术

近年来，为了快速、准确地检测个体乘客在轨道网络上的移动路径及其出行规律，视频检测、手机信令、车辆称重、红外探测等新技术都开始在不同应用场景得到探索和尝试。这些技术手段在宏观层面或是特定局部区域有一定的应用，但由于现有技术的瓶颈，均不能很好地解决城市轨道交通网络客流分布和乘客个体出行路径的高精度识别问题，应用与推广的范围非常有限。Wi-Fi 嗅探数据是探针设备（AP）与 Wi-Fi 设备（如手机、平板电脑等）的交互信息数据，可以实现对携带 Wi-Fi 设备对象的动态跟踪，从而解决了红外检测和视频检测难以追踪对象的问题，同时具有检测范围相对集中、检测速度快、采样率高、实时性强等特点，可实现乘客出行时空轨迹的精准化识别[1]。目前，针对 Wi-Fi 嗅探数据的研究大多侧重于局部范围内的精确定位算法，但针对海量乘客轨迹的数据挖掘技术还有待进一步深化，本章将从 Wi-Fi 嗅探技术的基本原理、车站原始轨迹数据分析、数据质量调研、车站原始轨迹数据的清洗、车站乘客的出行轨迹还原等方面进行重点论述。

4.1 基于 Wi-Fi 嗅探技术的车站客流轨迹数据采集

4.1.1 轨迹数据采集原理

Wi-Fi 嗅探技术是运用 WLAN 无线局域网技术实现接入设备的定位，即在无线接入的同时，能够判定接入设备的位置。以某城市轨道交通网络为例，探针设备（AP）分为两类：固定 AP（主要布设于车站站厅、站台和换乘通道内）和移动 AP（布设在列车各节车厢内），如图 4-1 所示。乘客携带已开启 Wi-Fi 功能的设备进入车站，会先后被站厅、站台、车厢等处的 AP 采集到，AP 按固定的间隔时间（0.5～2 min）将采集到的嗅探信息连续上报至中央服务器。通过前期的调研与数据分析发现，某城市约有 80%的出行乘客平时随身携带的设备其 Wi-Fi 是处于打开状态的，数据采样率达 93%左右。在现有设备布设条件下，每天获取的站台、站厅和列车 Wi-Fi 设备采集的数据约有 5 000 万条，数据量约为 10 G。

Wi-Fi 嗅探技术既能够连续追踪对象，克服了视频检测难于跟踪的问题，又具有检测范围相对集中、检测速度快、采样率高的特性，弥补了手机信令等检测手段的不足，可以从微观层面实时获取乘客的位置和移动方向，通过结合城市轨道交通网络、列车实际运行图和乘客出行链路，还可进一步挖掘得到列车、站台、站厅与换乘通道的客流，这对于客运组

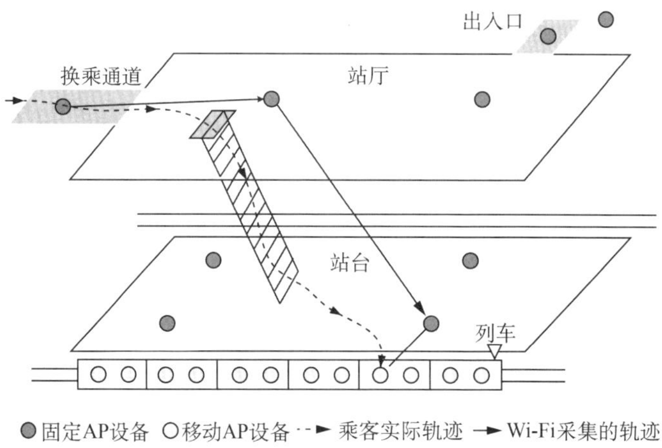

图 4-1 乘客走行数据采集过程

织方案的优化以及网络运营安全的监控都具有非常重要的意义。

Wi-Fi 设备定位的精度与 AP 设备布设的密度有关。AP 设备是检测、上报 Wi-Fi 数据的基础设备，也是城市轨道交通 Wi-Fi 建设中检测客流数据的重要设备，其布点位置关系到客流采集的位置和精度。AP 设备的覆盖范围应满足其检测区域能够覆盖车站内行人走行的基本区域，因此，AP 设备应布设在出入口（站外、站内）、站厅、换乘通道、换乘大厅、站台和列车（移动 AP）七个区域。

1. 出入口（站外）

出入口（站外）的 AP 设备检测轨道交通车站外出入口附近的乘客，包括处于进站走行过程但还未进入车站的乘客、车站客流量较大情况下在车站站外排队等候进入的乘客和处于出站走行过程中的乘客。通过此类 AP 设备可以获取车站出入口（站外）区域在某一时段的客流分布状况以及乘客到达或离开该车站出入口附近的具体时间。

2. 出入口（站内）

出入口（站内）的 AP 设备检测轨道交通车站内出入口附近的乘客，包括在车站出入口楼扶梯和车站出入口走行通道内的乘客、在出站口附近处于进站走行过程中的乘客和出站走行过程中的乘客。通过此类 AP 设备可以获取车站出入口（站内）区域在某一时段的客流分布状况以及乘客到达或离开该车站出入口附近的具体时间。

3. 站厅

车站站厅 AP 设备检测在车站站厅区域内活动的乘客，包括在进行购票、进出站走行以及换乘走行时经过站厅区域的乘客。通过此类 AP 设备可获取车站站厅层区域在某时段内的客流分布状况以及乘客在走行过程中经过车站站厅区域的具体时间。

4. 换乘通道

车站换乘通道 AP 设备检测在换乘通道区域内活动的乘客。通过此类 AP 设备可以获取乘客在换乘站进行换乘走行的具体路径和其在换乘通道内走行的时间，从而可以获取车站换乘通道在某一时段的客流分布状况和某一时段车站内不同线路之间的换乘量。

5. 换乘大厅

换乘大厅 AP 设备检测位于换乘大厅区域内的乘客。通过此类 AP 设备可以获取乘客进行换乘走行的具体时间和具体路径，从而可以获取换乘大厅在某一时段的客流分布状况和经过该换乘大厅的换乘量。

6. 站台

站台 AP 设备检测在车站站台区域内活动的乘客，包括在车站站台区域候车的乘客和进行上下车作业的乘客，还包括列车到达车站后在停站时被站台上 AP 设备检测到的位于列车上的司机和乘客。通过此 AP 设备可以获取站台在某一时段的客流分布状态、乘客在站台上的候车时间、乘客上下车的时间。另外，通过检测列车头尾外侧的简易 AP 设备，还可以获取列车到达车站的具体时间和列车在车站的停站时分。

7. 列车（移动 AP）

列车上的 AP 设备属于移动 AP 设备，可以检测到列车车厢内的乘客。通过此类 AP 设备可以获取某一时段乘客在列车内各个车厢的具体分布状况，从而可以获取某一时段内列车各个车厢的运能利用状况和车厢的分时断面客流量。

列车的头、尾外侧应安装简易的 AP 设备，以便于被站台固定的 AP 检测到，从而可获取乘客在车站的到发时刻。

4.1.2 AP 设备布设方法与数据上报机制

合理的车站 AP 设备布设方案是准确采集车站内乘客位置数据的前提和基础，包括确定车站内各 AP 设备的采集范围、AP 设备布设密度和 AP 设备数据上报机制。AP 设备的布设会影响到车站轨迹数据的数量和质量进而影响乘客轨迹还原的准确度。AP 设备布设密度越大、单个 AP 设备采集范围越广、AP 设备数据上报的时间间隔越短，单位时间内采集到的乘客位置数据就越多，相应地，可能会造成设备采集范围交叉导致多区域 AP 设备同时采集、单位时间内同一 AP 设备重复上报量过大等问题，导致数据冗余杂乱，从而增加乘客走行轨迹还原的难度。但 AP 设备布设密度过低、采集范围过小、AP 设备数据上报的时间间隔太短也会造成乘客走行过程中数据采集率过低而难以支撑轨迹还原。因此，应探究轨道交通车站内合理的 AP 设备采集范围、AP 设备布设密度及 AP 数据上报机制。

1. AP 设备空间布设

AP 设备空间布设应在 Wi-Fi 信号全覆盖车站乘客走行区域的基础上，尽量减少不同 AP 设备覆盖区域的重叠。为保障区域信号强度，AP 设备覆盖范围一般为半径 5～10 m 的圆形区域，在车站各个区域需要结合区域空间形状设置多个 AP 设备。通常，站厅较为开阔，站台、换乘通道和出入口较为狭长，通过结合各区域大小、区域形状、区域走向和 AP 设备覆盖范围，可在各区域设定合理的点位和 AP 设备间距离，并可根据情况合理调整 AP 设备采集区域的覆盖范围。车站各区域的 AP 设备具有相同的位置属性，因此，为了实现乘客走行过程中轨迹位置点的连续采集，相同区域内的 AP 设备可以在小范围内出现区域重叠以确保尽可能高的区域覆盖率，但考虑到不同区域 AP 设备属性的差异，则要求不同区域 AP 设备覆盖范围出现重叠的情况应尽可能少。根据以上原则,某车站空间结构示意和 AP 设备布设如图 4-2 所示。

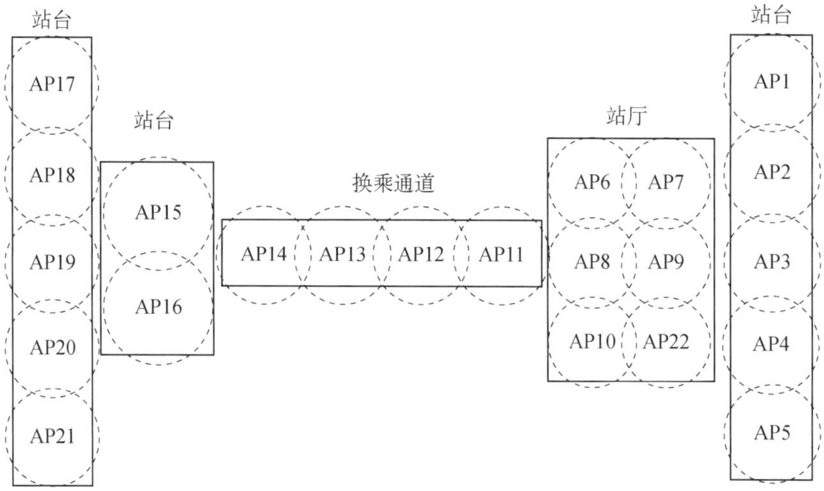

图 4-2 某轨道交通换乘车站 AP 设备布设示意

2. AP 设备的数据上报机制

轨道交通车站的区域面积有限,导致乘客在车站各区域走行时间较短,整个进出站过程可在 3～5 min 内完成,换乘过程可在 10 min 内完成,乘客在特定区域的走行时间甚至可能不足 1 min。因此,设备的数据采集时间间隔和数据上报时间较长会导致乘客走行轨迹信息缺失、无法捕捉乘客的上下车和进出站过程,而数据采集时间间隔和数据上报间隔过短会导致轨迹信息冗杂而增加算法的运算复杂度和效率。考虑到更好地支撑车站运营,在 Wi-Fi 物理架构的建设过程中,需要在建设标准中提出基于时间间隔的上报机制,而间隔时间应综合考虑运营需求、网络通道、数据存储和加工时间等。一般车站内 AP 设备的数据采集时间应小于 30 s,数据上报时间间隔应小于 2 min。

4.1.3 Wi-Fi 嗅探数据隐私保护方法

隐私问题是数据处理与分析过程中一个不可回避的技术问题,也是一个道德与法律问题。所有涉及乘客隐私的数据,在加工前都应进行脱敏处理,但仍然需要保留相同设备编码的一致性。

4.2 基于 Wi-Fi 嗅探数据的车站原始轨迹数据分析

4.2.1 Wi-Fi 原始嗅探数据构成

1. 车站固定 AP 数据

车站固定 AP 数据是指布设在轨道交通车站内的 AP 设备的相关信息数据,包括 AP

设备的 ID 编码、AP 设备编号、AP 设备所属线路、AP 设备布设位置等，如表 4-1 所列。

表 4-1 车站固定 AP 设备数据表字段说明

数据源名称	数据源定义	数据源类型	数据源格式示意
AP_ID	AP 设备编号	字符型	78783875458696＃＃＃＃＃＃
MAC	AP 设备编码	字符型	58-69-**-**-**-6C
FLOOR	AP 设备所在车站楼层	字符型	B＃F
STATION	AP 设备所属的车站	字符型	江苏路
LN	AP 设备所属的线路	数值	11,1
POS	AP 设备布设的位置	数值	0:站厅,1:站台,2:列车

2. 列车固定 AP 数据

列车固定 AP 数据是指布设在轨道交通车辆内的 AP 设备的相关信息数据，包括 AP 设备的 ID 编码、AP 设备编号、车厢编号和车体编号，如表 4-2 所列。

表 4-2 列车固定 AP 设备数据表字段说明

数据源名称	数据源定义	数据源类型	数据源格式示意
AP_ID	AP 设备编号	字符型	78783875458696＃＃＃＃＃＃
MAC	AP 设备编码	字符型	58-69-**-**-**-3A
CAR_ID	车厢编号	数值	112
TRAIN_ID	列车编号	数值	121

3. 乘客轨迹点数据

乘客位置点数据是固定 AP 设备采集到的乘客原始轨迹点数据，包括采集到的 AP 设备的 ID、乘客 MAC 信息、采集数据的信号强度以及轨迹记录被采集的时间，表示乘客在某一时刻被车站 AP 记录的点位信息，乘客原始轨迹点数据表字段说明如表 4-3 所列。

表 4-3 乘客原始轨迹数据表字段说明

数据源名称	数据源定义	数据源类型	数据源格式示意
AP_ID	AP 设备编号	字符型	007db8＃＃
MAC	乘客编码	字符型	CC.78.＃F.B＃.64.7A
RSSI	采集数据的信号强度	数值	−88
WI-FI_TIME	轨迹数据采集时间	日期	2018/11/19 6:44:45

4. 乘客原始轨迹

将乘客原始轨迹数据与添加区域属性后的车站固定 AP 设备数据相关联，将 AP 采集设备的区域属性赋予被该区域 AP 设备采集到的乘客轨迹点数据，即可得到添加区域属性的乘客轨迹点数据，将其按照乘客 MAC 进行分类并对个体数据按照采集时间排序，可得到按时间戳排序的包含乘客所在车站区域的一系列点位数据，即乘客的原始轨迹数据，其字段说明如表 4-4 所列。

表 4-4　乘客原始轨迹数据表字段说明

数据源名称	数据源定义	数据源类型	数据源格式示意
MAC	乘客手机 MAC 码	字符型	B4-B9-**-**-**-38
CAPTURE_TIME	记录时间	日期型	2017/12/29 6:19:02
RSSI	信号强度	数值型	−83
AP_MAC	AP 设备编码	字符型	58-69-**-**-**-A2
ID	乘客 ID 编号	数值型	30668977
DT	采集日期	字符型	2017-12-29
PASS_ID	乘客编号	数值型	7244954
TIME_ID	行程时间顺序编号	数值型	496
AP_ID	AP 设备编号	数值型	78783875458696######
STA_ID	车站代码	字符型	4
STATION	车站标准站名	字符型	汉中路
POS	AP 设备布设的位置	字符型	站厅、站台
LN	线路编号	数值型	11,2
CAR_ID	车厢编号	数值型	5,12
TRAIN_ID	列车编号	数值型	21

4.2.2　标准轨迹数据构成

在对乘客原始轨迹信息进行分析时，应将全网的标准乘客链路原始数据转化为标准乘客完整轨迹格式，在此过程中，引入行程编号(TRIP_ID)和链路编号(ROUTE_ID)，以将全网的 MAC 数据转化为每一个 MAC 所对应乘客的具体出行链路数据。其中，ID 表示记录数量的编号，其从 1 开始编号并与所采集到的乘客的 MAC 信息相对应，对于每一个 ID，按照一定的划分规则将其划分为多次出行链路，并以 TRIP_ID 表示其所对应乘客的一次出行行程链路，对于每一乘客，其多次出行链路以 TRIP_ID 表示，从 1 开始进行排序。对于每一出行链路，该链路对应的乘客数据信息以 ROUTE_ID 形式表示，从 1 开始并严格按照时间顺序进行排序，从而构成乘客一次出行的完整链路。其中，标准乘客完整链路的数据格式及要求如表 4-5 所列。

表 4-5 标准乘客完整链路的数据格式及要求

序号	含义	名称	说明
1	ID 号	ID	记录数量编号,从 1 开始
2	行程编号	TRIP_ID	每一个 ID 有可能有多次行程(乘一次车算一次行程),每个行程按时刻顺序从 1 开始编号
3	链路编号	ROUTE_ID	每一条链路对应一个编号,每条链路都需要从 1 开始,并且需要严格按时间序号排列
4	MAC 地址	MAC	设备 MAC 编号
5	记录时间 1	CAPTURE_TIME1	格式:YYYY-MM-DD HH:MM:SS,到达该位置的时刻,如果是上车站台,则表示乘客到达站台的时刻。注意,运营会有跨零点的数据,早上 4 点以前的数据都归为前一天
6	记录时间 2	CAPTURE_TIME2	格式:YYYY-MM-DD HH:MM:SS,离开该位置的时刻,如果是上车站台,则表示列车出发的时刻。注意,运营会有跨零点的数据,早上 4 点以前的数据都归为前一天
7	AP 所属线路	LN	线路编号
8	列车编号	TRAIN_ID	列车编号,固定
9	列车车次	TRAIN_NUM	与时刻表信息对应
10	车厢编号	CAR_ID	车厢编号
11	AP 位置	CURPOS	AP 对应的车站位置,列车进出站需要两条记录,列车换乘需要两条记录
12	位置属性	POS	0 表示站厅;1 表示站台;2 表示线路的起始站台;3 表示线路的结束站台;空值表示在列车上
13	线路换乘属性	FLAG	前 2 位表示换乘前线路,后 2 位表示换乘后线路,两条线的同一站名都需要填
14	链路特征	LNTYPE	1 表示完整链路;2 表示缺失 O 点;3 表示缺失 D 点;4 表示 O,D 都缺

4.2.3 Wi-Fi 嗅探轨迹数据隐私安全保护

隐私保护是轨迹数据处理、挖掘与分析过程中不可回避的问题。数据脱敏是最主要的方法,但在考虑保护轨迹数据隐私的同时,需要确保轨迹数据有较高的可用性,本次研究所使用的轨迹数据对个体乘客的 MAC 地址进行身份脱敏,虽然表现出来的 MAC 地址是非真实的,但能保证相同个体在不同位置和时刻所采集到的 MAC 信息一致。

4.2.4 车站 Wi-Fi 嗅探轨迹数据特征分析

车站乘客轨迹数据作为大数据的一种,具有大数据的特征,表现出明显的时空序列性、异频采样性以及较差的数据质量，轨迹数据的具体特征如下。

1. 非常规乘客数据干扰

城市轨道交通车站除常规乘客外，还包括车站的工作人员、安全保障人员和检修维护人员等。此外，布设在车站出入口的 AP 设备除了采集进出站乘客的信息外，还有可能检测到出入口附近的其他人员，尤其是通往商场及购物中心的这类出站口的 AP 设备会检测到更加复杂的行人信息并持续上报，从而形成大量的噪声数据。

2. 轨迹数据完整性差

乘客在车站走行过程中走行速度较快，在车站各个区域的停留时间较短，并且由于 AP 设备单位时间内信号采集率有限，即使在 Wi-Fi 物理网络架构布设质量良好的情况下，仍不能保证 100%的轨迹采集率，且乘客在各个区域被 AP 设备采集到的轨迹数据的数量及质量存在差异。一般情况下，乘客在站台候车时停留时间较长，因此在站台候车过程中被检测到的概率较大，但在下车、出入口进出站等快速走行的状态过程中，由于区域停留时间较短，导致被区域 AP 设备采集到的概率较小，故数据会存在区域缺失的情况，原始轨迹数据的整体完整性就较差。

3. 轨迹数据冗余严重

为了减少乘客轨迹数据中区域数据缺失的现象，车站各区域 AP 设备的布设密度就会比较高且设定较短的上报机制采集时间间隔，如此便导致单个区域的不同 AP 设备会持续上报信息，从而产生大量的冗余数据。例如，在实际调研过程中，某乘客在约 40 s 的走行时间内被站台设备采集到的轨迹共计 22 条，重复数据非常多。

4. 噪声数据量巨大

为了尽可能地减少乘客轨迹数据中区域数据缺失的现象，提高轨迹数据的完整度，AP 设备布设实现了轨道交通车站乘客走行范围的全覆盖，具有较高的设备布设密度。在此情况下，由于室内空间存在信号反射、干扰等原因，乘客在车站走行过程中会发生同时刻被不同区域 AP 设备同时采集到位置数据并进行上报的情况，这极大地影响了原始轨迹数据的可利用程度，也增大了正确判断乘客在某时刻所在区域以及进一步还原乘客走行轨迹的难度。

4.2.5 Wi-Fi 嗅探轨迹数据的质量分析

从乘客的完整出行过程来看，乘客的出行轨迹应包括乘客从进站至上车、换乘、下车和出站的全过程，但从某城市已经采集到的原始数据来看，Wi-Fi 嗅探数据仍然存在一些典型问题，归纳如下。

1. 数据采集与上报数据的缺失与重复问题

在数据采集过程中，存在一些 AP 设备(包括列车 AP)的嗅探数据无法成功上报至服务器的情况。另外，上报的数据中也有无法识别的 AP 信息，同时还有大量数据重复上报(约占总数据的 1/4)。

2. 轨迹数据的不完整性问题

由于 AP 设备布点的不完整，加上 AP 设备故障或网络故障，因此，上报的嗅探数据常常会不完整，导致部分乘客的出行过程识别存在困难，而真正可以识别完整链路的 MAC 并不多，约占总数据的 10%，此类轨迹数据包括完整的站厅—站台—列车—站台—站厅的数据，可以清晰准确地反映乘客的出行链路。原始轨迹数据存在的常见问题见表 4-6。但总体来看，大部分已经采集到的轨迹数据还是有效的，可以通过相应的数据还原算法来补全。

表 4-6 原始轨迹数据问题描述与数据有效性分析

序号	问题	描述	数据的有效性分析
1	缺少关键点	轨迹中缺失站台、站厅或换乘通道的信息	可以通过算法还原，还原结果与实际出行偏差较小
2	缺少 O 或 D	轨迹中的起始站或终到站信息缺失	可以通过算法还原部分链路，数据可以用来做客流分析
3	缺少 O 和 D	轨迹中只有列车 AP 数据	仅能还原走行区段，数据可以用来做客流分析
4	缺少列车数据	轨迹中无列车 AP 数据	可以通过算法还原列车信息
5	其他	无法识别的轨迹	需要更复杂的还原算法，部分数据可以用来做客流分析

3. 数据样本问题

部分乘客有可能没有携带 Wi-Fi 设备，或者所携带的设备的 Wi-Fi 功能没有打开，或者设备在中途打开或关闭了 Wi-Fi 功能，这些情况都会导致乘客的原始轨迹数据缺失或不完整。我们选择部分完整链路数据，对其进行初步分析后发现，既有的轨迹数据中主要存在三类典型的特征轨迹，如表 4-7 所列。

表 4-7 典型特征轨迹的描述与分析

特征类型	特征描述	分析
普通乘客	轨迹连续，OD 信息完整，走行路径、乘坐的列车号和车厢号明确。部分乘客存在多条出行链，对应的 OD 车站刚好相反，且时间发生在每天的早、晚高峰	部分乘客具备典型的通勤特征
其他乘客	在网络停留时间长，在列车内停留时间较长，且可能频繁出现在列车的不同车厢	有可能为乞讨、发传单等流动人员
	一天中采集的轨迹非常多，轨迹常出现在某一线路的沿线站台和列车，且与司机的出退勤及工作时间吻合	有可能为司机
	在某一车站(包括站台、站厅)或区域(换乘通道)被长时间连续采集，与车站工作人员的移动轨迹吻合	有可能为车站的站务员或设备维护人员
	轨迹发生在非运营时段，且在某一线路或某一车站连续出现	有可能为维修养护的工作人员
	被某一固定的 AP 设备长时间连续采集到，且一天中变化不大	固定点位工作人员(如客服中心工作人员、安检)或固定设备

因此，识别上述不同的轨迹特征是原始轨迹数据挖掘的基础，可以根据轨迹数据的时间和空间特征，将乘客进行分类，然后针对不同类型的乘客（或设备）的特征进行数据清洗和数据还原。

4. 非常规乘客的数据干扰问题

在地面站和高架站，AP 设备很有可能采集到非城市轨道交通乘客的 Wi-Fi 设备。同时，线路上带 Wi-Fi 功能的固定设施设备、车站工作人员等的轨迹数据都会对数据的加工产生干扰。针对某地长时间逗留和无法判定的非常规数据，按照现场的工作业务以及数据特征，可大致将非常规乘客分为以下几类：

（1）列车内流动人员，疑似工作人员、乞讨人员、发传单人员、卖艺人员或快递人员等。特征：该类人员在列车内停留时间较长，且可能出现在列车的不同车厢。

（2）单线移动人员，疑似司机。特征：该类人员的位置信息将在某一线路的沿线站台和其乘坐的列车采集到，该数据可对列车的实际运行状况的判断提供参考。

（3）长时间在网人员，疑似站务人员，该类人员又可细分为移动人员或固定点位人员。特征：移动人员被采集的位置不固定，固定点位人员的位置相对固定。

① 全网多地长时间出现的移动人员，一类人员出现的时间主要分布在城市轨道交通的非正常运营时间段，疑似维修养护人员；另一类人员的出行时间约为一整天，位置信息较为多变，无明显规律，疑似巡警。

② 固定点位长时间出现的人员，一类人员被持续采集到在某一站台的位置信息，疑似站务人员；另一类人员被持续采集到在某一站厅的位置信息，疑似安检人员或其他站厅工作人员。

5. iPhone 手机随机 MAC 码问题

IOS 8.0 版本以上的苹果设备在扫描 AP 设备时，手机在向外发送 probe request 帧的同时会随机生成 MAC 地址，但当设备完成 Wi-Fi 扫描后并跟某一确定的 AP 设备连接时，才会给出真实的 MAC 地址，而随机码会对同一轨迹对象的识别产生严重干扰，故需要对可能产生变化的 MAC 进行识别和标记，并在轨迹还原过程中进行一定的特殊处理。

6. 时间同步性问题

Wi-Fi 嗅探数据采集的系统时间可能与北京时间不同步，这会对原始链路的时间排序产生干扰，故需要在转换前对时刻进行修正。

7. 数据的实时处理速度问题

数据的实时处理速度问题有三个：①数据采集、传输以及入库的过程需要 2～3 min；②目前嗅探数据的上报机制是 AP 发生切换后才上报，从而造成乘客在固定位置或列车上时的信息不能及时更新；③嗅探数据总量非常大，加上网络拓扑结构的复杂性，故针对数据的预处理、清洗以及加工的时间比较长。对此需要通过采用高性能的计算集群，并研究高效的数据处理算法来优化。

4.3 Wi-Fi 嗅探数据质量调研分析

4.3.1 原始 Wi-Fi 嗅探数据质量调研

Wi-Fi 数据调研旨在通过现场勘查与行人走行场景模拟，获取 Wi-Fi 数据采集比例和 Wi-Fi 数据采集特点，同时记录一定时间内的站台乘客数量、上下车乘客数量和换乘乘客数量，为 Wi-Fi 数据还原与扩样提供依据。本次调研基于某城市的 Wi-Fi 上网服务网络(基本上所有车站与列车全部覆盖，但车站的 AP 设备数量较少)，调研人员由三部分组成，其中，全程移动调研员 6 人，需携带尽量多的移动设备；站台调研员 16 人，负责记录站台人数和看管站台设备；换乘通道调研员 6 人。总计调研人员 28 人。

1. 设备采集结果

本次调研共配备 Wi-Fi 数据接收设备 59 台，其中安卓系统设备 37 台，iOS 系统设备 22 台，按设备是否下载花生地铁 App 和是否使用将设备的工作状态分为四类，实际数据采集情况如表 4-8 所列。就调研总体情况来看，所有设备的采集率约为 67.8%，正在使用的安卓系统设备的数据采集率可达 100%，正在使用且注册了花生地铁 App 的 iOS 系统设备采集率可达 81.8%，而其他工作状态下，手机数据的采集率相对较低。从调研结果中可以看出，设备是否使用是影响 Wi-Fi 数据采集率的主要因素。

表 4-8 数据采集情况统计(区分设备工作状态)

设备工作状态	iOS 系统采集量	iOS 系统数	iOS 系统采集比例	安卓系统采集量	安卓系统数	安卓系统采集比例	总采集数	总数	总采集比例
注册花生地铁 App 且设备使用	9	11	81.82%	14	14	100%	23	25	92%
注册花生地铁 App 但设备休眠	2	2	100%	0	0	0	2	2	100%
未注册花生地铁 App 但设备使用	0	2	0	4	4	100%	4	6	66.67%
未注册花生地铁 App 且设备休眠	1	7	14.29%	10	19	52.63%	11	26	42.31%
总数	12	22	54.55%	28	37	75.68%	40	59	67.80%

2. 路径采集结果

本次调研共记录出行路径 180 条，实际路径采集结果分为六类：①完整采集；②仅采集到单点数据；③缺 O 点数据；④缺 D 点数据；⑤缺列车数据；⑥缺换乘数据。根据路径的采集情况和缺失情况对实际路径进行分类，统计结果如表 4-9 所列。采集到的出行路径占实际总出行路径的 45.56%，但完整出行路径的比例仅占 6.11%。完整路径的采集率偏低说明直接利用原始 Wi-Fi 数据进行客流特征分析或计算并不具有普遍意义，因此，对 Wi-Fi 数据进行有效的清洗和还原具有极大的必要性。在存在缺失的路径中，具备还原成完整可靠的出行路径条件的数据量占有记录的路径总数的 70.73%，这说明，对采集数据进行还原能有效提高原始数据的利用率，这对于分析实际客流变化趋势具有很大帮助。

表 4-9　出行链路采集情况统计

类别		条数	占记录路径比例	占总路径比例
实际总出行路径		180	—	—
有记录的路径		82	100.00%	45.56%
(1) 完整路径	含 11 号线	4	4.88%	2.22%
	不含 11 号线	11	13.41%	6.11%
(2) 单点数据		22	26.83%	12.22%
(3) 缺 O		23	28.05%	12.78%
(4) 缺 D		20	24.39%	11.11%
(5) 缺列车		28	34.15%	15.56%
(6) 缺换乘		20	24.39%	11.11%
可以还原完整的路径		58	70.73%	32.22%

3. 分位置采集结果

站厅、站台的信号采集率与停留时间具有明显的正相关关系，由于调研员在站厅的停留时间普遍较少，故站厅的信号采集率很低。列车数据的采集情况与实际乘车站数也有一定的相关关系，由表 4-10 可以看出，乘车站数在 7 站以下时，列车数据的采集率平均仅在 20%左右，而乘车站数为 7 站及以上时，列车数据采集率接近 60%。因此，在超过一定的乘车距离和时长后，乘客使用 Wi-Fi 接收设备的可能性明显提高，从而大大增加了信号采集的概率。

表 4-10　列车数据采集情况统计表

乘车站数	列车采集次数	采集比例
1	8	16.00%
2	28	25.45%
3	7	14.00%
4	8	19.05%
5	5	29.41%
6	6	19.35%
7 站及以上	36	59.02%

此外，通过对比调研记录的列车号与实际采集的列车号，可以证明列车 ID 的上报准确率在 99%以上；车厢号的记录与采集匹配率在 80%左右。从车厢号的记录情况与实际采集情况来看，造成车厢号实际采集与记录不匹配的原因有二：①调研员站在两节车厢连接处，导致车厢号相差一位；②车厢实际编号顺序与 Wi-Fi 系统内记录的编号顺序相反，导致记录车厢号与采集车厢号明显顺序相反。

4.3.2 AP 加密后原始 Wi-Fi 数据质量调研

为了提高设备的采集比例和细化大型枢纽站的区域客流分布统计，对某城市轨道交通某车站(H 站)的 AP 设备进行了加密，如图 4-3 所示，并且优化了数据上报的机制与速度。安排调研人员在车站内模拟各类乘客的实际走行过程，并在调研结束后从数据库中获取固定设备采集到的原始轨迹数据，通过将调研人员实际走行轨迹和采集原始轨迹数据进行对比，以分析车站轨迹数据的采集质量。

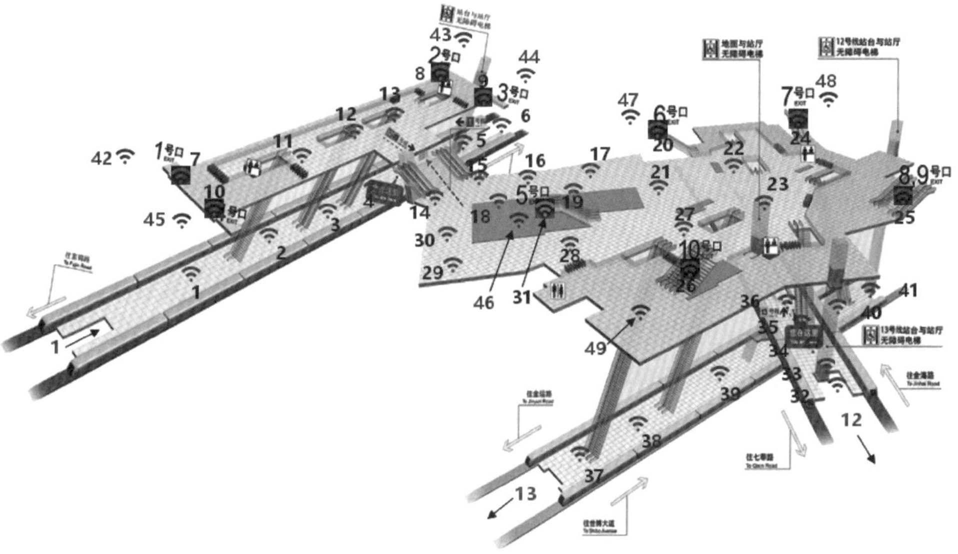

图 4-3 H 站空间结构及 AP 布设示意

H 站在站台、站厅、换乘通道和各个出入口均布置了若干固定 AP 设备，这些 AP 设备的采集区域覆盖了车站内所有活动区域。

本次调研时间为某个周一的 7:30—18:30，涵盖了高峰时段和平峰时段，目的是模拟车站内不同类型的走行流线以获取各类型流线的原始轨迹数据，调研方案如表 4-11 所列，调研人员在车站内携带移动设备按照设定轨迹走行并填写走行流线记录表，从而得到实际走行情况。随后从车站轨迹数据库中调取以上人员走行中采集到的原始轨迹数据，通过与实际走行轨迹记录的对比分析，验证轨迹数据处理的质量以及轨迹还原和流线分类的准确度。

表 4-11 调研方案设计

流线类型	种类	设计轨迹数	说明
进站流线	16 种	48 条	早高峰 24 条,平峰 24 条
出站流线	16 种	48 条	早高峰 24 条,平峰 24 条
换乘流线	6 种	18 条	早高峰 8 条,平峰 10 条

本次调研人员共计携带正常使用中的移动设备 32 台,包括苹果手机、安卓手机和 iPad。通过对调研人员在城市轨道交通内走行轨迹数据的辨识和分析,统计出各台设备的数据检测结果如表 4-12 所列。由此可知,在携带的 32 台设备中,被检测到轨迹记录的设备有 27 台,设备的采样率为 84.4%。其中,采集轨迹记录完整度大于 70%的移动设备共计 16 台,占比 50%;在调研过程中,手持并处于使用中的移动设备共计 14 台,其中 12 台设备的轨迹记录完整率大于 60%,占比 85.7%。因此,处于正常使用中的手机,被 AP 设备检测到并能较为完整地识别出其轨迹路径的概率较高。换言之,通过 Wi-Fi 嗅探数据识别乘客个体的手段具有较高的可行性。

表 4-12 调研数据采集情况

MAC	品牌	是否插 SIM 卡	是否检测到	记录数	轨迹完整程度
B0.19.C6.**.**.97	iPhone8	是	是	1 081	70%,部分完整
6C.8D.C1.**.**.03	iPhone6S	未插卡	是	183	20%
DC.37.14.**.**.4A	iphone6plus	是	是	804	90%,基本完整
D0.9D.AB.**.**.76	TCL	无网络功能,不能插卡	否	11	0,未监测到
00.1A.95.**.**.FB	未知	是	否	22	0,未监测到
A4.93.3F.**.**.0D	华为	是	是	1 820	90%,基本完整
3C.A5.81.**.**.1B	vivo	是	是	2 902	90%,基本完整
54.99.63.**.**.A6	iPad	无网络功能,不能插卡	否	0	0,未监测到
78.7E.61.**.**.70	iPhone6	未插卡	是	454	30%
7C.76.68.**.**.D8	华为 P20	是	是	3 907	90%,基本完整
2C.57.31.**.**.B8	魅族	未插卡	是	60	5%
08.23.B2.**.**.0A	vivo	是	是	1 120	90%,基本完整
9C.B2.B2.**.**.09	华为	未插卡	否	41	0,未监测到
38.A4.ED.**.**.FE	小米 MI5	未插卡	是	71	10%
68.14.01.**.**.F0	sony	未插卡	是	106	20%

（续表）

MAC	品牌	是否插 SIM 卡	是否检测到	记录数	轨迹完整程度
54.9F.13. **. **.A2	iPhone	未插卡	是	892	40%
D4.97.0B. **. **.72	华为	未插卡	是	613	40%
54.25.EA. **. **.F2	华为	未插卡	是	5 984	90%，基本完整
DC.41.5F. **. **.94	iPhone6	是	是	802	80%，较完整
DC.CF.96. **. **.2D	三星 C7000	是	是	1 529	90%，基本完整
00.08.22. **. **.54	台电 98	未插卡	是	2 475	90%，基本完整
C0.9F.05. **. **.6E	oppo A59m	是	是	2 579	90%，基本完整
48.6B.2C. **. **.38	vivo X3L	是	是	1 322	70%，较完整
CC.78.5F. **. **.7A	iPad	无网络功能，不能插卡	是	1 059	70%，较完整
70.14.A6. **. **.9A	iphone 6s	未插卡	否	0	0，未监测到
4C.0B.BE. **. **.26	ipad	未知	是	314	60%
90.B6.86. **. **.75	三星 s6	是	是	722	90%，基本完整
80.ED.2C. . **. **.78	iPhone 6s plus	是	是	425	90%，基本完整
84.89.AD. **. **.79	iPad	无网络功能，不能插卡	是	67	10%
DC.EF.CA. **. **.F4	三星 note8	插卡	是	1 057	90%，基本完整
78.88.6D. **. **.B7	iPad	无网络功能，不能插卡	是	470	20%
94.87.E0. **. **.67	小米 6X	插卡	是	1 210	90%，基本完整

将调研过程中产生的轨迹记录和乘客实际走行进行对比，统计各类型流线的轨迹数据采集情况，如表 4-13 所列。对比结果显示虽然在轨迹数据中存在缺少起点和终点的情况，但各类型流线轨迹完整度大于 70%的比率均高于 60%，进出站流线甚至接近 70%，因此，通过轨迹数据还原乘客走行轨迹具有可行性。

表 4-13　各类流线轨迹数据采集调研结果

流线类型	设计轨迹数	缺起点	缺终点	轨迹完整度>70%
进站流线	48 条	35.8%	19.8%	68.5%
出站流线	48 条	34.7%	21.7%	69.8%
换乘流线	18 条	33.2%	22.2%	64.3%

调研结果证明了 Wi-Fi 接收设备在亮屏使用的情况下，设备采集率在 90%以上，其中，安卓设备采集率为 100%，苹果设备采集率为 82%；而在休眠情况下，设备总体采集率不足 50%，其中，苹果设备采集率不足 15%。在网络 AP 密度不加密的情况下，现有的 AP 设备布设密度和设备精度能够支撑宏观层面的数据分析要求，例如全网客流特征分析、出行时间分布分析等，但对列车分时断面客流量、站台分时客流量、换乘通道分时客流量等微观层面的数据分析支撑不足。在车站 AP 设备加密的情况下，对于乘客在站内的详细轨迹识别率非常高，可以有效支撑站内的客流流线、客流量、客流密度、客流移动速度以及站台滞留等客流特征的分析。

4.4 车站原始轨迹数据清洗

4.4.1 噪声数据形成原因分析

轨迹数据中的噪声数据是指乘客在某时刻错误的轨迹位置记录数据，此类数据的存在将干扰对乘客走行过程中某时刻所在位置的正确分析，并进一步影响乘客走行轨迹的正确还原。轨迹数据中噪声数据的成因主要包括两个方面：一是由于车站 Wi-Fi 信号漂浮等产生的随机噪声数据；二是由于车站空间 Wi-Fi 信号采集范围不稳定和 AP 采集设备上报机制而产生的乒乓噪声数据[2]。

1. 信号漂浮噪声数据

在车站不同的运营时段内通过固定 AP 发射信号移动设备接收到的信号强度 RSSI 一般位于一定的波动范围，但由于信号采集的不稳定性、信号在车站内反射叠加或其他设备干扰等导致信号噪声数据的产生，从而干扰乘客的轨迹还原过程，信号漂浮数据一般表现出较弱的信号强度值。

2. 乒乓噪声数据

轨道交通车站封闭性较强、区域空间面积有限，车站 Wi-Fi 设备信号可能由于各种原因导致覆盖范围不稳定，造成不同区域 Wi-Fi 设备信号覆盖范围出现交叉干扰，则乘客在走行中经过信号交叉区域时两区域 AP 设备将同时采集到乘客位置信息并持续上报。

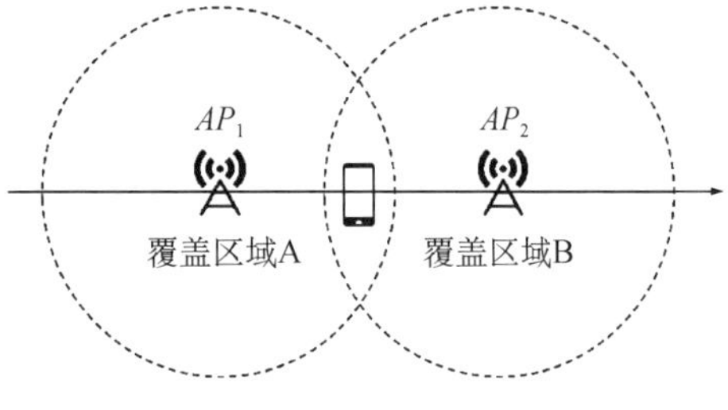

图 4-4 乒乓噪声数据的产生

如图 4-4 所示，设备 AP_1 属于车站 A 区域，设备 AP_2 属于车站 B 区域，两 AP 设备覆盖区域存在一定的交叉范围，当乘客在走行过程中经过该区域时，设备 AP_1 和 AP_2 将同时采集其位置信息并持续上报，采集到的轨迹数据区域信息将出现“A-B-A”类型数据，干扰了对乘客位置的正确判断。

此外，在车站某些位置还可能出现三个及以上区域的设备同时交叉覆盖的情况，从而产生结构更加复杂的噪声数据，对后续轨迹还原产生严重干扰。如图 4-5 所示,乘客在车站内从 12 号线站台走行至 3 号出入口出站的过程中,首先在 12 号线站台时被 13 号线站台 AP 设备采集到,从而形成“12 号线站台-13 号线站台-12 号线站台”的“A-B-A”型噪声数据;随后,在站厅走行过程中被 7 号出入口 AP 设备多次采集到,形成“站厅-7 号出入口-站厅-7 号出入口”的“A-B-A-B”型噪声数据;在换乘通道的走行过程中被 6 号出入口和 5 号出入口先后采集到,从而形成“6 号出入口-换乘通道-5 号出入口-换乘通道”的“A-B-C-B”型噪声数据。

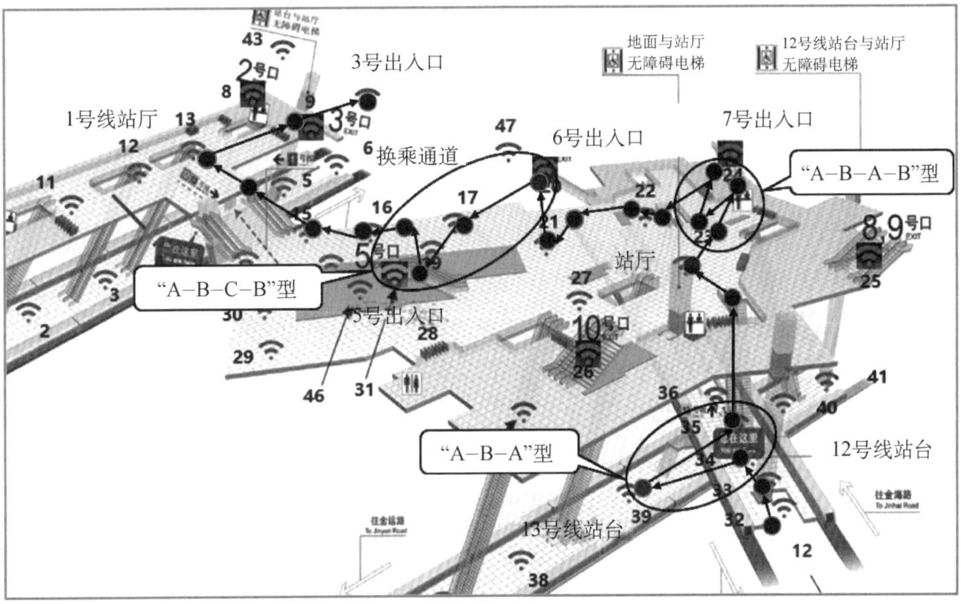

图 4-5 乒乓噪声数据

在网络层出行的轨迹中,还会由于列车与列车之间、列车与站台设备之间的相互干扰产生乒乓噪声数据(图 4-6)。以图 4-7 为例,乘客在乘坐列车 T3 的过程中,连上了车厢内的设备 D,当列车 T3 与 T4 相遇时,乘客随机连接上了列车 T4 内的设备 E,当列车 T4 驶离后,重新连上列车 T3 内的设备。在这一过程中,该乘客连接的 AP 设备在 D-E-D 间来回转换,实际上,其与列车 T3 的相对位置同样未发生改变。

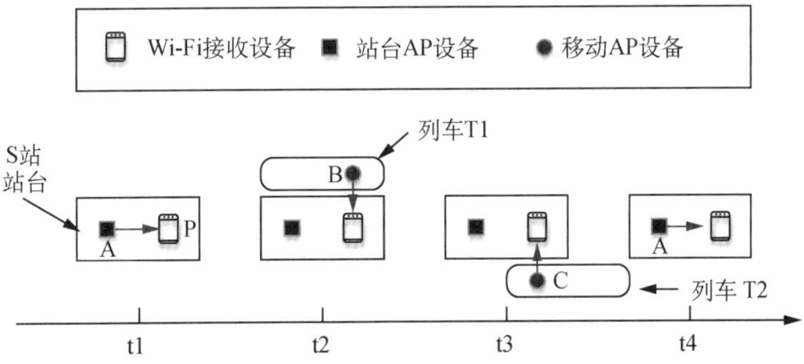

图 4-6 列车与站台间乒乓噪声数据示例

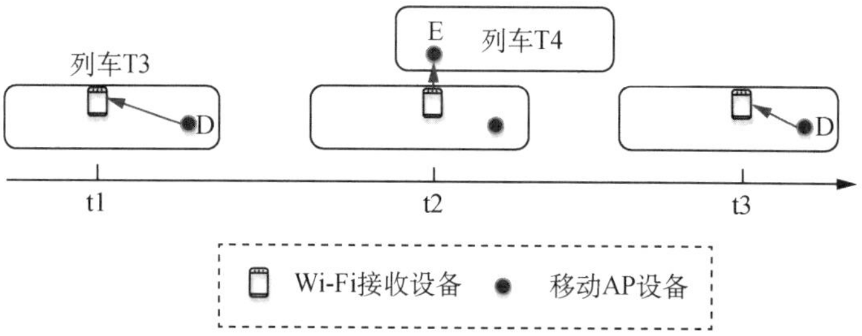

图 4-7 列车间乒乓噪声数据示例

4.4.2 噪声数据清洗目标及原则

噪声数据清洗最基本的目标即为尽可能多地剔除轨迹数据中由于数据漂浮和 AP 设备乒乓噪声切换而产生的乘客错误定位点。识别信号漂浮和乒乓噪声数据的关键在于挖掘轨迹的数据特征并辨别出噪声数据在轨迹数据中的时空分布特征,然而,实际的轨迹数据采集环境很复杂且受多种因素的影响,加之乘客个体行为活动特征存在差异,因此,噪声数据清洗的过程中,在剔除错误数据的同时,不可避免地存在未能识别部分错误轨迹记录以及将正确轨迹记录判定为错误轨迹记录的情况。而随着噪声数据清洗算法参数和阈值设定的不同,错误数据的识别率和正确数据的错判率也将随之发生变化。如果阈值和参数的设置较为严格,则能够剔除掉较多的噪声数据,但同时正确的轨迹记录被删除的比率也将随之增加;而在阈值和参数设置较为宽松的情况下,虽然能保留较多的正确数据,但同时噪声数据被剔除的比率也随之下降。为了实现噪声数据清洗和保留正确数据之间的平衡,清洗噪声数据时,应该遵循以下原则:

(1) 尽可能多地剔除噪声数据,但允许小部分噪声数据的存在。通过噪声数据清洗,不可能完全剔除噪声数据,在不影响下一步轨迹还原的情况下的噪声数据量即为可接受范围。

(2) 尽可能多地保留正确数据,但允许剔除小部分不影响轨迹还原的正确数据。由于轨迹数据重复率较高,删除部分轨迹数据并不影响在区域的走行还原过程,因此,在此种情况下剔除部分正确轨迹数据是可以接受的。

(3) 相比较剔除噪声数据,尽可能多地保留正确数据更为关键。噪声数据在下一步的轨迹还原提取过程中仍有被过滤清除的可能性,因此,保留正确数据相较于尽可能多地剔除噪声就显得更为重要了。

4.4.3 基于高斯滤波的 RSSI 信号数据清洗

RSSI 代表了设备采集到轨迹记录的信号强度,由 Wi-Fi 信号路径的损耗传播模型可知,设备端距离信号源的距离不同,获取的 RSSI 也存在差异。通过对海量数据的分析和现有的研究可知,即使存在一定的波动,距离 AP 设备越近的位置接收到的 RSSI 信号值越强。为了研究 RSSI 的分布特征,通过采集实际数据,从信号接收端数据库中提取某车站站台区域采集到的某乘客在 7:20—10:20 内的轨迹记录共计 131 条,得到该采样点的信号强度概率分布如图 4-8 所示。

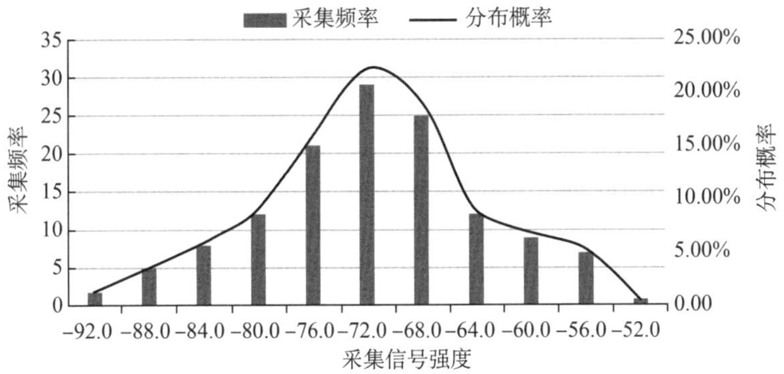

图 4-8　RSSI 分布特征

从图 4-8 可以看出，RSSI 总体呈正态分布的特征，因此，为了有效滤除随机噪声数据，本书使用高斯滤波对噪声数据进行剔除。通过高斯滤波剔除噪声数据，对乘客的一次出行链中采集到的轨迹数据进行均值及概率分布区间的求解，并通过设置信度来剔除信号强度不处于该置信度下信号强度概率分布区间范围内的轨迹记录。该方法能够有效剔除不规则的 RSSI 信号强度并增加轨迹数据中信号强度的整体稳定性，对于乘客一次出行中采集到的轨迹数据，为拟合其分布曲线，其概率分布函数、均值和方差计算方法如式(4-1)—式(4-3)所示[3]：

$$f(x)=\frac{1}{\sigma\sqrt{2\pi}}\exp\left[-\frac{(\mu_R-x)^2}{2\,{\sigma_R}^2}\right] \tag{4-1}$$

$$\mu_R=\frac{1}{n}\sum_{i=1}^{n}R_i \tag{4-2}$$

$$\sigma_R^2=\frac{1}{n-1}\sum_{i=1}^{n}(R_i-\mu_R)^2 \tag{4-3}$$

式中　μ_R ——轨迹链的信号强度平均值；

σ_R ——轨迹链的信号强度方差；

R_i ——轨迹链中第 i 条轨迹记录的信号强度值。

通过以上方法计算得到的轨迹数据 RSSI 的置信区间为 $\left(u_R-\frac{\sigma_R}{\sqrt{n}}\mu_{\frac{\alpha}{2}},\ u_R+\frac{\sigma_R}{\sqrt{n}}\mu_{\frac{\alpha}{2}}\right)$，$\alpha$ 为置信区间的置信度水平，取值一般为 0.5。

通过以上方法获取信号强度置信区间过程，将乘客所有轨迹记录信号强度作为一个整体进行分析，而实际中乘客的轨迹数据是在乘客走行过程经过各个区域的 AP 设备采集获得的，不同区域空间结构和 AP 设备采集的数据质量必定存在一定的差异，最终体现在轨迹数据的信号强度上。因此，为了细化乘客轨迹数据采集过程中不同区域和 AP 对数据采集 RSSI 的影响，在计算乘客轨迹数据置信区间时引入动态滑窗，差异化乘客走行过程中被采集数据的置信区间计算结果，该数据清洗算法运算步骤如下：

步骤 1：轨迹数据输入：输入轨迹数据，并引入长度为 W 的动态滑窗。

步骤 2：轨迹链数据读取：读取一条轨迹链的轨迹数据，进入步骤 3。

步骤 3：滑窗读取数据：以原始轨迹链数据为输入，读取滑窗内的 W 条轨迹数据 $[p_1, p_2, \cdots, p_w]$，计算读取数据的 RSSI 平均值和置信区间，并且不在置信区间内的轨迹数据将被进行一次标记，判断 p_w 是否为该轨迹链最后一条轨迹数据，若是最后一条，则进入步骤 4，否则，按照轨迹数据的时间顺序向后平移 L 单位长度，接着滑窗内轨迹数据 $[p_{1+L}, p_{2+L}, \cdots, p_{w+L}]$ 的置信区间将被重新计算。

步骤 4：轨迹链输入判断：判断该轨迹链是否为输入数据的最后一条轨迹链，若是，则进入步骤 5，否则，进入步骤 2。

步骤 5：轨迹数据清洗：剔除轨迹数据中被标记一次及以上的轨迹数据。

以上轨迹数据清洗算法考虑了乘客走行过程中不同区域和不同 AP 设备对乘客轨迹采集数据的差异，通过该数据清洗过程，轨迹数据按照时空序列依次被滑窗覆盖并计算其置信区间，从而标记出轨迹数据中的噪声数据，通过剔除轨迹数据中的噪声数据，RSSI 信号噪声数据的清洗过程便完成了，清洗后的轨迹数据的数据稳定性将得到提高。

4.4.4　基于车站路网模型的时空数据清洗

基于高斯滤波的 RSSI 信号数据清洗只能过滤由于系统误差导致的信号噪声点，但不能剔除由于 AP 设备覆盖范围波动而导致的定位错误点，因此，数据清洗后轨迹数据中仍存在大量错误的定位轨迹数据。由于室内轨迹数据采集频率高且室内分区类型众多，故该类乒乓噪声数据结构较为复杂，表现为区域位置“A-B-A”“A-B-C-A”和“A-B-B-C”等多种类型，因此，单纯从数据结构入手来判断轨迹数据是否属于乒乓噪声数据的相关标准难以确定。乒乓噪声数据的核心特征为乘客位置信息的错误切换，即乘客位置在极短的时间内在不同的区域间交替变化，单位时间内的乘客移动能力远超正常状态。因此，借鉴乒乓噪声数据处理中基于速度的方法，以轨道交通车站的空间结构特征为基础并结合乘客在车站内的走行特征，以乘客在车站内的移动能力为约束，建立基于车站位置地图的三维数据清洗模型。

时空数据清洗模型首先以车站空间结构为基础建立空间路网模型，结合乘客在车站内的移动速度和路网模型中各区域间的路径来计算乘客在车站各区域间走行的最短时间，并进一步得到乘客在车站各区域间移动的最短时间。在完成以上计算过程后，以 RSSI 信号数据清洗模型处理后的轨迹数据为输入，依次计算乘客轨迹数据中前、后轨迹记录的时间间隔是否满足乘客在两区域间走行的最短时间，并对时间间隔小于乘客在两区域间走行最短时间的轨迹记录进行标记。为了识别“A-A-B-B”类型数据和“A-B-A”“A-B-A-B”“A-B-C-B”等错误结构数据，将轨迹数据中被标记两次的轨迹记录剔除。以上模型算法的运算过程包括车站空间路网模型构建、区域间走行时间计算和乘客走行时间判断三个过程。

1. 车站空间路网模型构建

空间结构决定了对象在空间内的移动模式，室内空间拓扑结构的有效构建能够更好地还原个体在空间内的走行过程。相较于室外空间，室内空间的拓扑结构较为复杂，空间内元素类型较为丰富，需要构建能够更好表达空间各元素相邻及可达等逻辑关系的空间路网模型，作为分析室内对象移动模式的基础。

室内空间模型构建主要可以分为几何、拓扑及语义三个层次。几何层面将室内空间内各类型元素抽象为点、线、面等空间构成，以构建二维空间或三维立体空间；拓扑层面主要通过建立图模型以室内各空间区域作为图节点并以连接区域间的设施作为节点边，可构建多样图形结构且支持空间推理计算；语义层面通常运用本体模型抽象表达室内空间，一般作为拓扑模型的基础支撑。考虑到拓扑模型在构建车站拓扑关系以及图模型在空间计算方面的优势，本书基于图模型构建车站空间路网模型。

对室内空间进行抽象并进行语义表达是图模型建立的基础。为了对车站空间进行语义表达，将车站空间内各要素分为出入口、区域和区域连接器，具体定义如下：

(1) 出入口：车站空间系统和外界系统的连接区域，具备唯一序号属性及名称。

(2) 区域：车站按照功能性质划分的基本单元，分为出入口、站厅、站台、换乘通道等基本单元，具有唯一序号属性及名称。换乘车站部分区域如站厅、站台还具有线路属性。

(3) 区域连接器：表达车站各区域间的连接空间，包括同层连接空间和层间连接空间，其中层间连接空间一般包括直梯、电梯及楼扶梯。

基于对车站空间的抽象表达建立车站“区域—区域”图模型空间拓扑结构。车站“区域—区域”模型是基于节点和边建立图模型的，在该模型中，将车站出入口和区域的中心点抽象为节点，区域连接器抽象为边，融合了车站几何特征和拓扑结构特征，能够清晰地表达车站各区域间的拓扑关系，车站空间路网模型如图 4-9 所示。

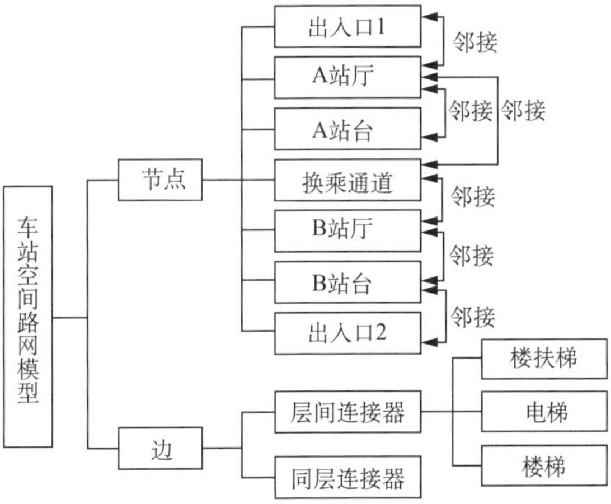

图 4-9　车站空间路网模型

按照以上的车站路网模型划分标准，以 H 站三维几何模型为基础，将车站空间内的元素进行抽象语义，从而构建车站空间路网模型。H 站空间路网模型节点如表 4-14 所列，由于换乘通道被分割为南侧和北侧两个区域，因此，该区域包含南侧换乘通道和北侧换乘通道两个节点。

表 4-14 H 站空间路网模型构建

类别	出入口	站厅	换乘通道	站台
区域	1—4 号出入口 5—7 号出入口 10 号出入口	1 号线站厅 12/13 号线站厅	北侧换乘通道 南侧换乘通道	1 号线站台 12 号线站台 13 号线站台
符号表示	c_1, c_2, c_3, c_4, c_5, c_6, c_7, c_{10}	z_1, z_2	h_1, h_2	s_1, s_{12}, s_{13}

基于车站空间要素中各区域之间的连接关系，将区域之间具有区域连接器的直接可达区域相连接，得到 H 站空间路网模型如图 4-10 所示。

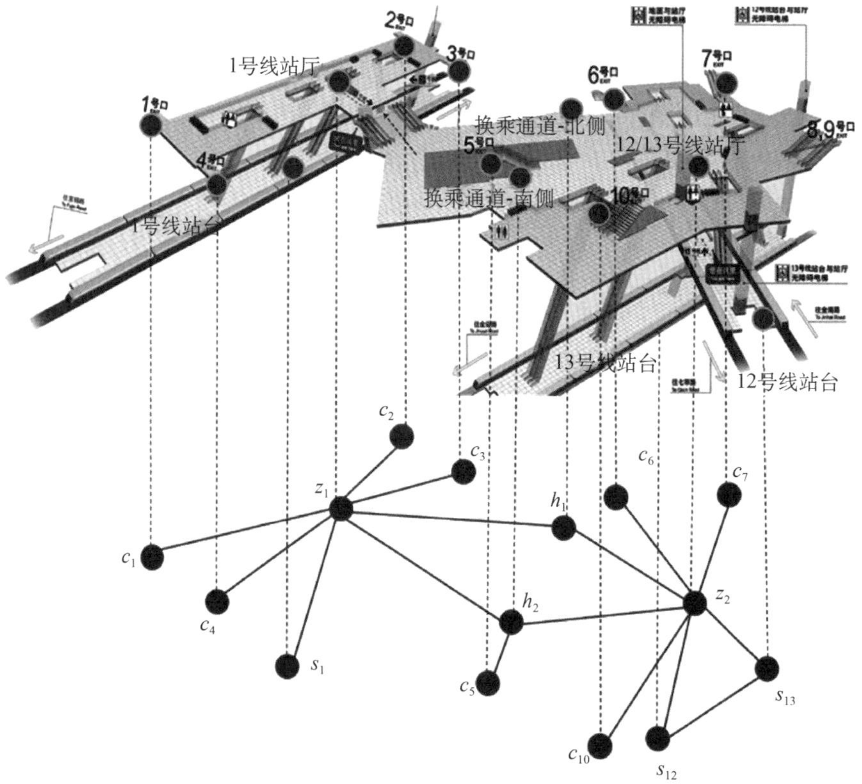

图 4-10 H 站空间路网模型构建

对于具有 n 个节点、m 条边的车站空间路网模型可建立无向赋权图模型 $G=(V, E, F)$，其中，V 为 G 的具有 n 个元素的顶点集合，$V=\{v_1, v_2, v_3, \cdots, v_n\}$，$|V|=n$；$E$ 为 G 的具有 m 个元素的边集合，$E=\{e_1, e_2, e_3, \cdots, e_m\}$，$|E|=m$。图 G 的每一条边 e 都对应乘客走行时间 $F(e)$，$F=\{f_1, f_2, f_3, \cdots, f_m\}$，$|E|=m$，表示节点之间的邻接关系，可建立 n 阶图 G 的邻接矩阵 $\mathbf{A}=(a_{ij})_{n\times n}$，则邻接矩阵如式(4-4)所示：

$$\boldsymbol{A}_{n,n}=\begin{Bmatrix} a_{1,1} & \cdots & a_{1,n} \\ \vdots & & \vdots \\ a_{n,1} & \cdots & a_{n,n} \end{Bmatrix}, a_{i,j}=\begin{cases} 1, & v_{ij}\in E \\ 0, & v_{ij}\notin E \end{cases} \tag{4-4}$$

若 $a_{i,j}=1$，则区域 i 和区域 j 在空间上直接可达；若 $a_{i,j}=0$，则区域 i 和区域 j 不相邻，需要在走行中经过其他区域才能到达。同时，根据邻接矩阵中各邻接区域间的步行最短走行时间建立 n 阶图 G 的权矩阵如式(4-5)所示。根据车站内行人仿真理论，乘客在车站内走行时群体效应较为显著，相同时间段内不同乘客之间的走行速度差异较小。因此，在界定区域间最短走行时间时，可将时段划分为早高峰、晚高峰和平峰分别设定。

$$\boldsymbol{F}_{n,n}=\begin{Bmatrix} f_{1,1} & \cdots & f_{1,n} \\ \vdots & & \vdots \\ f_{n,1} & \cdots & f_{n,n} \end{Bmatrix}, f_{i,j}=\begin{cases} F(v_i, v_j), & v_{ij}\in E \\ 0 & i=j \\ \infty, & v_{ij}\notin E,\ i\neq j \end{cases} \tag{4-5}$$

2. 区域间走行时间计算

根据相邻区域的最小移动时间矩阵 $\boldsymbol{F}_{n,n}$ 建立区域间的最小移动时间矩阵 $\boldsymbol{MMT}_{n,n}$ (minimum moving time)。$\boldsymbol{MMT}_{n,n}$ 是在 $F_{n,n}$ 的基础上根据遍历搜索出的车站内所有区域之间的最小移动时间，包含了车站内任意两个区域之间的最小移动时间，作为乘客在两区域间走行的最短时间。该计算过程以车站中每一个区域到其他另外区域的最小移动时间为基础，搜寻路网中任意两点之间的最短走行时间，可类比于最短路径搜寻问题中的多源路径问题。在解决多源最短路径问题时，Floyd 算法是一种较为简洁且复杂度较低的优势算法，该算法通过动态规划的思路计算各个区域的最短路径，再求解各个区域间的最短时间，具体过程如下。

首先将邻接区域间的最小移动时间矩阵 $\boldsymbol{C}^0_{n,n}$ 作为 $\boldsymbol{MMT}_{n,n}$ 矩阵的初值，即 $\boldsymbol{MMT}_{n,n}=\boldsymbol{C}^0_{n,n}$，随后计算 $\boldsymbol{C}^1_{n,n}=(d^{(1)}_{ij})_{n\times n}$，其中 $d^{(1)}_{ij}=\min\{d^{(0)}_{ij}, d^{(0)}_{i1}+d^{(0)}_{1j}\}$ 是 v_i，v_j 间经过 v_1 的最短路径长度。同理，计算 $\boldsymbol{C}^2_{n,n}=(d^{(2)}_{ij})_{n\times n}$，其中 $d^{(2)}_{ij}=\min\{d^{(1)}_{ij}, d^{(1)}_{i2}+d^{(1)}_{2j}\}$ 是 v_i，v_j 间经过 v_1 和 v_2 的最短路径长度。以此类推，$\boldsymbol{C}^k_{n,n}=(d^{(k)}_{ij})_{n\times n}$，其中 $d^{(k)}_{ij}=\min\{d^{(k-1)}_{ij}, d^{(k-1)}_{ik}+d^{(k-1)}_{kj}\}$ 是 v_i，v_j 间经过 v_1，v_2，…，v_k 的最短路径长度。此时，$\boldsymbol{MMT}_{n,n}=\boldsymbol{C}^k_{n,n}$。

3. 乘客走行时间判断

计算得到乘客在车站各区域间走行的最短走行时间矩阵 $\boldsymbol{MMT}_{n,n}$，将其作为乘客在车站各区域间走行的最短时间约束对乘客轨迹数据中的乒乓噪声数据进行清洗。以一维 RSSI 信号数据清洗后的轨迹链数据作为输入并按照记录时间排序，对输入的轨迹链数据依次获取其相邻轨迹数据 p_i 的所属区域 i 和 p_{i+1} 的所属区域 j，在最短走行时间矩阵中搜寻区域 i 和区域 j 的最短走行时间 $mmt_{i,j}$ 作为时间判断标准，同时计算两条轨迹记录的采集时间差 $\Delta t=t_{i+1}-t_i$，若 $mmt_{i,j}>t_{i+1}-t_i$，则轨迹记录 i 和 $(i+1)$ 将被标记，该判断过程如图 4-11 所示。

以上计算过程完成后，再对轨迹链中的轨迹数据 p_{i+1} 和 p_{i+2} 重复上述计算过程，直

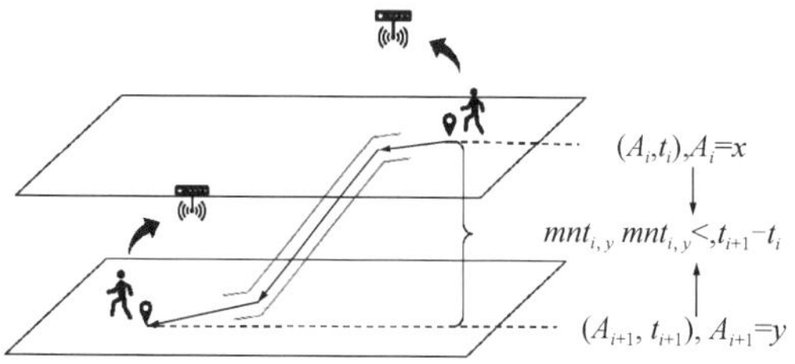

图 4-11　相邻轨迹判断过程示意

至完成乘客轨迹链中的最后一条轨迹数据。在全部判断过程结束后，将轨迹数据中被标记两次的数据作为空间噪声数据，并予以剔除，如此便完成对于乒乓噪声数据的数据清洗过程，以上过程的算法流程如下：

步骤 1：初始化 $s=1$，输入处理后按照轨迹链编号和轨迹链中按照时间排序的轨迹数据以及车站区域最短走行时间矩阵 $\boldsymbol{MMT}_{n,n}$。

步骤 2：判断第 s 条轨迹数据是否为最后一条轨迹记录，若是，则进入步骤 3，否则，进入步骤 4。

步骤 3：删除轨迹数据中被标记两次的轨迹记录，之后输出数据。

步骤 4：判断第 s 条和第 $(s+1)$ 条轨迹数据是否属于同一轨迹链，若不属于，则进入步骤 5，否则，进入步骤 6。

步骤 5：更新 $s=s+1$，返回步骤 2。

步骤 6：提取第 s 条和第 $(s+1)$ 条轨迹记录所属网络节点 v_s 和 v_{s+1}，并按照节点搜寻 $MMT_{n,n}$ 中的 $mmt_{v_s,v_{s+1}}$，计算两条轨迹记录采集时间间隔 $\Delta t=t_{s+1}-t_s$，判断 $mmt_{v_s,v_{s+1}}$ 是否大于 Δt，若大于，则将第 s 条和第 $(s+1)$ 条轨迹记录进行标记，进入步骤 5。

4.4.5　噪声数据清洗质量评价

为了评估噪声数据的清洗质量，本书设定了轨迹数据压缩率、噪声数据清洗率和真实数据保留率三个指标，以便更好地优化数据清洗算法中的参数选取。

(1) 轨迹数据压缩率(Compression Ratio, CR)：指轨迹数据清洗后剔除的轨迹总数量和轨迹数据清洗前的轨迹总数量的比值。轨迹压缩率越大，说明轨迹数据经数据清洗后轨迹数据量的减少程度越大，这在一定程度上反映了轨迹数据清洗的效率。

$$CR=\frac{ST'}{ST} \tag{4-6}$$

式中　ST' ——噪声数据清洗后剔除的轨迹的总数量；

　　　ST ——噪声数据清洗前的轨迹总数量。

(2) 噪声数据清洗率(Data Cleaning Rate, DCR)：指轨迹数据清洗后剔除掉的噪声数据总数量和轨迹数据清洗前的噪声数据总数量的比值。噪声数据清洗率越大，说明轨迹数据清洗噪声数据的效率越高。

$$DCR=\frac{NT'}{NT} \tag{4-7}$$

式中　NT' ——噪声数据清洗后剔除掉的噪声数据总数量；

NT ——噪声数据清洗前的噪声数据总数量。

(3) 真实数据保留率(Real Data Retention, RDR):指轨迹数据清洗后被保留下来的真实轨迹数据总数量和原始轨迹数据中真实轨迹数据总数量的比值。真实数据保留率越大,说明噪声数据清洗的准确度越高。

$$RDR=\frac{RT'}{RT} \tag{4-8}$$

式中 RT' ——噪声数据清洗后的真实轨迹数据总数量;

RT ——噪声数据清洗前的真实轨迹数据总数量。

4.4.6 车站非常规乘客数据清洗

对非常规乘客数据进行清洗的关键在于挖掘其和常规乘客数据的客流特征差异,因此,首先设定数据采集对象的类型划分标准,并保证划分标准的完整性和统一性。根据人员类型、性质的差异,车站采集到的数据对象类型可划分为乘客、工作人员和其他人员三类,各类型人员的活动时空特征总结如表 4-15 所列。

表 4-15 车站人员划分及其时空特征

类型	组成	时空特征	属性分类
乘客	进出站乘客、换乘乘客	活动时间处于车站运营时段,活动区域为车站连续多个区域	常规乘客
工作人员	城市轨道交通检修人员	活动时间处于车站非运营时段	非常规乘客
其他人员	城市轨道交通站附近途经的行人、车站出入口附近商铺内人员	活动范围一般为车站外部系统中距离车站较近的区域,如出入口、地上换乘通道等	

根据表 4-15 可知,非常规乘客主要为检修人员、车站附近途经的行人和车站出入口附近商铺内人员,设备采集到此类人员的轨迹点信息并生成的轨迹数据即为非常规乘客轨迹数据。常规乘客和非常规乘客的活动时空特征存在差异,常规乘客的活动时间处于车站运营时段且活动区域为车站内的连续多个区域;非常规乘客中检修人员的活动时间处于车站非运营时段,其他非常规乘客的活动范围位于车站外部系统距离车站较近的区域,相应的数据时空特征总结如下:

(1) 轨迹数据采集时间位于车站非运营时段;

(2) 轨迹数据采集时间位于车站运营时段,轨迹数据所属区域绝大部分为车站出入口、地上换乘通道等与车站外部系统距离较近的区域。

根据非常规乘客的活动时空特征,可从轨迹数据的时间和空间特征出发,设定相应的轨迹数据清洗算法,剔除非常规乘客的轨迹数据,具体步骤如下:

步骤 1: 设定车站时空筛选标准:确定车站运营时段区间 $T=[T_{\text{start}}, T_{\text{end}}]$ 和与车站外部系统距离较近的车站区域集合 $\{Q_1, \cdots, Q_n\}$ 。

步骤 2：筛选轨迹数据采集时段：先将轨迹划分后的轨迹数据按轨迹链编号分组，再将各分组轨迹数据按照时间先后排序，m 作为各轨迹链编号，对各轨迹链数据取其第一条和最后一条轨迹记录数据的采集时间作为该轨迹链出行时间区间 $[t^m_{\text{start}}, t^m_{\text{end}}]$，若 $[t^m_{\text{start}}, t^m_{\text{end}}] \in [T_{\text{start}}, T_{\text{end}}]$ ，则转入步骤 3，否则，剔除该轨迹链数据。

步骤 3：筛选轨迹数据分布区域：统计各轨迹链数据的轨迹记录总数 N^m 以及被 $\{Q_1, \cdots, Q_n\}$ 中区域设备采集到的轨迹记录数 $\{n^m_{Q1}, \cdots, n^m_{Qn}\}$，计算采集轨迹数据中所属区域位于 $\{Q_1, \cdots, Q_n\}$ 的轨迹记录数占总轨迹记录总数的比率 $\omega^m = \{\omega^m_{Q1}, \cdots, \omega^m_{Qn}\}$，若 ω^m 中存在 $\omega^m_{Q_i} \geqslant 90\%$，则认为该轨迹链属于站外非常规乘客轨迹数据并将之剔除，否则，保留其轨迹数据。

经以上轨迹数据清洗步骤即可完成非常规乘客的轨迹数据清洗。

4.4.7 车站轨迹数据完整度清洗

定义轨迹链完整度为乘客轨迹链数据中包含的区域个数与乘客实际走行经过的区域个数的比率，轨迹链完整指乘客在车站走行过程中途经所有区域的设备均采集到乘客轨迹位置信息，即乘客的轨迹链数据包含其经过的所有区域信息，根据轨迹链可还原乘客的走行轨迹。轨迹数据完整度清洗在于剔除掉不能根据采集到的轨迹数据还原出乘客实际走行轨迹并确定乘客类型(进出站、换乘)的个体轨迹数据，表 4-16 列出了各类型轨迹数据在轨迹完整情况下所包含的区域和确定轨迹类型至少需要包含的区域。

表 4-16 各类型轨迹数据包含区域

轨迹类型	完整轨迹包含区域	确定轨迹类型至少需要包含的区域
进站	进站口、站厅、站台	进站口、站台
出站	站台、站厅、出站口	站台、出站口
换乘	站台、站厅、换乘通道、站厅、站台	站台、站台

由表 4-16 可知，由于不同类型完整轨迹数据包含区域的个数不同，因此无法设定统一的轨迹完整度划分标准来判断是否能满足还原轨迹的要求，只能通过轨迹数据中包含的区域个数来作为轨迹数据完整度清洗的标准。当乘客原始轨迹数据只包含一个区域时，显然不能判断轨迹类型，轨迹数据若包含两个区域时，不能明确是否能确定其具体类型，但考虑在确定各类型轨迹时，至少需要包含两个关键区域，因此可通过判断轨迹数据中包含区域的个数是否大于等于 2 作为乘客轨迹数据完整度清洗的采集区域个数约束。

除乘客轨迹数据包含的区域个数约束外，考虑到乘客在车站内完成一次走行过程需要的最短时间，可通过设定乘客走行最短时间阈值从轨迹链的总时长来判断乘客的走行轨迹是否完整。乘客在车站内走行的最短时间 $\Delta t_{\min}$ 的计算方法如式(4-9)所示。

$$\Delta t_{\min} = \frac{S_{\min}}{V_{\max}} \tag{4-9}$$

式中 $S_{\min}$ ——车站最短流线长度；

$V_{\max}$ ——乘客在车站内的最大走行速度。

综合考虑乘客轨迹数据中包含区域个数约束和乘客在车站的最短走行时间约束，设定乘客轨迹数据完整度清洗算法具体步骤如下：

步骤 1：轨迹链包含区域数约束：计算各轨迹链包含的区域个数 SQ^m，若 $SQ^m \leqslant 1$，则剔除该轨迹数据，否则，进入步骤 2。

步骤 2：轨迹链时长约束：计算乘客在车站内走行轨迹的最小时间阈值 $\Delta t_{\min} = S_{\min}/V_{\max}$，对各轨迹链 m 将其轨迹数据按照时间排序并取其首末轨迹数据的采集时间为 t^m_{start} 和 t^m_{end}，计算轨迹链的总时长 $\Delta t = t^m_{\text{end}} - t^m_{\text{start}}$，若 $\Delta t > \Delta t_{\min}$，保留该轨迹数据，否则，将其剔除。

4.5 车站乘客的出行轨迹还原

4.5.1 车站乘客轨迹还原的难点分析

通过对车站原始轨迹数据进行分析可知，乘客轨迹数据不仅具备大数据的一般特征，还具有非常规乘客数据干扰、轨迹数据完整性差、数据冗余严重、噪声数据量大等特征，根据以上特征，结合乘客轨迹还原技术路线，乘客轨迹还原的难点具体如下。

1. 乘客轨迹链划分

乘客在车站内的轨迹链可分为进站、出站和换乘三类。对乘客在特定时间范围内在车站内产生的多条轨迹链路进行划分是还原乘客轨迹的首要步骤，也是还原个体走行轨迹的基础，对于乘客轨迹的准确还原具有重要意义。仅靠简单地设定统一时间阈值是难以实现对各类型乘客轨迹链准确划分的，只有结合轨迹区域特征、分析轨迹时间间隔分布特征以设定相邻轨迹记录间划分轨迹链的时间阈值，才有可能实现对乘客轨迹链的合理划分。

2. 非常规乘客数据剔除

剔除非常规乘客数据是进行乘客轨迹数据处理的首要也是关键过程。该过程重在分析非常规乘客数据有别于常规乘客数据的数据特征，从时空特征、数据采集特征等方面入手归纳其具体特征，并根据相关特征有针对性地设定数据清洗算法，才能有效剔除该类型数据。

3. 轨迹噪声数据清洗

清洗原始轨迹数据中存在的大量噪声数据是乘客轨迹还原的核心过程，噪声数据的清洗质量对于乘客轨迹还原的准确度影响较大。轨迹数据噪声清洗的难点在于探究噪声数据的产生原因和噪声数据的结构特征，并针对不同类型的噪声数据设定清洗算法，同时，合理设定算法参数设定中的相关阈值以实现高质量的噪声数据清洗。

4. 乘客走行轨迹提取

乘客走行轨迹关键区域提取是乘客走行轨迹还原的重要过程。乘客原始轨迹数据经无效数据剔除、轨迹链划分、数据清洗后，仍然是时间轴上的一系列物理位置信息的集合，从中准确提取乘客走行轨迹中经过的关键区域是该问题的研究重点，需要综合轨迹数据的区域数据采集特征和轨迹数据的时空特征，设计轨迹提取算法并对提取后的轨迹进行质量判断、消解轨迹冲突并增强轨迹特征，最终才能获得还原后的乘客走行轨迹。

4.5.2 车站乘客轨迹链定义

轨道交通系统定义乘客完整的出行链为由进站、候车、候车、出站等一系列过程所组成的时空序列，包括乘客在车站内的走行过程和在轨道交通线网中的出行路径选择过程。在车站维度，乘客轨迹链是对乘客轨迹数据进行预处理和进行个体轨迹还原的基础，因此需设定车站乘客轨迹链划分标准。为还原乘客轨迹，本书定义乘客在车站内完成的某一具体走行过程产生的轨迹记录为一条轨迹链，包括乘客一次出行中从进入到离开车站的完整过程。车站乘客可划分为进站乘客、出站乘客和换乘乘客，相应的车站内轨迹链可分为进站轨迹链、出站轨迹链和换乘轨迹链。

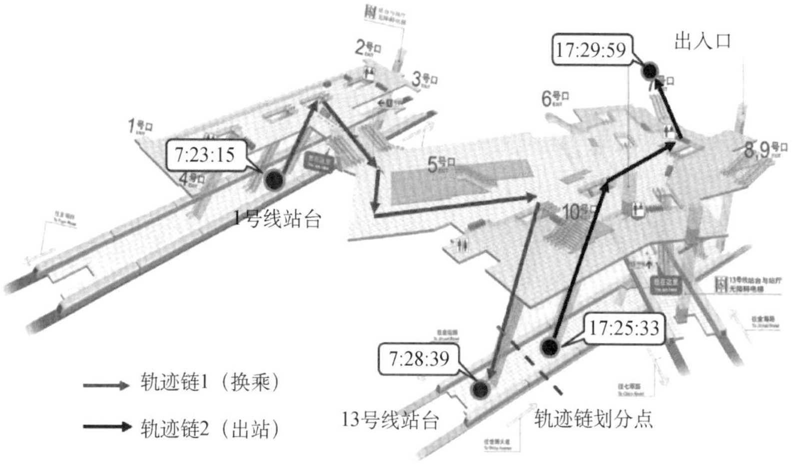

图 4-12　轨迹链及轨迹划分示意

轨迹链的定义对划分乘客轨迹记录具有重要意义。在一定的时间范围(如一个运营日)内乘客在某车站的全部轨迹数据可能包含多条轨迹链数据，如图 4-12 所示，某乘客在车站内一天被采集到的轨迹数据包括了早高峰时段的换乘轨迹链和晚高峰时段的出站轨迹链。因此，将一段时间内存在多次出行的乘客轨迹数据进行轨迹链划分是还原乘客在车站内走行轨迹的前提和基础，即轨迹数据处理常用技术中的轨迹分段。拆分后的轨迹数据是还原乘客走行轨迹的最小数据单元，乘客出行链拆分的准确与否将直接影响到用于轨迹还原的数据是否准确可靠，并进一步影响车站乘客轨迹链的分类和车站客流分析的质量。

4.5.3 车站轨迹链划分算法

轨迹准确划分的核心在于准确挖掘出行对象的时空移动特征，目前轨迹划分的主要方法有基于时间阈值方法、几何拓扑方法和语义轨迹提取的方法。时间阈值方法是基于轨迹数据中前、后轨迹记录的时间差来设定时间阈值，以此作为前、后轨迹是否划分为不同轨迹链的标准。几何拓扑法是对轨迹形状进行数字化处理，并根据前、后轨迹点走行方向的角度大小进行轨迹分段。语义轨迹提取主要是基于轨迹数据停留点包含的语义信息进行分析、划分。由于车站内乘客轨迹的总时长较短、无具体经纬度位置信息且轨迹数据中噪声数据干扰较为严重，因此，几何拓扑和语义轨迹提取方法不适用于车站系统乘客轨迹链的划分。同时，考虑到轨道交通车站不同类型的乘客的出行间隔差异较大，而统一划定时间阈值并不能精确考虑个体出行特性，因此，本书在分析车站数据上报机制和乘客轨迹数据特征的基础上，提出基于个体时间分布特征的时间阈值轨迹链划分算法。

根据轨道交通车站 Wi-Fi 物理网络架构数据上报机制，乘客在携带移动设备且 Wi-Fi 功能开启的状态下，AP 采集设备可在极短的时间内捕捉到乘客的位置信息并在秒级时间间隔内持续上报，最终产生连续性较强的轨迹记录，并具有连续密集的时间分布特征。由此可知，乘客在车站走行的过程中，对于乘客一次出行，即使在走行过程中存在部分区域的缺失，存在缺失的乘客轨迹数据中相邻轨迹记录的时间间隔也将小于乘客两次出行轨迹链之间的时间间隔。

原始乘客轨迹中若存在一条以上的轨迹链，则原始乘客轨迹一段出行链的轨迹点数据时间间隔和两段轨迹链之间的时间间隔量级将存在较大差别，因此，将乘客所有轨迹点数据做平均，均值被轨迹链间的时间间隔抬至高于同一轨迹链间时间间隔的数量级。因此，本书利用数据间隔在该部分的差异性对乘客的走行轨迹数据进行划分。

定义乘客被采集到的第 i 个轨迹点为 $p_i=\{AP_i,\ Q_i,\ t_i,\ R_i\}$，其中，$AP_i$ 为采集到该轨迹点的 AP 设备的编码，Q_i 为该 AP 设备在该车站的区域名称，t_i 为该轨迹点被 AP 设备检测到的具体时刻，R_i 为该轨迹记录的采集信号强度。因此，连续的轨迹记录点组成了该乘客的轨迹数据 OT^m，$OT^m=\{m, [p_1,\ p_i,\ \cdots,\ p_n]\}$。根据以上定义，基于个体时间阈值的轨迹链划分算法流程如图 4-13 所示。

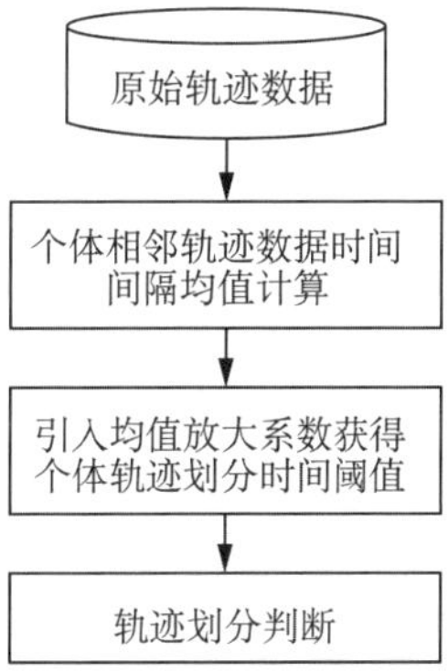

图 4-13　轨迹链划分流程

步骤 1：轨迹数据时间间隔平均值计算。输入原始轨迹数据，对于乘客个体即同一 MAC 地址，定义 $\overline{t^m}$ 为乘客轨迹数据的平均值，其计算方法如式(4-10)所示：

$$\overline{t^m}=\frac{\sum_{i=1}^{n-1}(t_{i+1}-t_i)}{n-1} \tag{4-10}$$

步骤 2：引入均值放大系数。在得到乘客轨迹数据间隔时间的平均值 $\overline{t^m}$ 后，通过引入均值放大系数 μ，得到最终的轨迹链划分时间阈值 Δt^m，以此作为乘客个体走行轨迹划分的标准，为了保证均值放大的有效性，一般取均值放大系数 $\mu\geqslant 6$，Δt^m 的计算方法如下：

$$\Delta t^m=\mu\,\overline{t^m},\ (\mu\geqslant 6) \tag{4-11}$$

步骤 3：轨迹划分判断。基于轨迹数据 OT^m 的轨迹划分阈值 Δt^m 后，对于轨迹数据中的相邻轨迹数据，如果相邻轨迹记录之间的时间间隔 $t_{i+1}-t_i>\Delta t^m$，则原始轨迹数据 OT^m 将从第 i 和 $(i+1)$ 之间划分为两条轨迹链 OT_1^m 和 OT_2^m，其中，$OT_1^m=\{m, [p_1, \cdots, p_i]\}$，$OT_2^m=\{m, [p_{i+1}, \cdots, p_n]\}$。

基于以上判断流程，如果在原始轨迹中存在多个高于划分标准的时间间隔，则相应的原始轨迹数据将被划分为多条不同的轨迹数据链。因此，划分阈值的关键在于确定平均间隔之间的均值放大系数 μ，而均值放大系数的确定要综合考虑轨迹数据采集场景的多种因素，包括轨迹数据上报的频率、车站的空间结构等，这就需要在调研数据采集场景的情况下确定具体取值。

4.5.4 轨迹链划分准确度

为了评估轨迹放大系数的不同取值对轨迹链划分的影响，设置轨迹链划分精确度(Trajectory Extraction Accuracy，TEA)作为轨迹链划分准确程度的评估指标。

轨迹链划分准确度(TEA)指原始轨迹数据经轨迹链划分后被准确划分的轨迹链个数占实际轨迹链总数的百分比，而准确划分指提取出的轨迹链首、末轨迹记录均为正确的轨迹拆分点，其计算公式见式(4-12)：

$$TEA=\frac{ET}{ST}\times 100\% \tag{4-12}$$

式中 ET ——轨迹划分算法运算后准确提取出的轨迹链个数；

ST ——实际轨迹链个数。

4.6 案例分析

以 H 站为例，对轨迹还原、流线分类、客流特征和流线进行分析。

4.6.1 轨迹数据输入及预处理

根据对调研数据实验结果的分析，轨迹数据预处理过程能够较为准确地划分轨迹链，并对轨迹数据中的无效数据和噪声数据进行剔除，本研究以 H 站 2018 年 11 月 19 日运营时段(5:15—23:15)采集到的全日轨迹数据作为输入，对全日数据进行预处理并完成轨迹还原过程。而在对轨迹数据进行处理前先完成对轨迹数据的脱敏处理，乘客的隐私在处理过程中是被保护的。

H 站 2018 年 11 月 19 日运营时段采集到的轨迹数据共计 17 117 400 条，以此为输入依次进行轨迹链划分、无效数据剔除和噪声数据清洗等处理过程。设定均值放大系数 $\mu=16$，对轨迹数据进行轨迹链划分。随后，再以划分后的轨迹链作为新的输入依次进行无效数据剔除和噪声数据清洗，其中无效数据的剔除过程如图 4-14 所示。

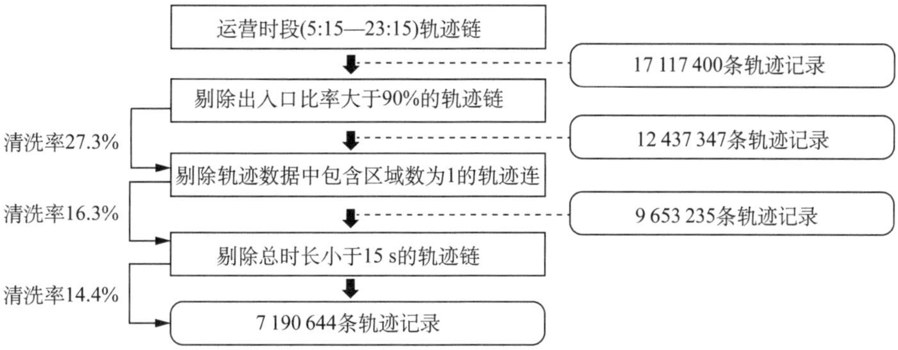

图 4-14　无效数据剔除过程

由此可知,原始轨迹数据中约 58%的无效数据被剔除,之后剩余的轨迹数据进入噪声数据处理阶段。在噪声数据清洗过程中,设定滑窗值 $W=8$ 以进行轨迹数据中信号噪声的识别,同时进行三维数据清洗,噪声数据的清洗过程如图 4-15 所示。

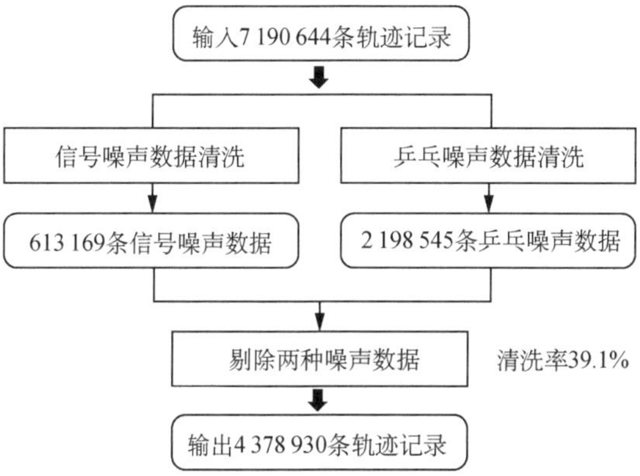

图 4-15　噪声数据处理过程

经噪声数据清洗后,有效轨迹链中 39.1%的轨迹记录作为噪声数据被标记并剔除,剔除效率较高,这对于下一步还原轨迹数据的效率提升具有一定的意义。

4.6.2　全日轨迹数据还原结果

预处理后的轨迹数据经轨迹数据还原和流线分类后,得到 Wi-Fi 数据还原的车站各类型轨迹数据,通过 Wi-Fi 还原客流数据和车站 AFC 统计数据,得到车站实际各类型客流的还原情况,如表 4-17 所列。

表 4-17　轨迹链时间间隔分布

类型	进站客流	出站客流
AFC 客流量	40 562	42 579
Wi-Fi 还原客流量	20 380	22 552
还原比率	50.24%	52.97%

从表 4-17 可以看出,由于不同类型乘客在走行特征、车站停留时间以及各种情况下携带移动设备方面的习惯差异,导致各类型轨迹数据的采集质量存在差异,从大数据的角度来看,上述还原比率足可以支撑车站的客流分析。

4.6.3 还原轨迹数据扩样

全日轨迹还原结果表明,Wi-Fi 还原轨迹数据趋势与 AFC 数据较为一致,还原轨迹数据能够反映车站客流量的变化趋势。因此,本节以每 15 min 分时统计的 Wi-Fi 还原进站客流和 AFC 进站数据为依据来确定 Wi-Fi 还原出站客流的扩样系数,并将扩样后的 Wi-Fi 还原分时客流和 AFC 分时客流进行对比,对扩样系数确定的准确性进行验证。

通过扩样,得到进站客流扩样系数如图 4-16 所示,可以看出,车站扩样系数可分为三个时段,即早高峰、平峰和晚高峰。同时,从图 4-16 还可以较明显地看出在平峰时段扩样系数变化幅度较小,早高峰时段扩样系数略高于平峰,而晚高峰时段由于进站客流量最大,因此晚高峰时段的扩样系数最大。

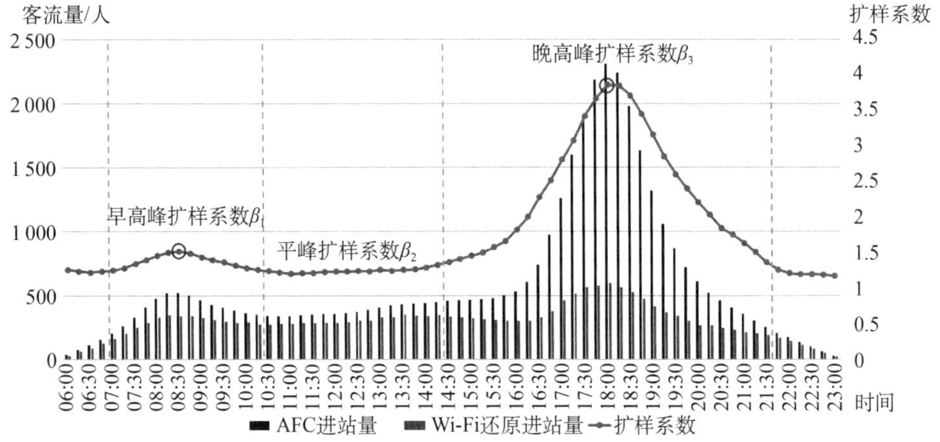

图 4-16 进站客流还原及进站扩样系数

根据早高峰、平峰和晚高峰的扩样系数变化特征,得到进站客流早高峰进站客流最大时段的扩样系数 β_1、平峰扩样系数 β_2 和晚高峰进站客流最大时段的扩样系数 β_3,计算结果如表 4-18 所列,其中平峰时段扩样系数 β_2 为平峰各分时扩样系数的平均值。

表 4-18 进站扩样系数

时段	早高峰客流峰值时段(8:30—8:45)	平峰时段(6:00—7:00; 10:30—14:30; 9:30—23:00)	晚高峰客流峰值时段(18:00—18:15)
扩样系数	$\beta_1 = 1.522$	$\beta_2 = 1.243$	$\beta_3 = 3.862$

根据车站全日进站客流量和出站客流量在早、晚高峰的波动特征,在确定出站客流扩样系数时,也可根据 Wi-Fi 还原客流变化趋势将出站客流时段划分为早高峰、平峰和晚高

峰三个时段。

进站流线和出站流线的还原比率分别为 50.24%和 52.97%,二者相差较小,因此,在设定出站扩样系数时,可参考进站客流各时段的扩样系数。由于平峰时段客流量较小、出站客流量波动较小,因此,设置平峰时段 Wi-Fi 还原客流扩样系数 $\beta_2' = \beta_2 = 1.243$;而早高峰时段出站客流量最大,与进站客流晚高峰时段特征相似,因此,设置早高峰客流峰值时段 $\beta_1' = \beta_3 = 3.862$,同理,晚高峰客流峰值时段 $\beta_3' = \beta_1 = 1.522$,出站扩样系数如表 4-19 所列。

表 4-19 出站扩样系数

时段	早高峰客流峰值时段(8:45—9:00)	平峰时段(6:00—7:00;10:30—16:15;19:30—23:00)	晚高峰客流峰值时段(18:00—18:15)
扩样系数	$\beta_1' = 3.862$	$\beta_2' = 1.243$	$\beta_3' = 1.522$

根据早高峰客流峰值时段和晚高峰客流峰值时段的扩样系数,早、晚高峰其他时段的客流扩样系数以峰值为中心对称进行等差计算直至降至平峰扩样系数。经等差计算后,早、晚高峰时段的出站扩样系数如表 4-20 所列。

表 4-20 早高峰和晚高峰时段出站扩样系数

早高峰		晚高峰	
时段	扩样系数	时段	扩样系数
6:45—7:00	1.243	16:00—16:15	1.243
7:00—7:15	1.573	16:15—16:30	1.278 4
7:15—7:30	1.9	16:30—16:45	1.313 2
7:30—7:45	2.227	16:45—17:00	1.348
7:45—8:00	2.554	17:00—17:15	1.382 8
8:00—8:15	2.881	17:15—17:30	1.417 6
8:15—8:30	3.208	17:30—17:45	1.452 4
8:30—8:45	3.535	17:45—18:00	1.487 2
8:45—9:00	3.862	18:00—18:15	1.522
9:00—9:15	3.488	18:15—18:30	1.482 2
9:15—9:30	3.114	18:30—18:45	1.442 4
9:30—9:45	2.74	18:45—19:00	1.402 6
9:45—10:00	2.366	19:00—19:15	1.362 8
10:00—10:15	1.992	19:00—19:15	1.323
10:15—10:30	1.618	19:15—19:30	1.283 2
10:30—10:45	1.243	19:30—19:45	1.243

根据出站客流各分时的扩样系数值，以 Wi-Fi 还原出站客流值对出站客流进行扩样，扩样后的分时出站量与 AFC 分时出站量对比结果如图 4-17 所示。

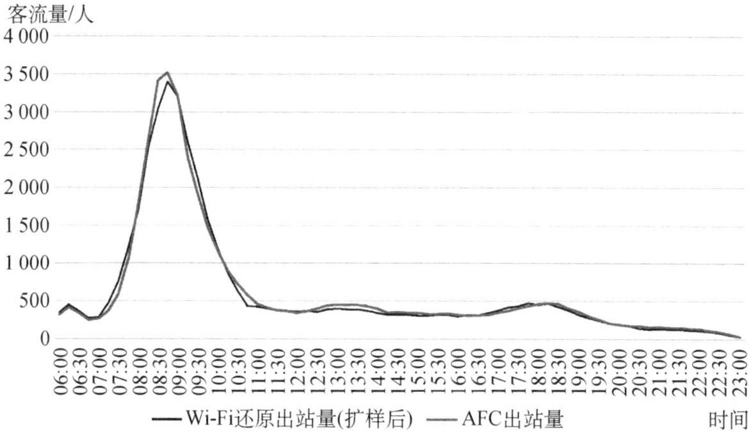

图 4-17 Wi-Fi 还原出站量(扩样后)和 AFC 出站量对比

扩样后的 Wi-Fi 还原出站量和 AFC 出站量的客流量大小和变化趋势基本相同，因此可知通过 Wi-Fi 还原进站客流量和 AFC 进站客流量确定出站客流扩样系数，对 Wi-Fi 还原出站客流进行扩样是较为准确且可行的。扩样后的 Wi-Fi 还原客流能够较为准确地反映车站客流的实际变化情况。在验证扩样方法准确性的基础上，对 Wi-Fi 还原换乘客流进行扩样，由于进站客流还原比率为 50.25%，换乘客流还原比率为 33.37%，因此，通过出站扩样系数设定换乘扩样系数时，需要将各时段系数进行还原比率放大，还原比率放大值为 50.25%/33.37%≈1.5。由于平峰时段客流波动较小，因此设置平峰时段 Wi-Fi 还原客流扩样系数 $\beta_2''=\beta_2\times1.5=1.243\times1.5\approx1.865$，由于换乘客流具有明显的早高峰和晚高峰特征，因此设置早高峰客流峰值时段和晚高峰客流峰值时段的扩样系数 $\beta_1''=\beta_3''=\beta_3\times1.5=3.862\times1.5\approx5.79$，换乘扩样系数如表 4-21 所列。

表 4-21 换乘扩样系数

时段	早高峰客流峰值时段 (8:30—8:45)	平峰时段 (6:00—7:00; 10:30—16:00; 20:30—23:00)	晚高峰客流峰值时段 (18:30—18:45)
扩样系数	$\beta_1''=5.79$	$\beta_2'=1.865$	$\beta_3''=5.79$

4.6.4 车站客流特征分析

对还原 Wi-Fi 轨迹数据扩样可得到车站各类型分时客流量，为了更加细致地捕获车站客流的微观特征，根据图 4-18 所示车站区域划分特征将各线路进出站客流量划分为 1 号线区域出入口进出和 12/13 号线区域出入口进出两种类型分别进行统计。此外，统计各线路分时换乘客流以及各类型客流经过换乘通道时在南、北侧换乘通道的分时客流。

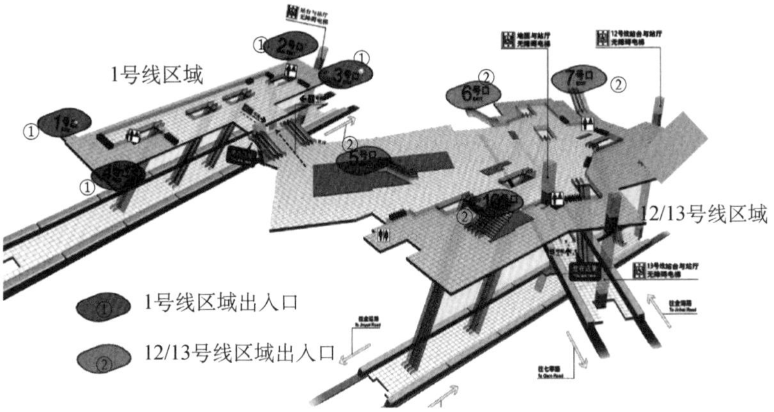

图 4-18 车站区域划分示意

车站全日进站客流如图 4-19 所示，其中实线为通过 1 号线出入口的进站客流，虚线为通过 12/13 号线出入口的进站客流。1 号线进站量最大且绝大部分通过 1 号线附近出入口进站；12 号线进站客流从 1 号线出入口进站和从 12/13 号线出入口进站客流量相差较小；13 号线进站客流总量不大，从 12/13 号线出入口进站的客流量略高于从 1 号线出入口进站的客流量。因此，在晚高峰时段，1 号线站厅设备和客流组织面临较大的进站客流压力，此外，12 号线、13 号线通过 1 号线出入口进站的这部分客流也增加了晚高峰时段换乘通道的客流压力。

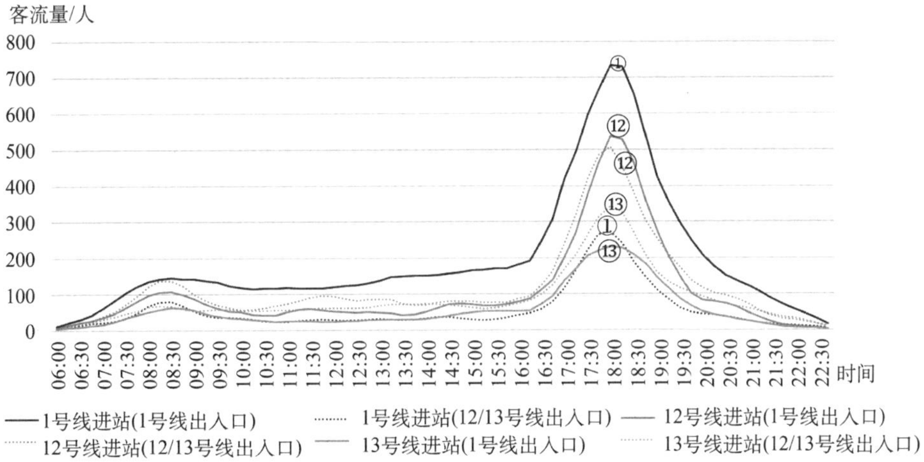

图 4-19 车站全日进站客流

车站全日出站客流如图 4-20 所示，其中实线为通过 1 号线出入口的出站客流，虚线为通过 12/13 号线出入口的出站客流。车站全日出站客流和进站客流在早、晚高峰变化特征相反，出站客流在早高峰时段客流量最大，1 号线通过 1 号线出入口出站的客流量最大且远高于通过 12 号线出入口出站的客流量，12 号线和 13 号线通过 1 号线出入口出站的客流量均略高于通过 12/13 号线出入口出站的客流量。

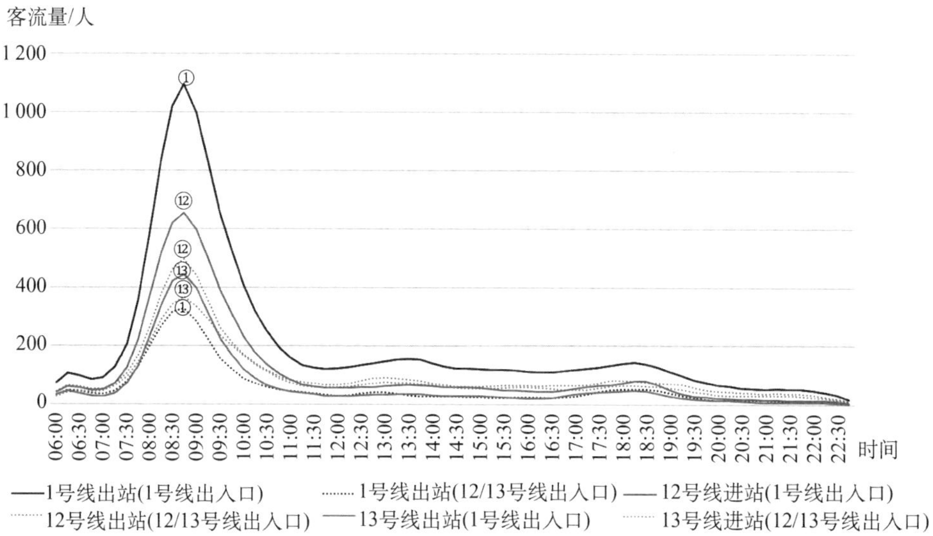

图 4-20　车站全日出站客流

车站全日换乘客流特征如图 4-21 所示，具有明显的车站高峰客流特征，早高峰期间，1 号线换乘 12 号线和 13 号线换乘 12 号线客流量最大，晚高峰期间，12 号线换乘 1 号线和 12 号线换乘 13 号线客流量最大。

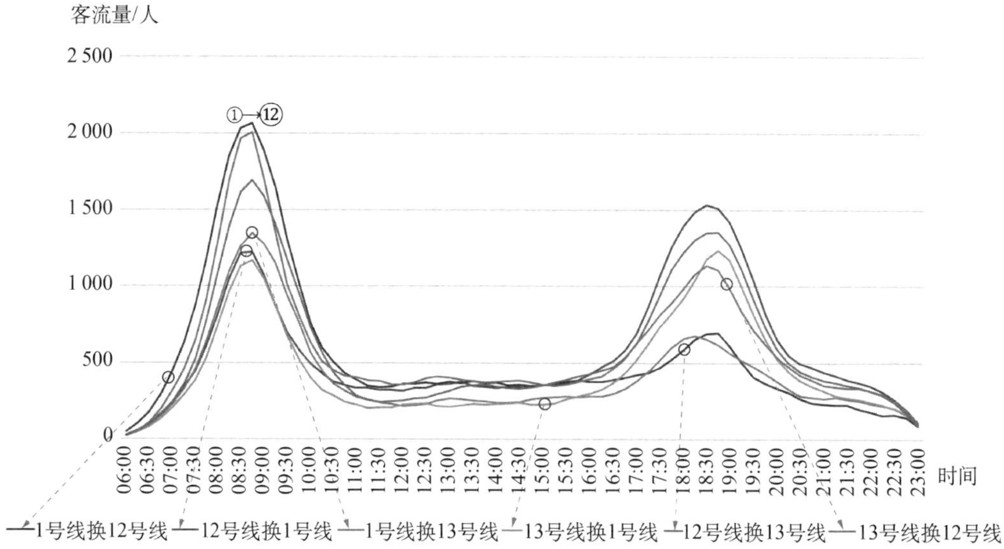

图 4-21　车站全日换乘客流

车站换乘通道全日客流分布如图 4-22 所示，可以看出，车站南侧换乘通道客流量大于北侧换乘通道客流量，在早高峰期间，车站换乘通道客流量最大，南侧换乘通道客流量大于北侧换乘通道客流量；随着晚高峰换乘客流的逐渐增加，北侧换乘通道客流量逐渐增大并超过南侧换乘通道。

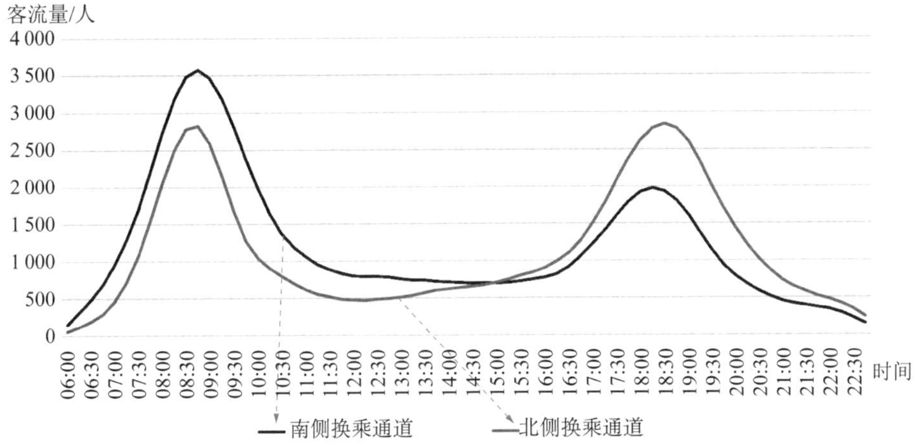

图 4-22　车站换乘通道全日客流分布

4.6.5　车站流线分析

以扩样并进行流线分类后的 Wi-Fi 还原轨迹为基础，分析评估 H 站的流线分布状况，如图 4-23 所示。需要说明的是，该站早、晚高峰客流量大，为了降低车站流线的冲突程度，车站在早高峰时段（7:00—9:30）和晚高峰时段（17:00—19:30）在 1 号线站厅和 12/13 号线站厅分别设置了导流栏杆对部分冲突客流实现物理分割。

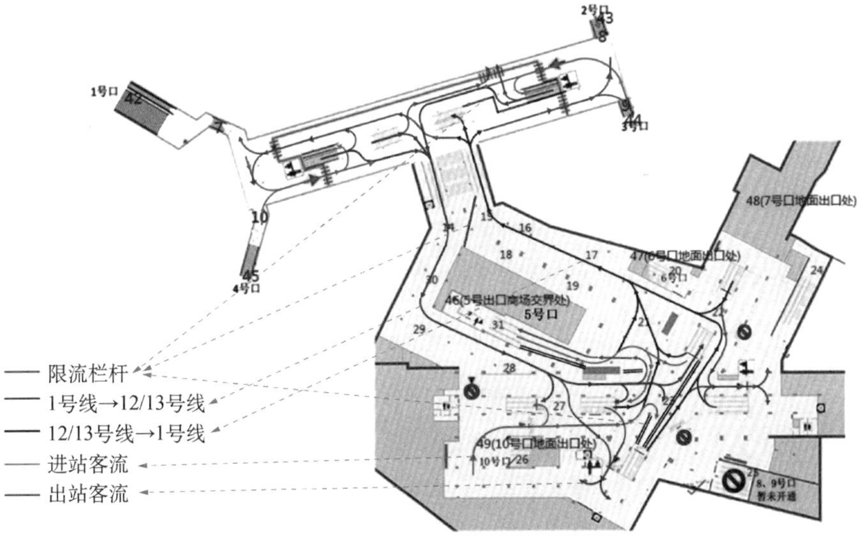

图 4-23　高峰时段车站流线分布（彩图见附录）

参考文献

［1］陈菁菁，江志彬.基于 Wi-Fi 嗅探数据的地铁网络客流分析技术［J］. 城市轨道交通研究，2018(5)：155-160.

[2] 武嘉萌.基于嗅探数据的城市轨道交通车站乘客轨迹还原及流线评估[D].上海:同济大学,2020.
[3] JIANG Z B, WU J M, SU M L. Passenger trajectory reduction in urban rail transit station based on probing data[C]//Proceedings of the 6th International Conference on Transportation Engineering, 2019.

5 基于 Wi-Fi 嗅探技术的城市轨道交通网络客流分析技术

随着部分城市轨道交通网络 Wi-Fi 的全覆盖,利用 Wi-Fi 嗅探数据来监测实时客流从技术上已经变得可行。手机已成为公众的常规工具,据统计,超过 80%的用户平时 Wi-Fi 处于开启状态,当这些携带手机终端的用户进入城市轨道交通网络,将会跟遍布在各个角落的 AP 设备进行数据交换,从而可以检测到终端用户所处的区域。Wi-Fi 既具有跟踪对象的唯一性,克服了视频检测难于跟踪的问题,又具有检测范围相对集中、检测速度快、采样率高的特性,弥补了手机信令等检测手段的不足。Wi-Fi 嗅探数据可以用来判断目标是否在 AP 设备的检测范围内,可以从微观层面实时获取乘客的位置和移动方向,同时,结合城市轨道交通网络、列车实际运行图和乘客出行链路,可进一步挖掘得到列车、站台、站厅与换乘通道的客流,对客运组织方案的优化以及网络运营安全的监控具有非常重要的意义。

城市轨道交通出行链是反映乘客在轨道交通系统内部出行流程的时空表达形式,是进一步分析城市轨道交通乘客出行特征与出行规律的基础。基于无线通信技术获取到的乘客出行数据比传统 AFC 数据尽管能够反映更多的乘客出行过程信息,但在数据完整性、数据表达形式等方面仍不能达到直接构成标准乘客出行链的要求。本章基于对轨道交通 Wi-Fi 嗅探数据的分析,进一步研究了所采集的轨迹数据与乘客出行链之间的关联性,同时,综合轨道交通列车运行时空网络设计了一种基于不完整轨迹数据的出行链还原方法,并给出出行链还原的相关约束与完整流程[1,2],如图 5-1 所示,最后以某城市轨道交通网络为实例进行验证。

5.1 基于时空网络的乘客出行链还原方法

5.1.1 出行链的描述

出行一般定义为用户(人或车)从出发点到目的地的一个带有目的性的位移活动全过程[3]。出行路径是将乘客的出行目的按照一定的时间顺序进行连接所形成的特定物理结构。而交通出行链则是在此物理结构的基础上,增加时间、出行方式等出行信息,且反映这些信息之间相互联系和相互作用的过程[4]。总的来说,交通出行链是对乘客出行路径在时间维度上的扩展,从而反映更多的乘客出行信息。在城市轨道交通系统中,定义乘客

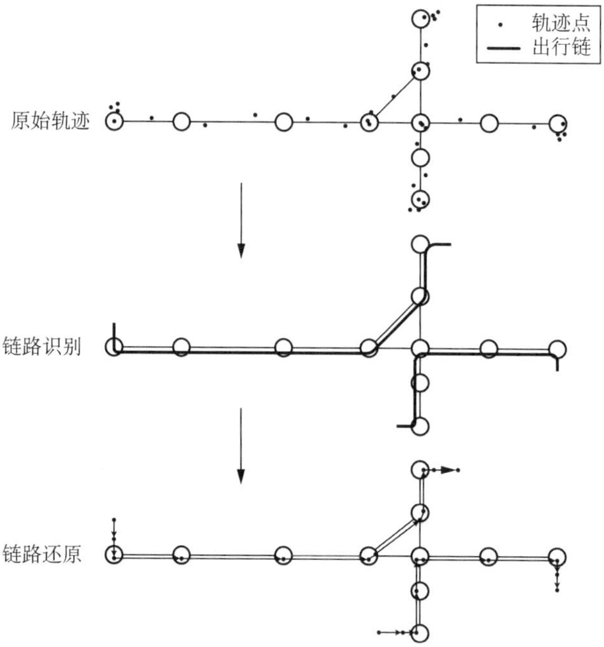

图 5-1 出行链还原的完整流程

由一次进站至一次出站的完整出行过程为一条乘客出行链。城市轨道交通乘客出行链是对乘客在轨道交通内部出行活动的时空表达，它具有时空连续性的基本特征，能够完整地表达乘客乘车、换乘等不同阶段、不同层次的出行过程。

乘客在轨道交通网络中的出行流程如图 5-2 所示，此处对乘客在车站内的详细走行过程进行省略，以“进站”“出站”代替乘客“购票、安检、检票”等过程。由图 5-2 可以看出，轨道交通乘客的一次出行主要包含“进站”“站台候车”“上车”“乘车”“下车”“出站”六个阶段。对有换乘需求的乘客而言，其出行过程还包含“换乘”阶段。以需要进行一次换乘的乘客为例，其出行流程可表示为“进站—站台候车—上车—乘车—下车—换乘—站台候车—上车—乘车—下车—出站”。

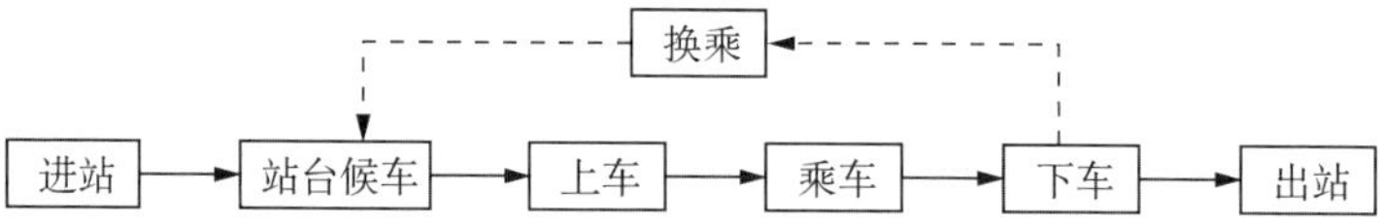

图 5-2 乘客在城市轨道交通网络中的出行流程

5.1.2 出行链的组成

城市轨道交通乘客出行链主要由时空出行节点与时空出行弧两大要素组成。

1. 时空出行节点

根据乘客出行过程中经过的主要空间位置，将时空出行节点分为进站节点、上车节点、下车节点和出站节点。

进站节点与出站节点直接对应轨迹中的进、出车站记录，具有所属车站、所属线路、进(出)站时刻三个属性；上、下车节点具有所属车站、所属线路、列车到发时刻及列车车次四个属性。

2. 时空出行弧

基于乘客出行流程，将时空出行弧分为进站弧、列车运行弧、换乘弧和出站弧。其中，乘客站台候车过程合并入进站弧中，不单独列出。

进站弧是连接进站节点与上车节点的有向弧。出站弧是连接下车节点与出站节点的有向弧。换乘弧又可分为实际换乘弧和虚拟换乘弧，实际换乘弧是连接同一车站不同线路下车节点与上车节点的有向弧，虚拟换乘弧是连接同一车站相同线路下车节点与上车节点的有向弧。列车运行弧是连接同一线路上车节点与下车节点的有向弧，列车运行弧也可看作是由时空网络中的列车区间运行弧与列车停站弧组成的多段弧。其中，列车区间运行弧通过同一线路相邻车站的列车出发节点与列车到达节点相连接，列车停站弧则由同一车站的列车到达节点与列车出发节点相连接。

综上所述，出行路径为 O—A—D 的乘客所构成的出行链在时空网络中的表示形式如图 5-3 所示。

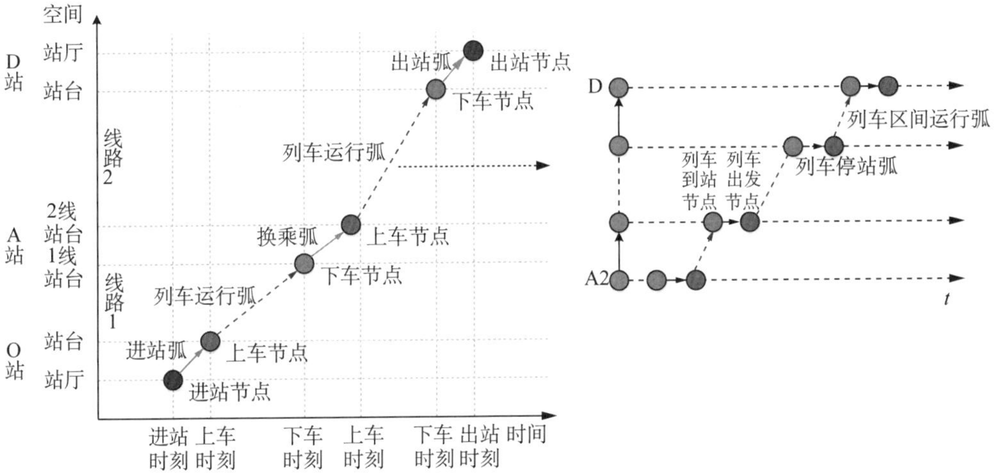

图 5-3　城市轨道交通乘客出行链图解

5.1.3　乘客出行链还原问题

Wi-Fi 嗅探与定位技术使得实时追踪乘客的出行轨迹成为可能，尽管采集到的轨迹数据包含了乘客在城市轨道交通系统内部的部分出行过程，但轨迹数据并不等同于本书所定义的城市轨道交通乘客出行链，二者的差异主要表现在以下两个方面。

(1) 轨迹数据结构不完整。目前所采集到的轨迹数据仍有较为严重的缺失情况，而由于部分位置数据缺失、列车数据缺失以及换乘数据缺失造成的轨迹不完整导致其无法直接对应乘客实际出行路径与时空出行链。

（2）数据表达形式不统一。常见的数据链表达形式主要有等时法、等距法及关键点法。由于采集的轨迹数据记录按均匀的时间间隔进行上报，因而形成的轨迹数据采取了等时法的数据表达形式，在这种数据链形式当中，每个数据点仅代表乘客在某一时刻所处的空间位置。而城市轨道交通乘客出行链采用的是以关键点作为节点的数据链表达形式，这种表达形式能够有效地减少数据存储量，同时，数据链中的每个节点均能代表乘客出行过程中的一个“转折点”，充分反映乘客的进出站、上下车以及换乘过程，以满足城市轨道交通相关客流分析的需求。从这一点来说，通过出行链还原实现轨迹数据向乘客标准出行链的转换也显得十分必要。

基于以上两点，本书设计了基于不完整轨迹数据的城市轨道交通乘客出行链还原方法，该方法涉及的数据输入及输出描述如下：

（1）数据输入：①乘客可能的出行路径集合，通过网络路径集合与乘客出行轨迹匹配得到；②列车运行时空网络，包括各线列车车次信息，列车在各个车站的到发时刻信息等，本书以计划运行图为依据；③车站走行时间信息，包括乘客进、出站走行与换乘走行信息，其中进、出站走行时间用于进、出站弧的还原，换乘走行时间用于换乘约束的构建；④经清洗后的原始轨迹数据。

（2）目标输出：乘客完整出行链，出行链还原的最终目标是满足个体乘客短时出行过程预测以及不同层面客流量统计的需求，因此输出结果除了需要反映还原出来的物理路径外，还应充分保留乘客出行的各个关键阶段，包括进出站时刻、进出站厅时刻、站台到达与离开时刻，换乘站两个换乘站台到达与离开时刻，列车上列车经过的各车站到发时刻。

5.1.4 时空网络的构建方法

时空网络（space-time network）是在平面网络中引入时间轴，将平面网络中各个节点映射到时空网络中，网络中各节点代表物体在某时刻条件下的空间状态，网络中的边代表物体从上一节点向下一节点移动的时空过程。时空网络不仅能表达物体在空间移动的多种可能性，还能扩展出物体在时间维度上移动的多种可能性。在城市轨道交通系统中，时空网络能够充分反映列车运行的时空特征，在人与列车的交互行为分析方面具有很强的适用性，成为国内外学者普遍使用的分析手段[2]。对城市轨道交通时空网络进行构建，其核心就是将所有的有效出行路径在时间维度和空间维度上进行扩展，使得网络中的每个节点代表列车运行的时空点，网络中的弧代表列车各时空点之间的关联关系。

构建城市轨道交通时空网络的步骤如下：

步骤1：根据列车运行交路，对轨道交通拓扑网络中的站台节点进行扩展，根据连接的交路数量，分解成相应个数的站台节点。

步骤2：基于列车运行时刻表对空间节点进行时间维度上的扩展，对经过空间节点的各车次的到站时刻和离站时刻分别用不同的时空节点表示。同一次列车的到站时空节点和出发时空节点在空间上表示为同一站台，但在时间上表现为列车到达和出发两个时刻。

步骤3：将同一站台同一线路同一车次的到达时空节点和出发时空节点用列车停站

弧相连。

步骤 4:将同一线路同一车次在相邻站台的出发时空节点和到达时空节点通过列车区间运行弧相连。

步骤 5:将原先存在换乘衔接关系的各站台分解出的到达时空节点与另一站台的出发时空节点以新的列车换乘弧相连接。

至此,基于列车运行网络的轨道交通时空出行网络便构建完成了。以双线四个车站线路为例,其单向时空网络构建过程图解如图 5-4 所示。其中,A1,A2 为车站 A 的两个换乘站台,线路 1 列车以大小交路模式运行,车站 O—A 间开行大交路,B—A 间开行小交路,大、小交路列车开行比例为 1∶1。

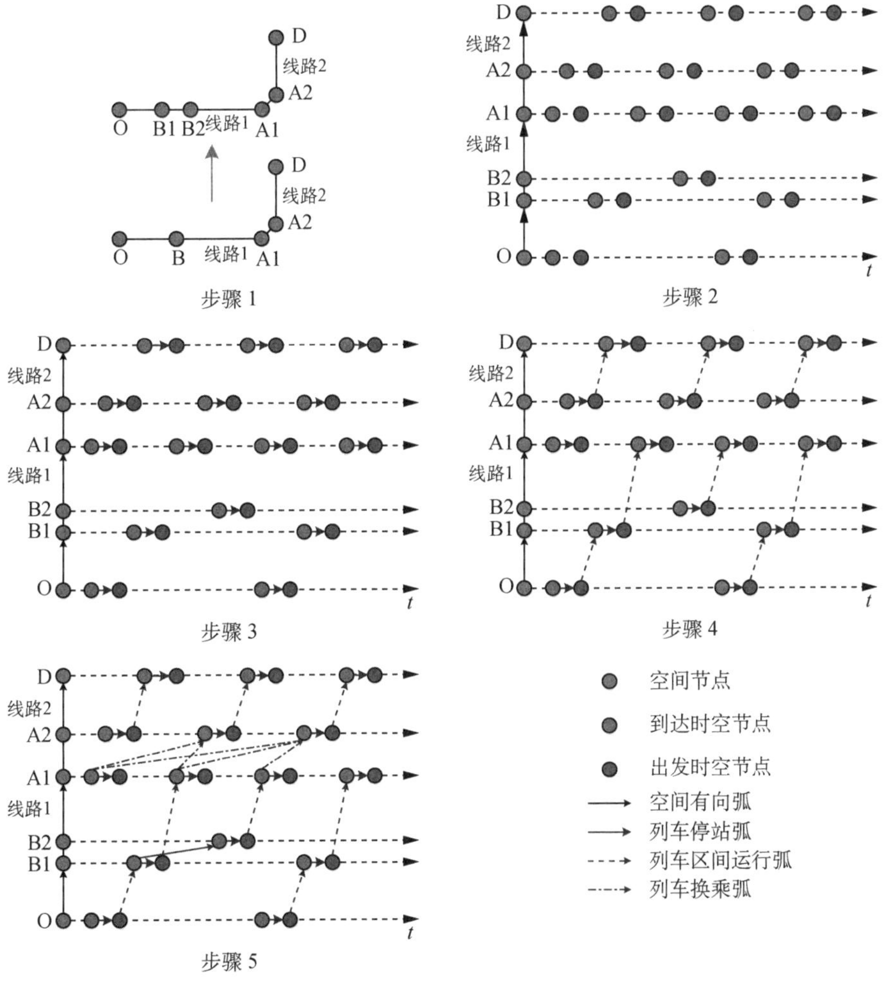

图 5-4 双线四车站线路单向时空网络构建过程图解

5.1.5 乘客出行链还原的相关约束

对于乘客出行链还原的相关约束的描述是在完成轨迹数据预处理的基础上进行的,

即认为每条轨迹均为按时序排列的由进站点至出站点的单次出行数据。在此基础上,对还原过程中涉及的相关约束做详细描述。为方便后续描述,首先对涉及的相关符号进行说明,如表 5-1 所列。

表 5-1 相关符号及说明

编号	符号	说明
1	G	轨道交通时空网络,由列车到发节点与列车弧组成
2	V	列车到发节点集合,具有时间属性、空间属性与列车属性,对应出行链中乘客上、下车节点
3	$T(v)$	列车到发节点时间属性,$T(v_b)$ 表示列车到站时间,$T(v_a)$ 表示列车出发时间
4	$S(v)$	列车到发节点空间属性——所属车站
5	$L(v)$	列车到发节点空间属性——所属线路
6	$K(v)$	列车到发节点列车属性——对应车次
7	D	轨迹集合,D^n 对应集合中第 n 条轨迹
8	d^n	轨迹点,具有时间属性及空间属性,d^n_m 对应第 n 条轨迹中第 m 个轨迹点
9	$T(d^n)$	轨迹点时间属性,对应数据记录时间 CAPTURE_TIME,$T_1(d^n)$ 表示任意位置处第一条记录时刻,$T_2(d^n)$ 表示任意位置处最后一条记录时刻
10	$S(d^n)$	轨迹点空间属性——所属车站位置,对应轨迹语义信息中的车站名称 STATION
11	$L(d^n)$	数据点空间属性——所属线路,对应轨迹语义信息中的线路编号 LN
12	$P(d^n)$	数据点空间属性——所属位置,对应轨迹语义信息中的位置 POS,下文中站厅、站台、列车分别表示为 0,1,2
13	$t^n_{s,\text{enter}}$	第 n 条轨迹中车站 s 的实际进站走行时间
14	$t^n_{s,\text{exit}}$	第 n 条轨迹中车站 s 的实际出站走行时间
15	$t_{s,\text{enter}}$	车站 s 的进站走行时间
16	$t_{s,\text{exit}}$	车站 s 的出站走行时间
17	$t_{s,\text{transfer}}$	车站 s 的换乘走行时间
18	C	出行链集合,其中 c 为单条出行链,由节点集合 V_c 与出行弧集合 E_c 组成
19	V_c	由进站节点 v_{en}、上车节点(列车出发节点) v_b、下车节点(列车到达节点) v_a、出站节点 v_{ex} 组成
20	E_c	由进站弧 $e(v_{en}, v_b)$、列车运行弧 $e(v_b, v_a)$、换乘弧 $e(v_a, v_b)$、出站弧 $e(v_a, v_{ex})$ 组成

1. 进站弧约束

进站弧 $e(v_{en}, v_b)$ 由进站节点 v_{en} 与上车节点 v_b 连接而成,进站节点直接对应轨迹中站厅采集时刻,上车节点对应轨道交通时空网络中列车的出发时点。在轨迹数据采集完整的情况下，列车到站时点受到乘客站台采集时刻与乘客列车上采集时刻的双重约束，认为可行的列车到站时刻晚于乘客在站台上最后一个记录时刻，早于列车上第一个记录时刻。假设进站站台节点为轨迹中第 m 个轨迹点，则与之衔接的线路上采集到的列车节点为第 $(m+1)$ 个轨迹点，此时，乘客可能乘坐列车的出发时点满足约束条件：

$$T_1(d_{m+1}^n) > T(v_b) > T_2(d_m^n) \tag{5-1}$$

其中，$S(v_b)=S(d_m^n)$，$L(v_b)=L(d_m^n)=L(d_{m+1}^n)$，$P(d_m^n)=1$，$P(d_m^n)=2$。

由于轨迹数据存在缺失的情况，因此乘客站台记录以及乘坐列车记录均可能缺失，若乘客站台记录缺失，则以站厅第一时刻与进站走行时间之和替代。其中，进站走行时间取该站拟合得到的进站走行时间 $t_{s,\text{enter}}$ 与站厅最后记录时刻与第一记录时刻之差的较大值：

$$t_{s,\text{enter}}^n=\max\{t_{s,\text{enter}},\ T_2(d_{m-1}^n)-T_1(d_{m-1}^n)\} \tag{5-2}$$

其中，$S(d_{m-1}^n)=S(d_m^n)$，$L(d_{m-1}^n)=L(d_m^n)$，$P(d_{m-1}^n)=0$，$P(d_m^n)=1$。

若乘客乘坐列车记录缺失，则此时轨迹中第 $(m+1)$ 个轨迹点的记录时间必然晚于列车出发时刻，即约束条件式(5-1)依然成立，但此时 $L(d_{m+1}^n)$ 和 $P(d_{m+1}^n)$ 可为任意值。

综上所述，满足约束条件的上车节点集合应为

$$\begin{aligned} V_b=\{v_b\mid T_1(d_{m+1}^n)>T(v_b)>T_2(d_m^n),S(v_b)\\ =S(d_m^n),\ L(v_b)=L(d_m^n),\ P(d_m^n)=1\} \end{aligned} \tag{5-3}$$

不同数据采集情况下得到的满足约束条件的进站弧如图 5-5 所示，图中圆点表示上车节点，星形表示采集轨迹点，带箭头实线表示进站弧。

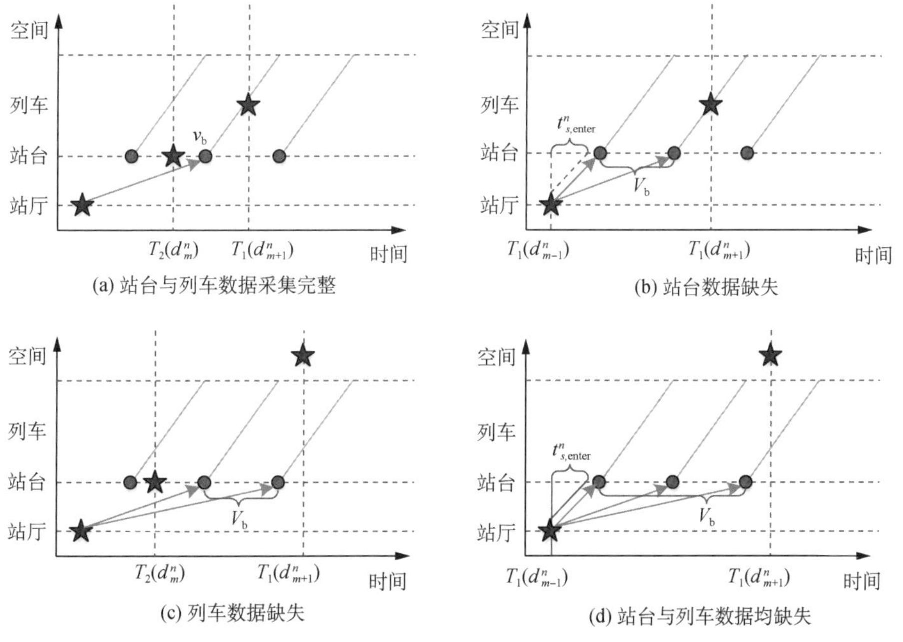

图 5-5 不同数据采集情况下满足约束条件的进站弧示意

2. 出站弧约束

出站弧 $e(v_a, v_{ex})$ 是连接乘客下车节点 v_a 与出站节点 v_{ex} 的有向弧，出站节点 v_{ex} 由轨迹数据中出站站厅时点确定，下车节点 v_a 对应列车到站时刻。若轨迹数据采集完整，则可能的列车到达时刻同样应满足列车最后记录时点与站台第一记录时点的双重约束，即出站站台节点为第 m 个轨迹点，则与之衔接的线路上采集到的列车节点为第 $(m-1)$ 个轨迹点，乘客可能乘坐列车的到达时点满足约束条件：

$$T_1(d_m^n) > T(v_a) > T_2(d_{m-1}^n) \tag{5-4}$$

其中，$S(v_a)=S(d_m^n)$，$L(v_a)=L(d_m^n)=L(d_{m-1}^n)$，$P(d_m^n)=1$，$P(d_{m-1}^n)=2$。

若站台数据缺失，则以站厅最后时刻与出站走行时间之差代替站台记录时刻。其中，出站走行时间取该站拟合得到的出站走行时间 $t_{s,\text{exit}}$ 与站厅最后一条与第一条记录时刻之差中的较大值，记站厅节点为采集轨迹中第 $(m+1)$ 个轨迹点，则出站走行时间满足：

$$t_{s,\text{exit}}^n = \max\{t_{s,\text{exit}}, T_2(d_{m+1}^n) - T_1(d_{m+1}^n)\} \tag{5-5}$$

其中，$S(d_{m+1}^n)=S(d_m^n)$，$L(d_{m+1}^n)=L(d_m^n)$，$P(d_{m+1}^n)=0$，$P(d_m^n)=1$。

若列车数据缺失，则此时轨迹中第 $(m-1)$ 个轨迹点的时刻必然早于列车到达时刻，约束条件(5-4)仍成立，但此时 $L(d_{m-1}^n)$，$P(d_{m-1}^n)$ 可为任意值。

综合各种情况，满足约束条件的下车节点集合为

$$\begin{aligned} V_a = \{v_a \mid & T_1(d_m^n) > T(v_a) > T_2(d_{m-1}^n), S(v_a) \\ & = S(d_m^n), L(v_a)=L(d_m^n), P(d_m^n)=1\} \end{aligned} \tag{5-6}$$

不同数据采集情况下得到的满足约束条件的出站弧如图 5-6 所示，图中圆点表示下车节点，星形表示采集轨迹点，带箭头实线表示出站弧。

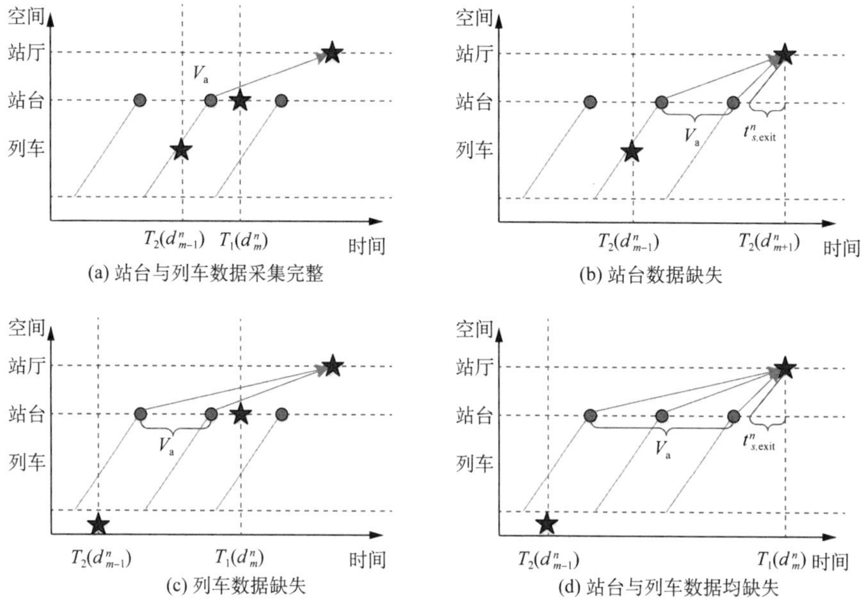

图 5-6　不同数据采集情况下满足约束条件的出站弧示意

3. 换乘弧约束

换乘弧 $e(v_a, v_b)$ 包括实际换乘弧与虚拟换乘弧，是由存在换乘衔接关系的车站的下车节点与上车节点连接形成的有向弧。在乘客出行链还原过程中，换乘车站起到双重约束的作用。

首先，基于轨迹数据能够记录乘客中间换乘站的特点，可以将换乘站看作整个出行链中前一段子出行链的“到达站”与后一段子出行链的“出发站”，分别利用进站弧约束与出站弧约束形成上下车节点集合。

其次，利用换乘站的站内换乘走行时间约束，对车站上下车集合中的节点进行筛选，认为正常乘客的换入站台上车时刻与换出站台下车时刻之差不小于车站换乘走行时间，即满足约束条件：

$$T(v_b) - T(v_a) \geqslant t_{s,\,\text{transfer}} \tag{5-7}$$

其中，$S(v_a) = S(v_b)$，$L(v_a) \neq L(v_b)$。

对于虚拟换乘站而言，乘客可能直接乘坐列车经过虚拟换乘站，也可能在虚拟换乘站下车等待后续列车的到达，故此时的换乘时间 $t_{s,\,\text{transfer}} = 0$，且 $S(v_a) = S(v_b)$，$L(v_a) = L(v_b)$。

综上所述，满足约束条件的换乘弧集合表示为

$$E(v_a, v_b) = \{e(v_a, v_b) \mid T(v_a) - T(v_b) \geqslant t_{s,\text{transfer}},\ S(v_a) = S(v_b),\ L(v_a) \neq L(v_b)\} \tag{5-8}$$

图 5-7 为换乘站的换乘衔接示意图，图中圆点表示上、下车节点，带箭头的实线表示换乘弧。

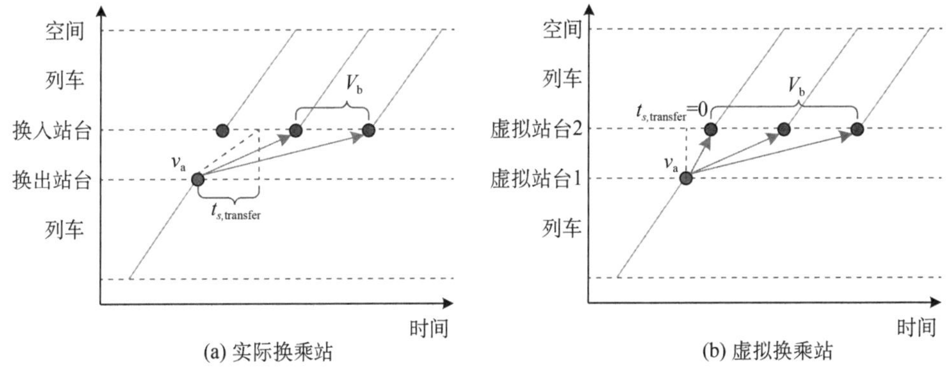

图 5-7 满足约束条件的换乘弧示意

5.1.6 乘客出行链还原流程

乘客出行链还原的总体流程及对应图解如图 5-8 所示，下面分别对进出站关键点回填、列车运行弧构建以及站内走行弧构建步骤进行说明。

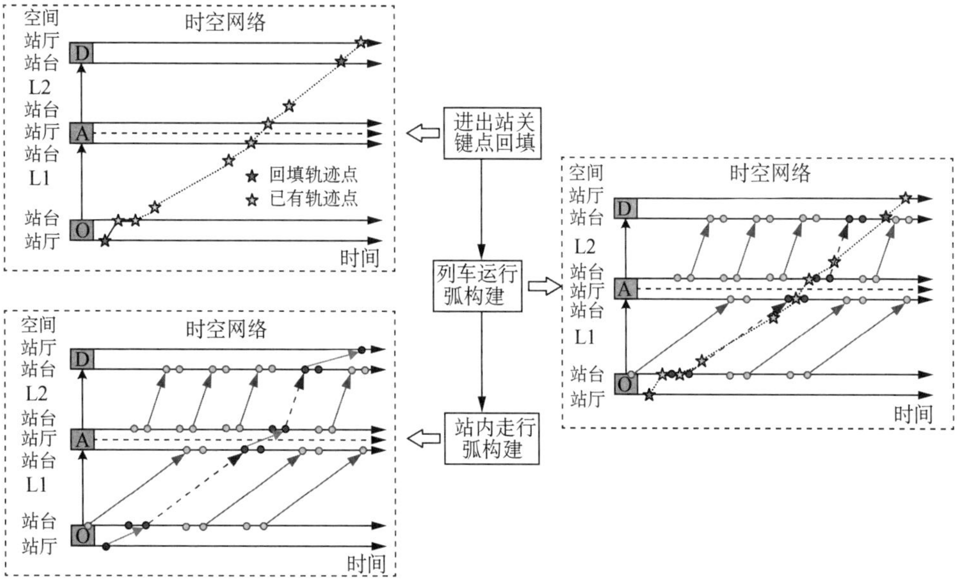

图 5-8　乘客出行连还原流程及图解

1. 进出站关键点回填

针对乘客进出站过程中部分站厅或站台位置点采集数据缺失的情况，利用大量乘客实际采集到的进出站时间分布特征，以确定合理的进出站走行时间回填方法。

首先，基于采集到的 Wi-Fi 数据特征，对单个乘客进出站走行时间进行计算。乘客的进站时间以某乘客在站厅层的第一条记录的对应时刻作为进站时刻，以该乘客在站台层连上的第一条记录的对应时刻作为到达站台时刻，则该乘客的进站时间可以表示为

$$t^m_{s,\ \text{enter}} = T^m_{s,\ \text{pla}^1} - T^m_{s,\ \text{hal}^1} \tag{5-9}$$

式中　$t^m_{s,\ \text{enter}}$ ——乘客 m 在车站 s 的进站时间；

$T^m_{s,\ \text{pla}^1}$ ——乘客 m 在车站 s 的第一条站台记录对应时刻；

$T^m_{s,\ \text{hal}^1}$ ——乘客 m 在车站 s 的第一条站厅记录对应时刻。

同样地，以站厅层采集到的最后一条记录对应乘客的出站时刻，则乘客的出站走行时间表示为

$$t^m_{s,\ \text{exit}} = T^m_{s,\ \text{hal}^{\text{last}}} - T^m_{s,\ \text{pla}^1} \tag{5-10}$$

式中　$t^m_{s,\ \text{exit}}$ ——乘客 m 在车站 s 的出站时间；

$T^m_{s,\ \text{hallast}}$ ——乘客 m 在车站 s 的最后一条站厅记录对应时刻。

其次，基于大量历史 Wi-Fi 采集数据分布特征确定进、出站时间的计算方法。

最后，基于进出站走行时间对缺失的站厅节点、站台节点进行补全，同时对数据表中缺失的站厅行、站台行进行回填。此处以进站、出站站厅缺失的情况为例，展示数据回填过程(图 5-9)，图中 T_0 和 T_{n+1} 分别由式(5-11)和式(5-12)计算得到：

$$T_0 = T_1 - t_{s,\text{ enter}} \tag{5-11}$$

$$T_{n+1} = \max\{T_{n-3} + t_{s,\text{ exit}}, T_n\} \tag{5-12}$$

…	CAPTURE_TIME1	CAPTURE_TIME2	STATION	POS	…
	T_1	T_3	O站	站台	
	T_4	T_8		列车	
	T_9	T_{12}	…	…	
	⋮	⋮			
	$T_{(n-3)}$	T_n	D站	站台	

merge ⇨

…	CAPTURE_TIME1	CAPTURE_TIME2	STATION	POS	…
	T_0	T_1	O站	站厅	
	T_1	T_3	O站	站台	
	T_4	T_8		列车	
	T_9	T_{12}	…	…	
	⋮	⋮			
	$T_{(n-3)}$	T_n	D站	站台	
	T_n	T_{n+1}	D站	站厅	

图 5-9 进、出站数据缺失行回填过程

2. 列车运行弧构建

各线列车运行弧 $e(v_b, v_a)$ 由上车节点 v_b 与下车节点 v_a 连接而成，其中上、下车节点的列车属性 $K(v)$ 对有效上、下车节点的筛选和配对起到了关键作用，列车运行弧构建的算法步骤如表 5-2 所列。

表 5-2 列车运行弧构建的算法步骤

步骤	内容
1	BEGIN
2	提取一条有效出行路径中的全部线路
3	for 每一条线路
4	根据式(5-3)形成上车节点集合 V_b
5	根据式(5-6)形成下车节点集合 V_a
6	for V_b 中各节点 v_b
7	找到对应下车节点 v_a，使得 $K(v_a) = K(v_b)$ and $L(v_a) = L(v_b)$
8	连接列车运行弧 $e(v_b, v_a)$，放入集合 $E(v_b, v_a)$ 中
9	end for
10	剔除未形成列车运行弧的无效上、下车节点
11	end for
12	END

3. 站内走行弧构建

站内走行弧包括进、出站弧与换乘弧，其中换乘弧 $e(v_a, v_b)$ 由下车节点 v_a 与上车节点 v_b 连接而成。首先，通过换乘弧将整个出行链中相邻两条衔接线路上的列车运行弧依次连接；其次，连接进站弧与出站弧，从而形成完整的乘客出行链结构，该过程的算法步骤如表 5-3 所列。

表 5-3 出站弧形成完整的乘客出行链结构

步骤	内容
1	BEGIN
2	提取一条有效出行路径中的全部线路
3	for 每个下车节点 v_a
4	根据式(5-7)找到可行的上车节点 v_b
5	连接换乘弧 $e(v_a, v_b)$，放入集合 $E(v_a, v_b)$ 中
6	end for
7	根据采集到的进、出站节点 v_{en} 和 v_{ex}，连接进站弧 $e(v_{en}, v_b)$，出站弧 $e(v_a, v_{ex})$，放入集合 $E(v_{en}, v_b)$ 和 $E(v_a, v_{ex})$ 中
8	根据表 4.2 给定的标准出行链输出格式，输出还原到的全部出行链
9	END

5.2 基于出行链的网络客流分析

5.2.1 客流计算方法

1. 客流指标

提取出乘客每条出行路径中的关键要素，即乘客的 MAC 地址、在 O 站出现的时刻、O 站和 D 站的站名以及分别对应的线路编号，形成路径集合 $Trip = \{MAC, CAPTURE\_TIME^O, O, LN^O, D, LN^D\}$，如表 5-4 所列。

表 5-4 乘客路径集合

ID	*MAC*	*CAPTURE_TIME*^{O}	*O*	*LN*^{O}	*D*	*LN*^{D}
1	00-00-**-**-**-AE	2017/8/18 7:30:00	中山公园	4	中山公园	4
2	00-00-**-**-**-6E	2017/8/18 12:15:00	曹杨路	4	镇坪路	4
3	00-05-**-**-**-67	2017/8/18 6:55:00	中山公园	2	延安西路	4
4	00-07-**-**-**-64	2017/8/18 13:25:00	宝山路	3	上海火车站	3
5	00-08-**-**-**-FB	2017/8/18 17:00:00	中山公园	4	曹杨路	4
6	00-08-**-**-**-FB	2017/8/18 06:04:00	中山公园	4	延安西路	4
7	00-08-**-**-**-00	2017/8/18 07:26:00	中山公园	4	曹杨路	4
8	00-08-**-**-**-04	2017/8/18 13:18:00	静安寺	2	中潭路	4
…	…	…	…	…	…	…

基于乘客路径集合可以计算出分时进出站、分时换乘、分时断面等客流指标。

2. 数据扩样分析

由于 Wi-Fi 嗅探数据的采集需要移动设备开启相关功能，若乘客不打开移动设备的无线连接，AP 设备就无法采集到该乘客的信息。因此，确定乘客使用 Wi-Fi 功能的比例并在此基础上进行扩样是后续客流计算中的重要环节。考虑到车站 AFC 数据准确地记录了每一个进入轨道交通线网乘客的进出站时刻，因此，可利用 AFC 数据进行扩样系数的确定。

利用 AFC 数据和 Wi-Fi 嗅探数据分别进行车站在站客流的统计，以 AFC 数据为基准，判断原始 Wi-Fi 嗅探数据在反映全网客流变化趋势上的合理性，同时对 Wi-Fi 嗅探数据进行初步扩样。基于前期的数据分析，扩样系数 λ 的确定可参考经验公式[式(5-13)]，后续需要根据实际客流变化对其进行修正：

$$\lambda=\begin{cases}1.25 & n_{\text{Wi-Fi}}\leqslant 160\ 000\\ (n_{\text{Wi-Fi}}-6\ 000)\times\dfrac{0.35}{100\ 000}+1.25 & 60\ 000<n_{\text{Wi-Fi}}\leqslant 160\ 000\\ 1.60 & n_{\text{Wi-Fi}}>160\ 000\end{cases}\tag{5-13}$$

式中，$n_{\text{Wi-Fi}}$ 表示 15 min 内的全网原始 Wi-Fi 采集量。

对比结果如图 5-10 所示，其中蓝色曲线是由原始 Wi-Fi 数据经初步加工得到的全网分时段在站客流量，红色曲线是 AFC 数据反映的在站客流量，灰色曲线是利用原始 Wi-Fi 数据与 AFC 数据的关系，分数量级扩样后的结果。可以看出，未扩样前 Wi-Fi 数据反映的在站客流量变化趋势与 AFC 数据基本吻合。经过数据扩样，Wi-Fi 数据反映的在站客流量与 AFC 数据基本一致。

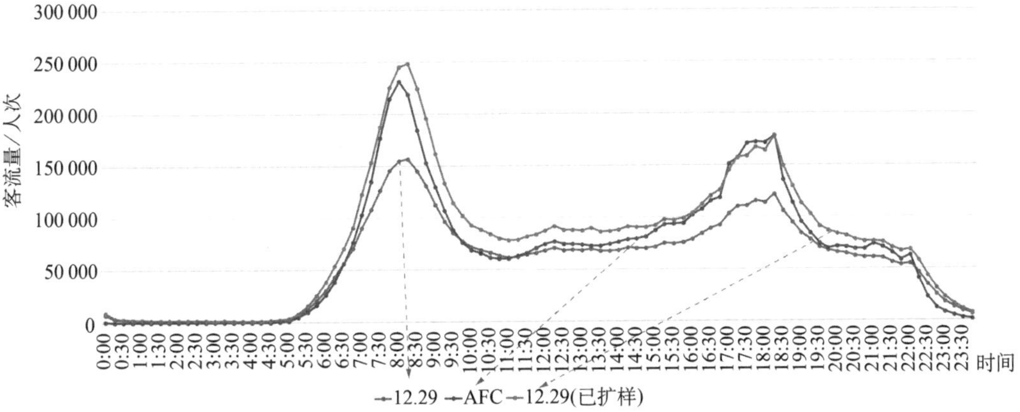

图 5-10 全网客流加工结果(彩图见附录)

5.2.2 客流出行特征分析

此外，在原始数据初步加工阶段还应针对各个 MAC，对其一天内的出行链详情进行分析，以了解 Wi-Fi 数据能够反映出的不同乘客出行特征。通过初步分析，常见的乘客类型可以分为以下几类。

1. 普通乘客数据

普通乘客在轨道交通内的出行路线与出行目的均是不固定的，根据出行次数可以分为单次出行乘客和多次出行乘客两类。

1）单次出行乘客

某乘客在 2017 年 8 月 18 日仅出行一次并产生较为完整的 Wi-Fi 数据轨迹，其出行轨迹为：10 号线紫藤路—1031 列车—虹桥路换乘—309 列车—3 号线上海南站。采集到的原始单次出行链路数据如图 5-11 所示，单次出行链路路径示例如图 5-12 所示。

CAPTURE_TIME	RSSI	STATION	POS	LN	CAR_ID	TRAIN_ID
2017/8/18 11:39	-70	紫藤路	站厅	10		
2017/8/18 11:40	-84	紫藤路	站台	10		
2017/8/18 11:46	-48		列车	10	2	1031
2017/8/18 11:51	-50		列车	10	2	1031
2017/8/18 11:59	-72	虹桥路	站厅	4		
2017/8/18 12:01	-80	虹桥路	站台	4		
2017/8/18 12:08	-68		列车	3	4	309
2017/8/18 12:16	-57	上海南站	站厅	3		

图 5-11 单次出行链路数据

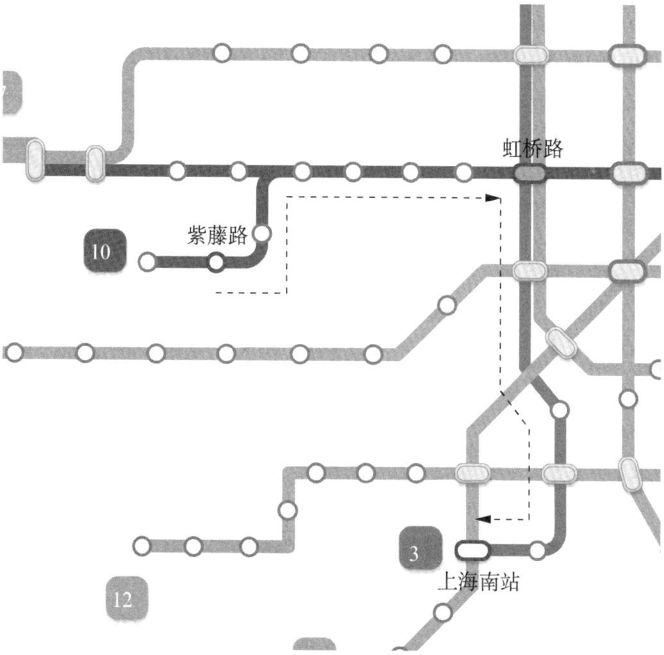

图 5-12 单次出行链路路径示例

2）多次出行乘客

某乘客产生的 Wi-Fi 数据在 15:11—15:54 之间相隔超过 40 min，且出行链路在 8 号线终点站市光路折返，故可以认为该乘客在一天内产生了两次出行。第一次出行的轨迹为：4 号线镇坪路—311 列车—虹口足球场换乘—829 列车—8 号线市光路。第二次出行轨迹为:8 号线外市光路—811 列车—四平路换乘—1002 列车—10 号线龙溪路。采集到的原始多次出行链路数据如图 5-13 所示,多次出行链路路径示例如图 5-14 所示。

CAPTURE_TIME	RSSI	STATION	POS	LN	CAR_ID	TRAIN_ID
2017/8/18 14:22	-79	镇坪路	站台	4		
2017/8/18 14:28	-78		列车	3		311
2017/8/18 14:34	-73		列车	3		311
2017/8/18 14:39	-77	虹口足球场	站台	3		
2017/8/18 14:44	-43		列车	8	3	829
2017/8/18 14:48	-43		列车	8	3	829
2017/8/18 14:56	-40		列车	8	3	829
2017/8/18 15:11	-70	市光路	站台	8		
2017/8/18 15:54	-53	市光路	站厅	8		
2017/8/18 15:55	-68	市光路	站厅	8		
2017/8/18 16:01	-59		列车	8	6	811
2017/8/18 16:07	-48		列车	8	6	811
2017/8/18 16:15	-77	四平路	站台	8		
2017/8/18 16:22	-60		列车	10	4	1002
2017/8/18 16:28	-56		列车	10	4	1002
2017/8/18 16:29	-62		列车	10	4	1002
2017/8/18 16:34	-60		列车	10	4	1002
2017/8/18 16:37	-56		列车	10	4	1002
2017/8/18 16:42	-68		列车	10	4	1002
2017/8/18 16:44	-56		列车	10	4	1002
2017/8/18 16:49	-56		列车	10	4	1002
2017/8/18 16:52	-57	龙溪路	站厅	10		

图 5-13 多次出行链路数据

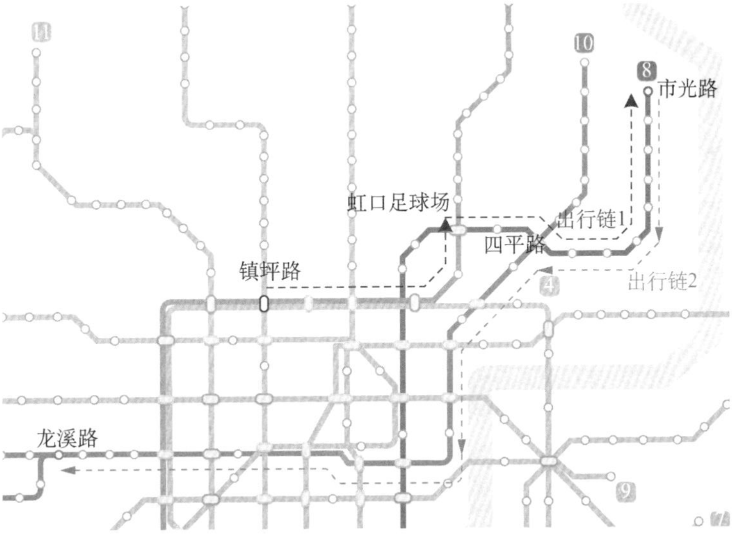

图 5-14 多次出行链路路径示例

2. 通勤乘客数据

通勤乘客最明显的特点是早、晚各有一次出行,且起点与终点对称。在通勤路线上有多条路径可选的情况下,又可将通勤乘客的数据分为对称路径和非对称路径。

1）对称路径

对称路径是指早晚通勤时选择的路径是一样的，对称的通勤数据如图 5-15 所示。该乘客的通勤目的地为秀沿路—五角场，从链路数据可以看出该乘客早、晚通勤均是选择在交通大学站 11 号线换 10 号线，对称通勤出行链路路径示例如图 5-16 所示。

CAPTURE_TIME	RSSI	STATION	POS	LN	CAR_ID	TRAIN_ID
2017/12/29 7:56:05	-58	秀沿路	站台	11		
2017/12/29 7:59:45	-69		列车	11	1	1149
2017/12/29 8:17:15	-72		列车	11	1	1149
2017/12/29 8:30:45	-74		列车	11	1	1149
2017/12/29 8:32:15	-52	交通大学	站厅	11		
2017/12/29 8:36:14	-40		列车	10	5	1022
2017/12/29 8:43:14	-63		列车	10	5	1022
2017/12/29 9:04:25	-65		列车	10	5	1022
2017/12/29 9:06:14	-55	五角场	站台	10		
2017/12/29 18:55:47	-54	五角场	站厅	10		
2017/12/29 18:57:50	-40	五角场	站台	10		
2017/12/29 18:58:33	-43		列车	10	1	1033
2017/12/29 19:10:03	-78		列车	10	1	1033
2017/12/29 19:25:33	-80		列车	10	1	1033
2017/12/29 19:28:21	-49	交通大学	站厅	10		
2017/12/29 19:29:56	-65	交通大学	站台	11		
2017/12/29 19:31:56	-57	交通大学	站台	11		
2017/12/29 19:34:16	-58		列车	11	6	1165
2017/12/29 19:50:16	-48		列车	11	6	1165
2017/12/29 20:06:16	-55		列车	11	6	1165
2017/12/29 20:08:46	-63	秀沿路	站台	11		
2017/12/29 20:11:12	-71	秀沿路	站台	11		

图 5-15　对称的通勤数据

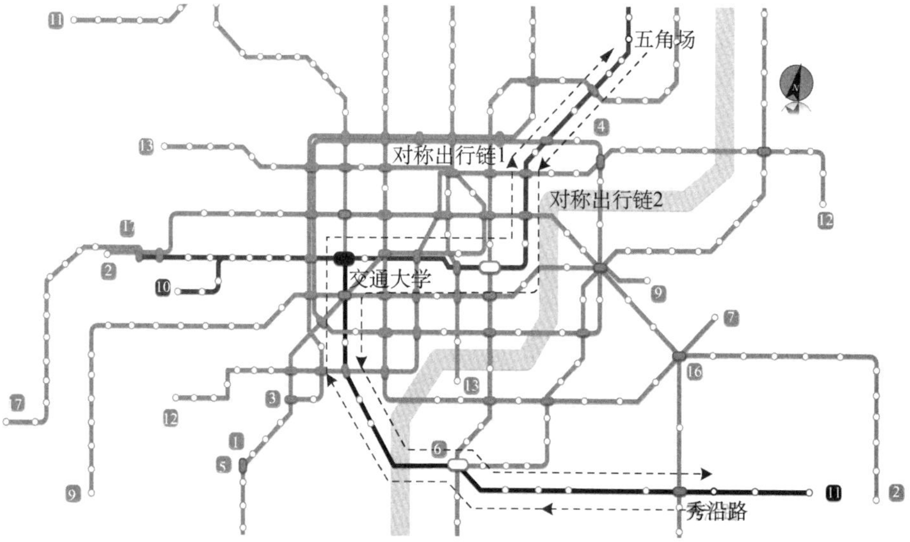

图 5-16　对称通勤出行链路路径示例

2）非对称路径

非对称路径是指早、晚通勤时选择的路径不一样。该乘客的通勤目的地为秀沿路—同济大学，从链路数据结合线网结构可以看出，该乘客早上通勤选择的路径为 11 号线—

16 号线—2 号线—10 号线，晚上通勤则是选择 10 号线—8 号线—11 号线。非对称的通勤数据如图 5-17 所示，非对称通勤链路路径示例如图 5-18 所示。

CAPTURE_TIME	RSSI	STATION	POS	LN	CAR_ID	TRAIN_ID
2017/12/29 7:38:38	-55	秀沿路	站台	11		
2017/12/29 7:40:02	-62	秀沿路	站厅	11		
2017/12/29 8:03:44	-57		列车	2	3	239
2017/12/29 8:20:44	-59		列车	2	3	239
2017/12/29 8:25:11	-64	南京东路	站台	10		
2017/12/29 8:35:06	-43		列车	10	2	1004
2017/12/29 8:36:32	-72		列车	10	1	1004
2017/12/29 8:39:58	-68	同济大学	站厅	10		
2017/12/29 18:58:05	-80	同济大学	站厅	10		
2017/12/29 18:58:45	-52	同济大学	站台	10		
2017/12/29 19:01:10	-56	四平路	站台	10		
2017/12/29 19:03:34	-49		列车	8	3	844
2017/12/29 19:36:05	-78		列车	8	3	844
2017/12/29 19:38:15	-79	东方体育中心	站台	11		
2017/12/29 19:41:03	-69		列车	11	3	1173
2017/12/29 19:59:37	-53		列车	11	4	1173
2017/12/29 20:01:42	-62	秀沿路	站台	11		
2017/12/29 20:05:12	-72	秀沿路	站台	11		
2017/12/29 20:08:12	-49	秀沿路	站台	11		

图 5-17　非对称的通勤数据

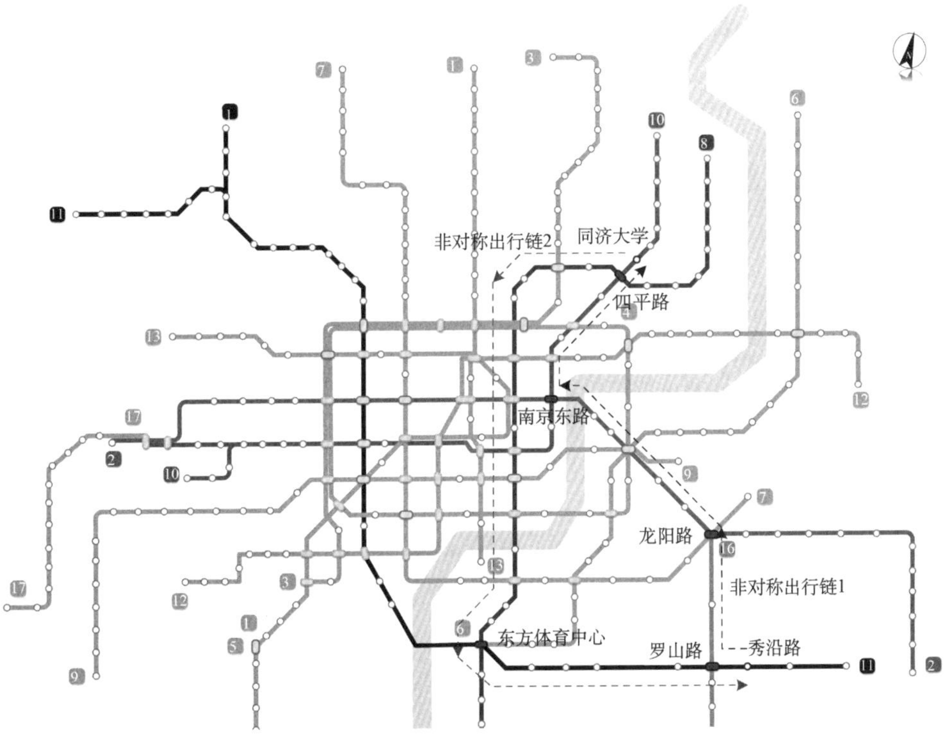

图 5-18　非对称通勤链路路径示例

3. 常旅客数据

常旅客在本书中指“经常性”乘坐轨道交通列车的旅客，这类乘客在 Wi-Fi 嗅探数据上表现为连续多天出现同一个 MAC 地址。绝大多数常旅客更倾向于在多天内的同一时段选择相同的路径出行。

图 5-19 所示为某常旅客 2017.12.29，2018.01.02—2018.01.04 四个工作日在晚高峰时段的出行路径，其中，实线代表有 Wi-Fi 数据被采集到，虚线代表 Wi-Fi 数据未被采集到。该乘客的实际出行路径为：同济大学—10 号线—四平路—8 号线—东方体育中心—11 号线—秀沿路。观察四天的 Wi-Fi 数据可以看出，该乘客每日的出行时间与出行路径都相对固定。

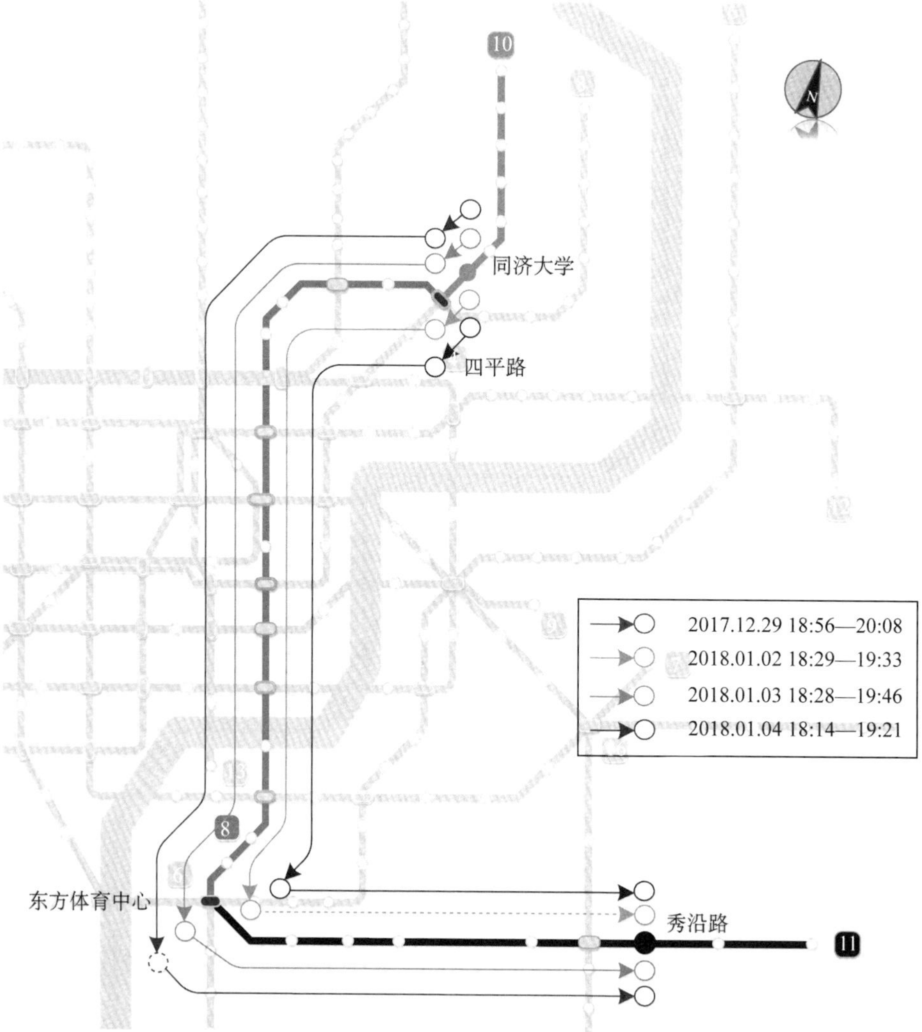

图 5-19 常旅客路径示例

5.2.3 与其他相关数据的融合方法

不同客流检测技术在轨道交通客流检测领域都有其优劣势，即使是都具备数据采集实时性特征的客流检测技术，由于数据采集范围、数据采集量级和数据处理规模的差异，客流分析结果的延时性也存在较大差异。通过各客流检测技术的融合，能够对采集到的客流数据进行相互印证,以提高数据的准确度、提升数据的采集范围、优化数据的分析结果,从而完善轨道交通综合实时客流监测体系,满足网络层、线路层的大客流预警需求,提高大客流预警的效果。

因此,为了满足不同层次需求的城市轨道交通运营管理,需要将 Wi-Fi 嗅探数据接入现有的 TPM 系统、ATS 系统、乘务管理系统、运管平台、GIS 信息、CCTV 系统等专业系统中。研究将 Wi-Fi 嗅探数据与城市轨道交通运营现有的 AFC 技术、热敏传感技术、智能视频分析技术、蓝牙定位技术、手机信令技术和车辆称重技术等多源异构客流监测数据进行融合。下面依次从数据级、特征级和决策级三个层级解析 Wi-Fi 嗅探数据与城市轨道交通多源数据的逐层融合,融合的基本框架如图 5-20 所示。

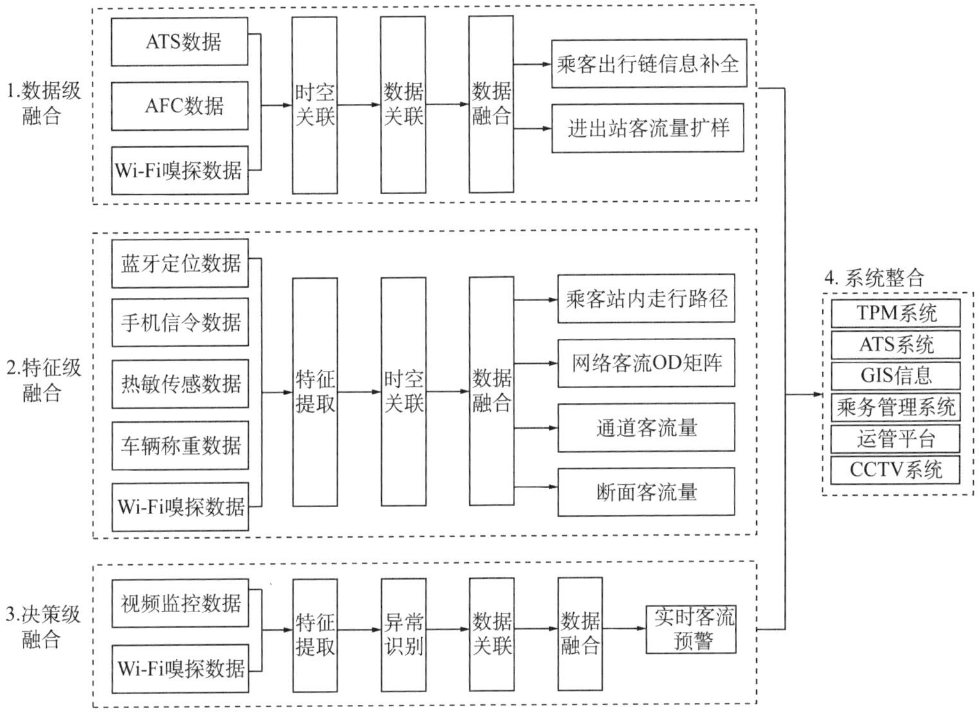

图 5-20 Wi-Fi 数据与城市轨道交通多源数据融合的基本框架

1. 数据级融合

数据级融合是直接在采集到的原始数据层上进行融合,即在各种客流监测技术采集到的原始客流数据未经预处理之前就进行数据的综合分析。

1) 基于 ATS 数据的出行链时空补全

基于 ATS 数据对乘客 Wi-Fi 出行链路数据补全,实现列车运营网络与乘客出行网络的时空匹配,在补全乘客出行链的同时,依据客流需求分布情况可以对现有的列车运行方案进行评估与优化。

2) 基于 AFC 数据的扩样

AFC 系统能够较为精确地获取车站全天进出站客流量数据,因此可以作为 Wi-Fi 嗅探数据客流采集量的扩样基准，以保证 Wi-Fi 客流数据在客流量统计方面的可靠度。同时，基于 Wi-Fi 嗅探数据计算出的各时段 OD 矩阵，能够作为以刷卡数据预测 OD 矩阵的补充。

2. 特征级融合

特征级融合是先对来自各客流监测技术采集到的原始客流数据信息进行特征提取，如乘客出行轨迹、客流 OD 矩阵等，然后对特征信息进行综合分析和处理。

1）协同蓝牙技术的站内走行轨迹校验

分别对采用蓝牙定位技术和 Wi-Fi 嗅探技术采集到的数据信息进行处理，提取出乘客的出行链路信息。同时，针对段内乘客在车站内的走行轨迹，可以协同蓝牙技术进行乘客的轨迹校验和补全。

2）协同手机信令数据的宏观出行量校验

在宏观轨道交通网络出行层面，协同相同时段内手机信令技术采集到的宏观网络客流 OD 特征，对网络出行量进行校验和补全。

3）兼顾热敏传感技术的通道客流量校验

依次提取由热敏传感技术和 Wi-Fi 嗅探技术采集到的车站通道换乘客流量。协同热敏传感技术和 Wi-Fi 嗅探技术，采用加权移动平均的方法，可计算出通道分方向客流数据。

4）兼顾车辆称重技术的断面客流检验

在列车和区间的断面客流量计算方面，协同车辆称重技术，采用加权移动平均的方法，可对列车及车厢满载率进行协同计算。

3. 决策级融合

决策级融合是一种高层次的融合，它以具体决策问题的需求为导向，充分利用从检测对象中提取出来的各类特征信息，如客流量、OD 矩阵、客流密度、客流速度、出行轨迹等，采用关联处理方法进行决策级融合以实现运营决策，主要应用的场景是客流实时预警。

协同视频监控技术的客流实时预警，采用人工智能算法（如神经网络算法、支持向量机算法等）构建视频数据和 Wi-Fi 客流数据与运营异常事件之间的映射关系，实现客流预警决策的智能输出。

5.3 案例分析

本节以上海轨道交通网络为例，选取了三组具有代表性的 OD 组合，对于前述提出的城市轨道交通乘客出行链还原方法在实际应用中的可行性和还原效果进行验证。

5.3.1 案例网络概况

考虑到网络复杂程度对出行链还原结果的影响，本节以某市轨道交通清分路径为依据，根据清分路径的数量，将网络 OD 分为存在单一路径、中等数量路径（2～3 条）和较多路径(3 条以上)三类,并分别选取具有代表性的 OD 组合进行案例分析。由于目前原始 Wi-Fi 数据缺失较为严重,选择单一的 OD 车站数据量较少,因此,本节将具有相同路径选择的车站进行合并以形成车站集合,增加数据量。单一路径选取 1 号线上海火车站以北的车站至 2 号线中山公园以西,虹桥 2 号航站楼以东的车站组成的 OD 组合(以下称为 OD 组合 1),该 OD 仅包含 1 条清分路径,如图 5-21 所示。中等数量路径选取 11 号线曹杨路以北、嘉定新城以南的车站至 10 号线四平路以北的车站组成的 OD 组合(以下称为 OD 组合 2),该 OD 包含 2 条清分路径,如图 5-22 中的路径 1 和路径 2。较多路径选取 11 号线罗山路以东至 10 号线四平路以北的车站组成的 OD 组合(以下称为 OD 组合 3),该 OD 包含 5 条清分路径,如图 5-23 所示。

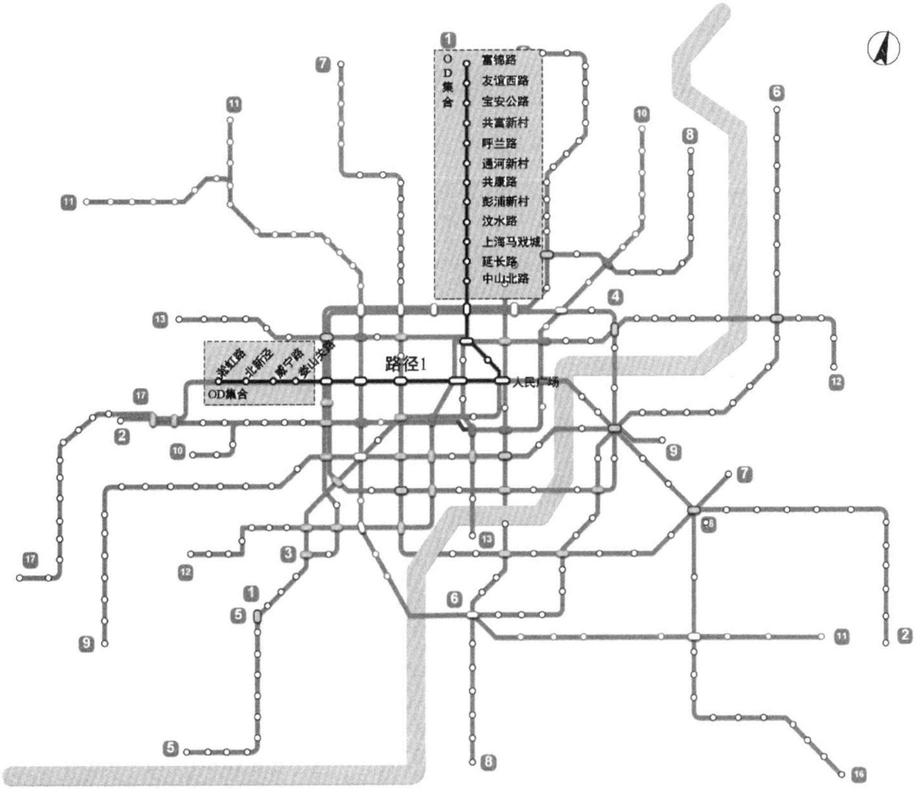

图 5-21 OD 组合 1 及相关路径示意

案例部分涉及的相关输入数据如下:

(1) 原始 Wi-Fi 数据。原始 Wi-Fi 数据为 2017 年 12 月 29 日至 2018 年 1 月 31 日共 34 天的采集数据。需要说明的是,乘客的原始 Wi-Fi 数据已经过脱敏处理,在本节后续分析中使用的均为乘客虚拟 MAC 信息,以确保数据不涉及个人隐私。首先利用全部数据对网络路径集合进行构建并对乘客进出站走行时间进行计算,之后对本节研究 OD 范围内的工作日出行数据进行提取,共提取出 48 890 条符合还原条件的有效轨迹(每条轨迹对应一名乘客的一次出行过程)。

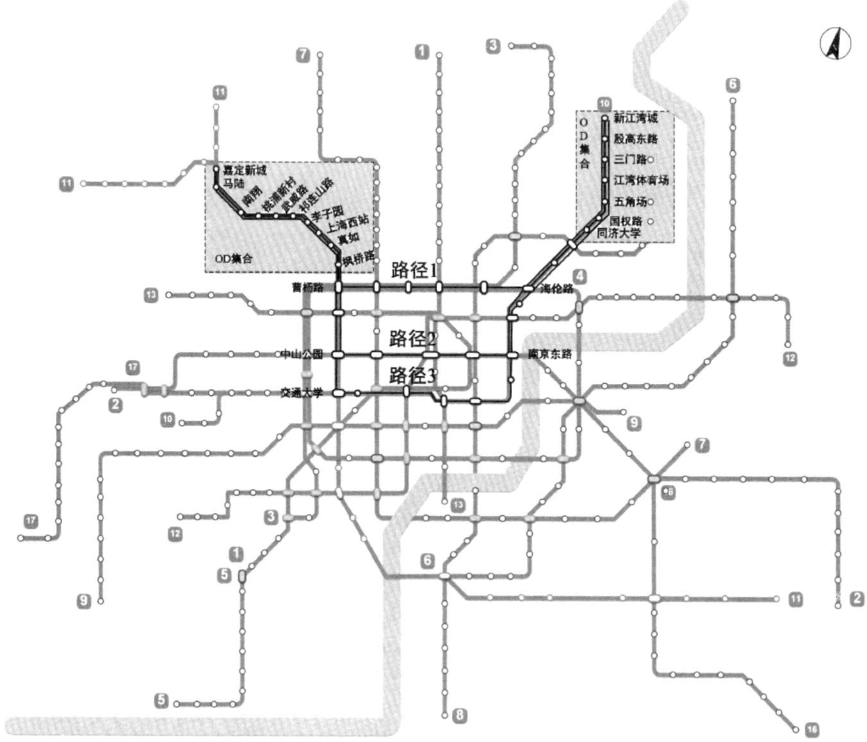

图 5-22　OD 组合 2 及相关路径示意

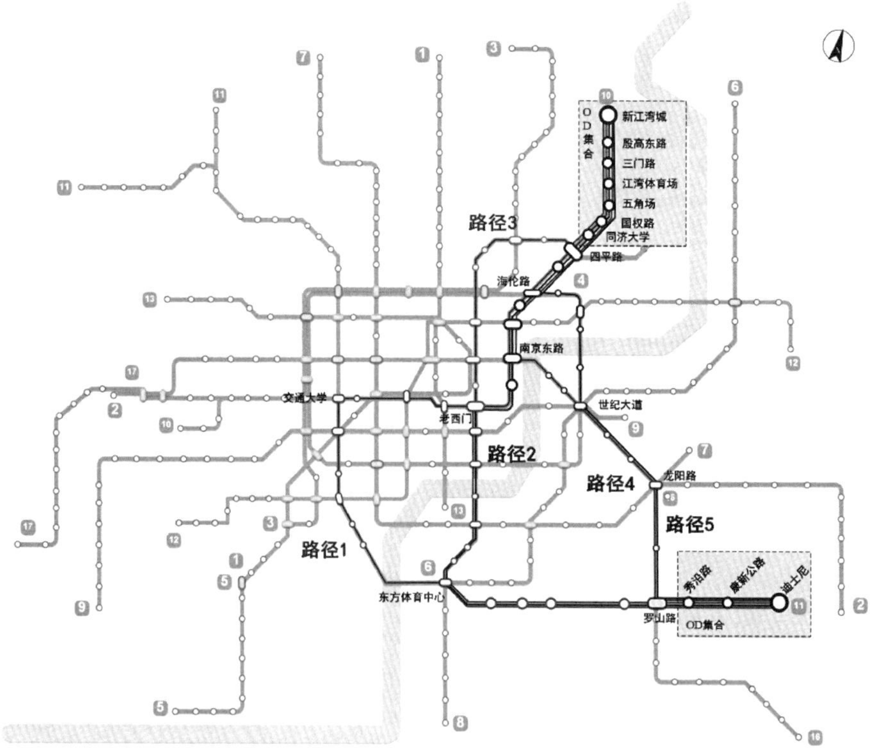

图 5-23　OD 组合 3 及相关路径示意

(2) 网络路径集合。将路径筛选的概率阈值设为 1%。OD 组合 1 共有 24 045 条轨迹匹配到出行路径,在图 5-21 中,路径 1 共找到 23 678 条,占全部路径的 98.47%,剩余路径占比均不超过 1%,根据有效路径筛选规则,可以认为该 OD 组合的常用路径即为由人民广场换乘的一条路径,分析结果与清分路径一致。OD 组合 2 共有 7 850 条轨迹匹配到出行路径,涉及 32 条不同的路径,图 5-22 所示路径 1 和路径 3 共出现 7 112 次,占全部数据的 90.60%,其中路径 3 出现次数占总数据的 53.63%,路径 1 占总数据的 36.97%,而清分路径中的路径 2 仅出现了 55 次,占总数据的 0.70%,其余各条路径的出现次数均不超过 15 次。根据有效路径筛选规则,OD 组合 2 最终生成的路径集合中仅包含路径 1 和路径 3。OD 组合 3 共匹配到 11 条出行路径,图 5-23 中路径 1—路径 5 的采集比例分别为 72.37%,15.98%,5.47%,4.41%和 1.15%,其余路径均只采集到 1～2 条。根据有效路径筛选规则,最终图 5-23 中的 5 条路径均保留,有效路径分析结果与清分路径结果一致。综上所述,各 OD 组合的路径集合如表 5-5 所列。

(3) 列车运行图数据。列车运行图数据采用研究时段范围内的计划运行图数据。

(4) 进出站走行时间数据。单名乘客的进出站走行时间可以由原始 Wi-Fi 嗅探数据计算得到,实际对大量车站的进出站走行时间进行统计后发现,乘客的进出站走行时间具有明显的极端高峰,本节以峰值作为各站进出站走行时间的标准。

(5) 换乘走行时间数据。换乘站站内走行时间数据由该市城市轨道交通运管部门提供。

表 5-5 各 OD 组合常用路径集合

<table>
<tr><th>OD 组合编号</th><th>路径编号</th><th>路径描述</th></tr>
<tr><td>1</td><td>1</td><td>O 站—1 号线—人民广场—2 号线—D 站</td></tr>
<tr><td rowspan="2">2</td><td>1</td><td>O 站—11 号线—交通大学—10 号线—D 站</td></tr>
<tr><td>2</td><td>O 站—11 号线—曹杨路—3/4 号线—海伦路—10 号线—D 站</td></tr>
<tr><td rowspan="5">3</td><td>1</td><td>O 站—11 号线—交通大学—10 号线—D 站</td></tr>
<tr><td>2</td><td>O 站—11 号线—东方体育中心—8 号线—老西门—10 号线—D 站</td></tr>
<tr><td>3</td><td>O 站—11 号线—东方体育中心—8 号线—四平路—10 号线—D 站</td></tr>
<tr><td>4</td><td>O 站—11 号线—罗山路—16 号线—龙阳路—2 号线—南京东路—10 号线—D 站</td></tr>
<tr><td>5</td><td>O 站—11 号线—罗山路—16 号线—龙阳路—2 号线—世纪大道—4 号线—海伦路—10 号线—D 站</td></tr>
</table>

5.3.2 出行链还原结果分析

为了充分验证本书提出的出行链还原方法在不同网络中的适应程度,分别选取了具有代表性的三组 OD 对,这三组 OD 对的网络拓扑结构和时空网络结构复杂程度都是逐层递增的。OD 组合 1 主要验证包含单线复杂交路的简单网络下,出行链还原效果;OD 组合 2 在上述基础上考虑了共线段出行链识别问题;OD 组合 3 主要验证多路径复杂网络下乘客出行链的还原效果。

基于乘客的基本出行习惯与该市轨道交通网络的实际情况,在利用本书提出的出行链还原算法对以上数据链进行还原时,进行了如下规定:

(1) 乘客在所有出行线路上仅存在单方向出行,即不考虑单条线路上反向乘客的情况;

(2) 只有在那些存在复杂交路的线路上采集到两趟列车或虚拟换乘站时,才构建虚拟换乘车站;

(3) 在存在复杂交路的线路上,若判定乘客存在同线换乘行为,则只考虑其在虚拟换乘站进行换乘;

(4) 在共线段上,只有同时采集到两条线路的列车或任意共线段车站时,才构建虚拟换乘站;

(5) 乘客可在共线段上任意车站换乘但最多只换乘一次。

以下分别对三组 OD 组合下的出行链还原结果进行说明。

1. OD 组合 1

OD 组合 1 仅存在 1 条乘客常用出行路径,涉及 1 号线与 2 号线两条列车运行线,两条线路的列车开行方案如图 5-24 所示,其中,1 号线小交路折返站——上海火车站包含在本书研究区段内,可能构成虚拟换乘节点。

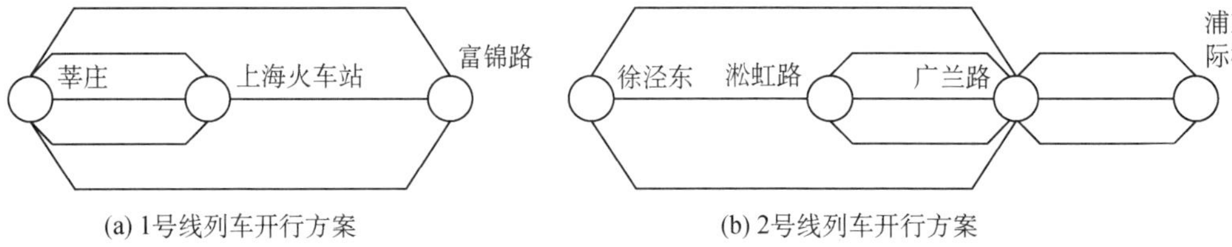

图 5-24 1、2 号线列车开行方案

经过数据清洗与预处理,OD 组合 1 共提取可还原轨迹 36 578 条。经还原后找到可行出行链的轨迹为 26 466 条,占提取轨迹的 72.35%,在全部找到的可行出行链轨迹中,找到两条以下出行链的比例为 73.02%,其中,有 11 409 条轨迹找到唯一出行链,7 917 条轨迹找到 2 条可行出行链。图 5-25 所示分别为 A、B 两名乘客的出行链还原结果,乘客 A 在 1 号线仅采集到一趟列车数据,因此不构建虚拟换乘节点,而在 2 号线列车采集时段内,计划图中有两列车经过该区段,因此共还原到 2 条可能出行链;乘客 B 在 1 号线上采集到两趟列车数据判定为存在共线换乘行为,构建上海火车站虚拟换乘站,在 2 号线列车上尽管未采集到数据,但前、后接续站台上均有数据采集,经还原得到唯一出行链。

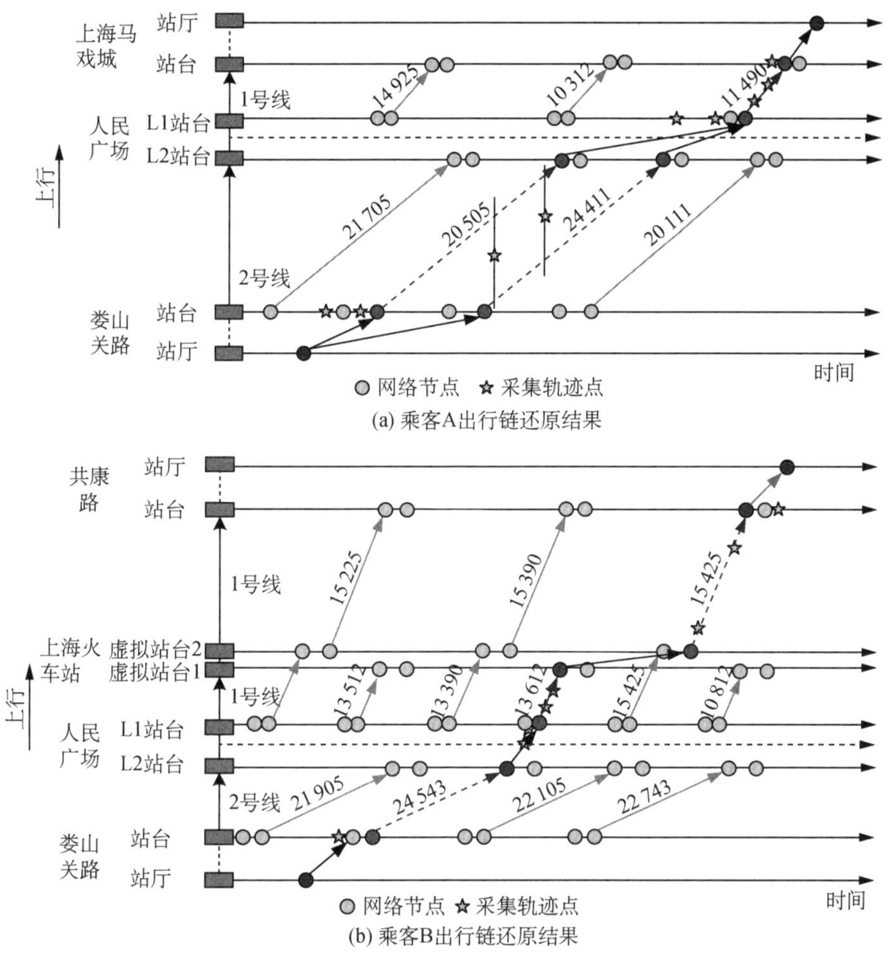

图 5-25 OD 组合 1 出行链还原结果示例

2. OD 组合 2

OD 组合 2 包含两条常用出行路径，其中图 5-26 所示路径包含共线段部分，在共线段上乘客既可选择由曹杨路直接乘坐 4 号线列车到达海伦路，也可选择在曹杨路乘坐 3 号线列车后在共线段任意车站换乘 4 号线列车到达海伦路。

经过数据清洗与预处理，OD 组合 2 共提取可还原轨迹 8 774 条。利用本书提出的出行链还原算法，共有 6 163 条轨迹还原到可行出行链，出行链还原比例为 70.24%，在找到可行出行链的轨迹中，找到两条以下出行链的比例为 72.42%，其中，有 3 399 条轨迹找到唯一出行链，1 064 条轨迹找到 2 条可行出行链。

就共线段换车情况来看，在全部还原轨迹中，在共线段具有换乘行为的乘客约占选择该条路径乘客总数的 23.32%。以图 5-27 为例，根据图中乘客 C 采集到的 Wi-Fi 嗅探数据可以判断该乘客选择在曹杨路和海伦路进行了两次换乘路径，且采集到的 3 号线列车与宝山路站台数据说明该乘客存在共线段换乘行为，因此将宝山路构建为虚拟换乘站，最终还原出一条完整的出行链。

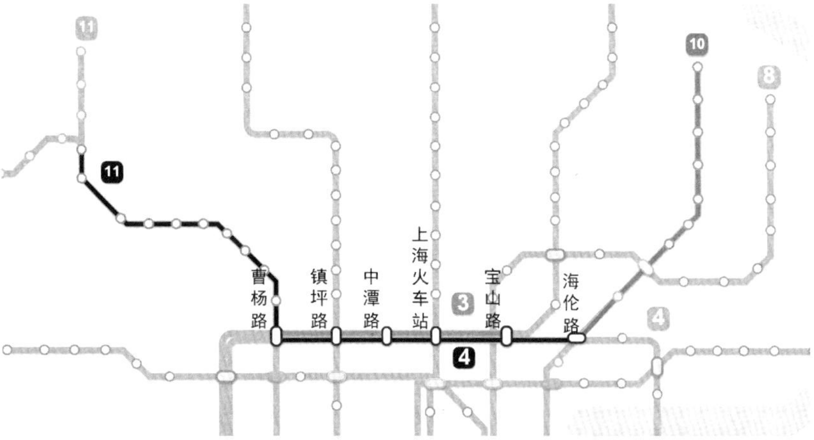

图 5-26 OD 组合 2 路径 2 包含共线段及共线车站说明

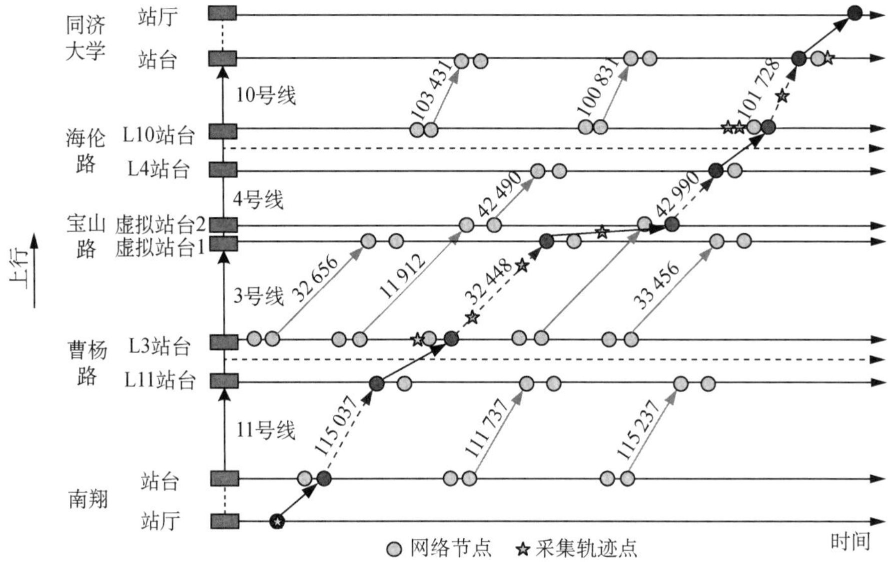

图 5-27 OD 组合 2 出行链还原结果示例

3. OD 组合 3

OD 组合 3 共包含 5 条常用路径，其中 11 号线、10 号线主要列车开行交路如图 5-28 所示。在本书研究区段内，11 号线三林、罗山路及 10 号线江湾体育场均需考虑拆分为虚拟换乘节点。

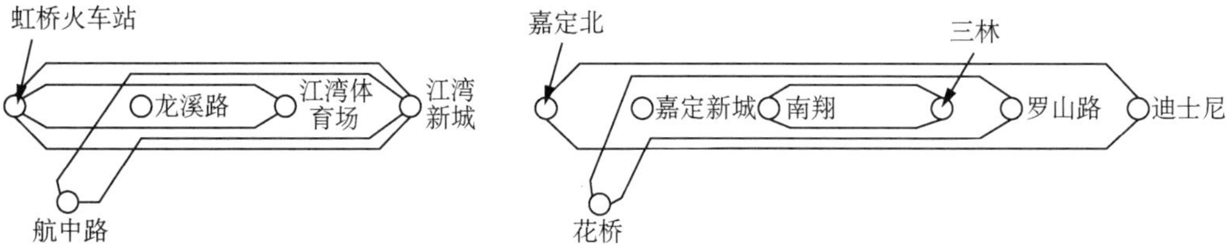

(a) 10号线列车开行方案

(b) 11号线列车开行方案

图 5-28 10、11 号线列车开行方案

OD 组合 3 共提取可还原轨迹 2 790 条，最终还原可行出行链 1 991 条，还原率为 71.36%。在找到可行出行链的轨迹中，找到两条以下出行链的比例为 67.48%，其中，958 条轨迹找到唯一出行链，386 条轨迹找到 2 条可行的出行链。由于网络复杂程度增加，部分数据缺失较为严重的乘客可能会在多条路径上找到多条出行链，图 5-29 中的乘客 D 即为一个典型案例，该乘客在出发与到达时采集到较多轨迹点，但在出行过程中数据缺失较多，最终该乘客在 OD 组合 3 中路径 1 与路径 2 上均还原到可能的出行链。

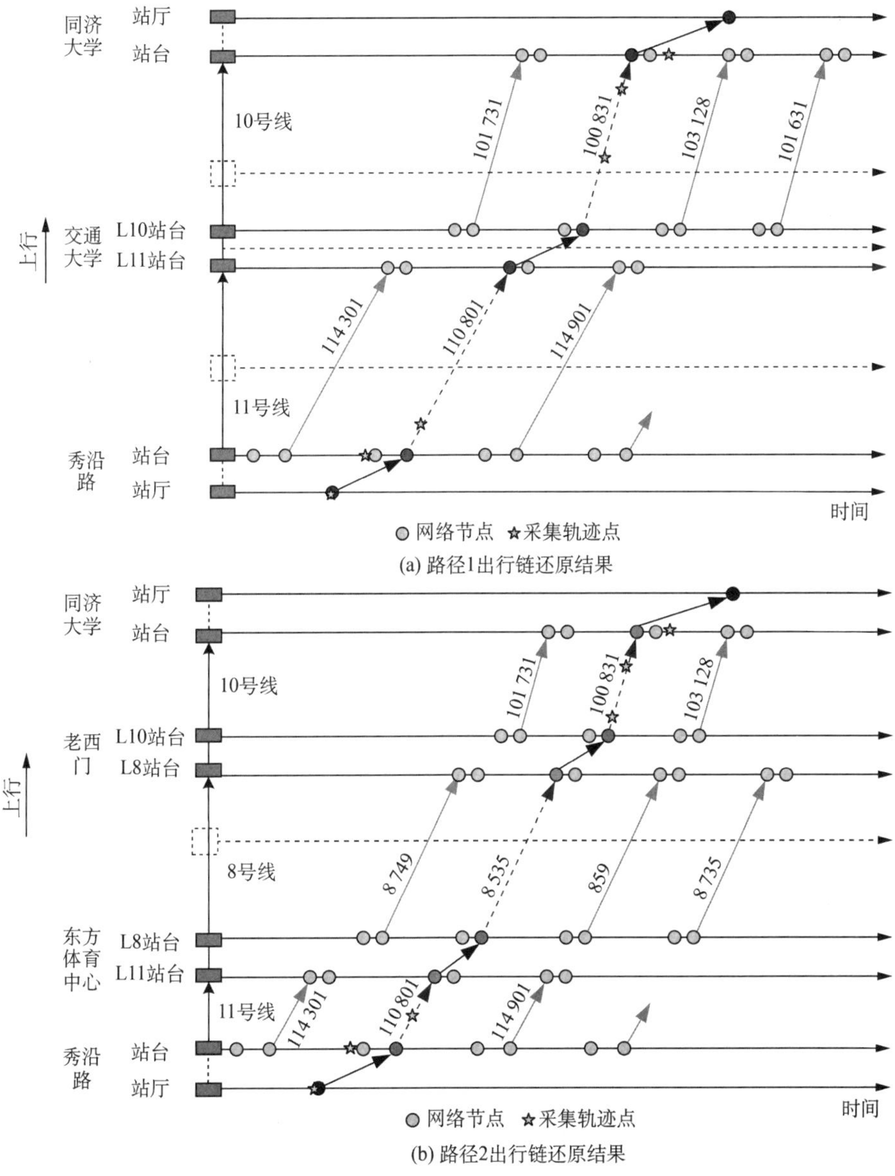

图 5-29　OD 组合 3 出行链还原结果示例

此外，基于唯一出行链还原结果，本书对该 OD 组中各路径的还原数量、路径选择比例进行了统计，结果如表 5-6 所列。

表 5-6 OD 组合 3 中各路径还原数量及比例

路径编号	路径描述	还原数量	路径选择比例
1	O 站—11 号线—交通大学—10 号线—D 站	635	66.3%
2	O 站—11 号线—东方体育中心—8 号线—老西门—10 号线—D 站	158	16.5%
3	O 站—11 号线—东方体育中心—8 号线—四平路—10 号线—D 站	83	8.7%
4	O 站—11 号线—罗山路—16 号线—龙阳路—2 号线—南京东路—10 号线—D 站	71	7.4%
5	O 站—11 号线—罗山路—16 号线—龙阳路—2 号线—世纪大道—4 号线—海伦路—10 号线—D 站	11	1.1%

统计结果显示，换乘次数是影响乘客出行路径选择的最关键因素，换乘次数最少的路径 1 选择比例最高，占总数的 66.3%，在同样经过 2 次换乘的路径 2 和路径 3 中，乘客更愿意在老西门站由 8 号线换乘至 10 号线，而 8 号线是上海城市轨道交通网络中拥挤程度较高的一条线路，相较于 10 号线而言，8 号线旅行舒适度较低，因而列车拥挤程度同样是乘客路径选择过程中的重要标准。

5.3.3 列车断面满载率数据的计算与展示

基于每位乘客的出行时空链，结合计划或实际列车运行图信息，完成乘客与列车的匹配，得到每列车的实时满载率、每个区间断面的实时满载率等指标，并结合网络拓扑结构信息进行展示。图 5-30 所示即为基于 Wi-Fi 嗅探数据计算的列车匹配断面客流，颜色越深，代表断面客流越大。

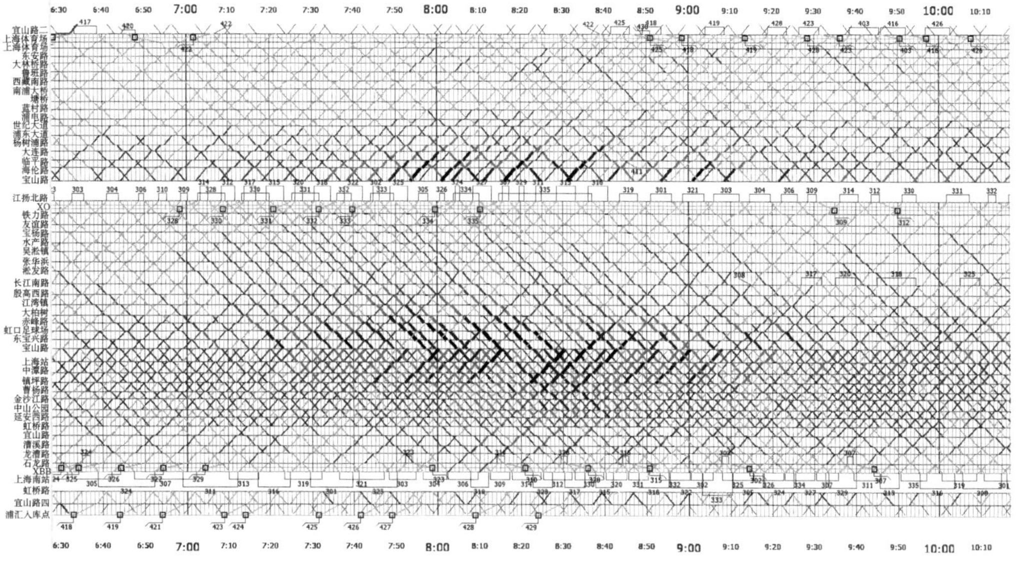

图 5-30 列车能力与断面客流匹配的运行图可视化展现（彩图见附录）

已知列车断面情况，可以计算出各区间各时段的断面客流情况，如图 5-31 所示。

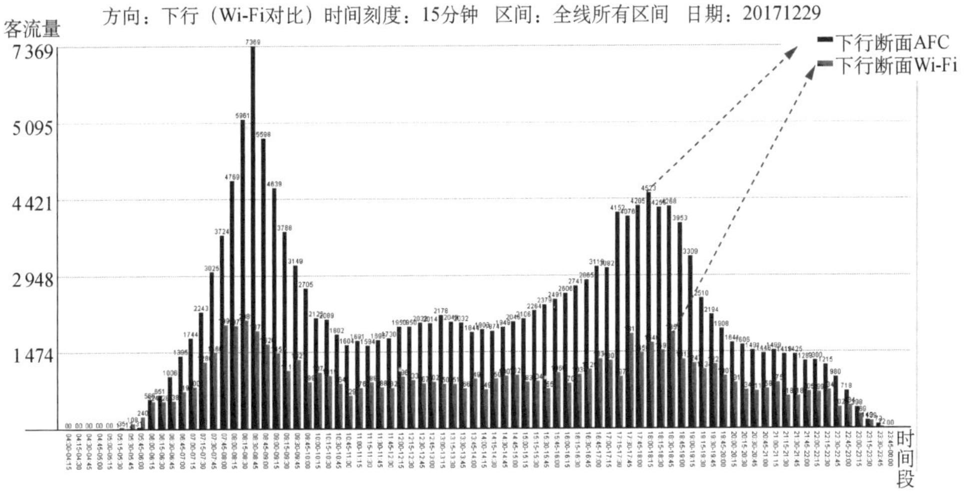

图 5-31 全线所有区间下行方向 AFC 与 Wi-Fi 数据对比

5.3.4 上下车和换乘人数的计算与展示

基于每位乘客的出行时空链，结合计划或实际列车运行图信息，完成乘客与车站内部实施的匹配，计算每列车的下车人数、上车人数和换乘人数等指标，并结合网络拓扑结构信息进行展示。

图 5-32 所示即为某一列车断面上所有乘客的信息，包括该列车断面上乘客的组成（分为车厢客流、在车客流、上车客流和下车客流）及其数量、该列车断面上任意一个乘客所在车厢及其状态，选中某一乘客信息后，还可显示出该乘客当天的所有出行链信息。

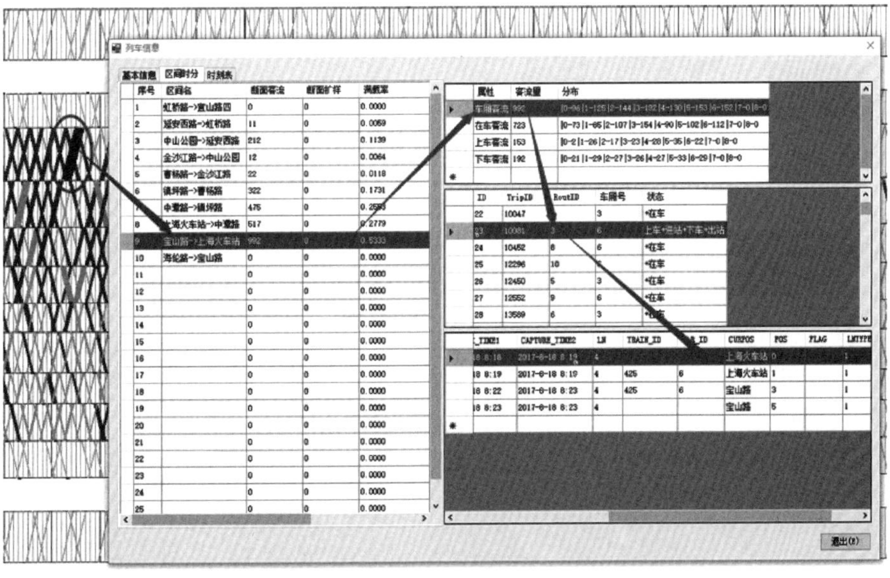

图 5-32 列车断面的客流组成（彩图见附录）

参考文献

[1] 周旻.基于 Wi-Fi 嗅探数据的城市轨道交通乘客出行链还原[D].上海:同济大学，2019.

[2] GU J J, JIANG Z B, SUN Y S, et al. Spatio-temporal trajectory estimation based on incomplete Wi-Fi probe data in urban rail transit network[J]. Knowledge-Based Systems, 2021, 211,106 528.

[3] 文雅,晏克非,成峰.基于出行链的城市客运交通枢纽换乘需求预测模型[J].交通与运输,2005(z1):1-3.

[4] 褚浩然,郑猛,杨晓光,等.出行链特征指标的提出及应用研究[J]. 城市交通，2006,4 (2): 64-67.

6 城市轨道交通大客流预警技术

城市轨道交通客流预警主要有绝对预警和相对预警两类。绝对预警是基于大客流的监测技术，通过比较车站各区域或车厢内的客流量是否已经接近警戒值，并给用户提供警示的方法。由于客流存在时间与空间上的高峰特征，在实际运营过程中，运营人员十分关注当前客流的时空分布与历史规律是否有较大偏差，相对预警是指基于人工智能、机器学习以及聚类等智能算法，挖掘车站在不同运营环境和日期类型下的客流时空分布特征，并根据不同的运营需求建立大客流分级指标及预警阈值，在此基础上，根据实时感知的客流数据识别其异常状态的类型及可能的影响范围和持续时间，进而对车站客流状况进行分级，发布安全预警，确定客流控制方案[1]。本章将重点探讨客流预警的基础理论、历史客流特征的挖掘、车站实时客流异常识别等理论[2]，并对基于 Wi-Fi 嗅探数据的在站实时客流预警案例进行介绍[3,4]。

6.1 客流预警的基础理论

6.1.1 客流预警的分类

城市轨道交通客流预警按照预警目的可以分为交通预警和安全预警；按照客流数据来源可以分为实时预警和预测预警；按照预警报警值的参照标准可以分为以设计标准为依据的预警和以历史同期值为依据的预警。不同类型的客流预警，其预警的目的、特点及适应条件都是不同的，具体如表 6-1 所列。

表 6-1 城市轨道交通客流预警类别对比

分类标准	分类结果	特点	优缺点/适用条件
预警目的	交通预警	以拥挤作为预警状态评判标准	拥挤与人数直接相关，预警可靠性高，适用于城市轨道交通出行路径诱导
	安全预警	以踩踏风险作为评判依据	踩踏受偶然因素影响，预警可靠性较低，适用于城市轨道交通大客流应急处置
客流数据来源	实时预警	以实时监测到的指标作为预警数据基础	可以预警到设备设施层，但同时需要大量精确、可靠的检测设备，其准确性受数据传输速度和效果等影响较大
	预测预警	在实时客流量的基础上进行短时客流预测，具有一定超前性	预警的准确性受到预测模型的影响

（续表）

分类标准	分类结果	特点	优缺点/适用条件
报警值参照标准	以设计标准为依据（绝对预警）	对比城市轨道交通客流指标与相同采集或预测位置的设计标准，若超过一定范围，则进行预警	由于城市轨道交通使用年限很长，原有设计标准未必适合现状设备和客流条件，导致了本方法具有一定的局限性
	以历史同期值为依据（相对预警）	将实际采集或预测到的指标与历史同期值进行对比	克服了对比设计标准的一些缺点，但对于新线开通、节假日等的预警易出现误报情况

6.1.2 客流预警的流程

城市轨道交通客流预警的技术流程如图 6-1 所示。为了实现客流预警，首先需要在城市轨道交通列车、车站等位置安装视频等检测设备，进行客流信息的采集，通过对有效信息的采集、编码、传输、加工和抽取，综合运用信息分析技术，获取城市轨道交通客流的检测值，如流量、密度、速度等；其次，根据预警目的构建客流预警指标体系，并利用客流的检测值或预测值进行计算，划分合适的预警标准，对客流状态进行评估，之后再将评估结果输入决策支持系统，为运营部门提供客流疏导、行车组织、应急救援等方面的决策与措施，同时，利用乘客信息系统(PIS)向乘客发布诱导信息，进而影响客流分布；最后，通过客流信息采集对方案实施后的效果进行分析和评估[5]。整个过程是一个闭环过程。

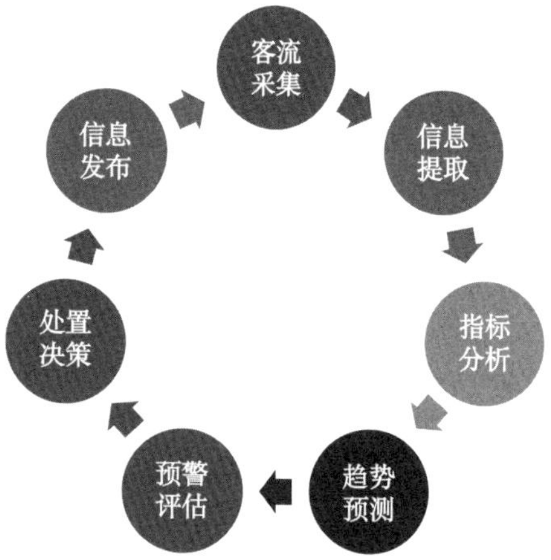

图 6-1 城市轨道交通客流预警技术流程

客流预警应该运用车站实时监测数据，以客流量和客流密度作为关键指标，结合客流秩序，进行客流集聚安全程度的动态评估，实时发布大客流安全警报。根据车站客流拥挤程度和突发事件情况，结合轨道交通日常运营管理和秩序维护工作，将大客流按照强度依次递增分为Ⅲ级（一般）、Ⅱ级（较大）和Ⅰ级（重大）三个级别，分别设定相应的现场指挥和启动条件。客流预测是客流预警的前提和依据，根据预测结果，车站应当及时向公共安全管理部门和轨道交通运营管理部门发出预警和信息报告。客流短时预警，可以利用售检票数据、列车载客情况数据及运输组织计划进行提前 20～30 min 的站点客流输入输出短时预测，结合站点当前的客流安全评估等级，即时发布相应级别的短时预警和信息报告。当发生大客流时，公共安全管理部门和轨道交通运营管理部门应当分别针对客流安全评估等级和预警等级，实施由内而外的三个级别的客流疏导措施。当大客流危险消除时，宣布解除预警，适时终止相关措施。

6.1.3 客流预警的分级

城市轨道交通客流预警的级别划分应以不同级别导致的客伤风险(用客伤事件发生概率表示)以及报警后应当采取的措施为依据,与已有的相关技术标准相统一,并满足各级别之间易区分、易记忆的要求。城市轨道交通客流预警可以采取3级(红、橙、黄)标准或4级(红、橙、黄、绿)标准。客流预警的定级标准因监控预警对象的不同而有所区分。客流规模、客流拥挤的覆盖范围(一般用局部、大面积等表示)、客流滞留比例、客流流动速度等4个指标可以作为城市轨道交通客流预警级别的划分参考依据。对单个设备(如站台)的预警可以用一个或若干个指标进行定级;对整体(如车站)的预警则需要不同设备和不同指标之间的配合,例如,对于城市轨道交通车站,尽管站台拥挤程度一般,但站厅和进站通道的滞留超过一定标准时,该车站仍具有较高的拥挤风险,报警级别应适当提高。对于换乘车站,还需考虑上游车站的站台客流状况,当上游车站达到一定级别的预警时,换乘车站也应根据情况进行相应报警。

借鉴国内外客流预警的相关经验,将城市轨道交通客流预警级别划分为4级,其中第4级为一般性预警,其余3级为操作性预警,具体级别的判定标准则根据预警对象的不同来划分,如表6-2所列。

表6-2 城市轨道交通车站客流预警级别

级别	含义	标志	客伤风险	措施
4级	大客流征兆	进站口客流量持续增加,站厅售票排队持续增加;站台无滞留乘客,通行顺畅	≥60%	一般性预警,站外信息告知和状态监控
3级	局部大客流	进站口客流量持续增加,站厅售票排队持续增加;通行缓慢	≥80%	临时加开列车
2级	大面积大客流	站台有滞留乘客、通行缓慢;站厅客流密度较大;进站口客流量持续增加	≥90%	限流
1级	大客流爆满	站台客流爆满、同时两列车通过后客流无明显减少;站厅客流爆满、进站楼梯口大量排队;进站口客流量持续增加	≥95%	截留

6.1.4 客流预警时空需求分析

城市轨道交通客流预警分为两个过程:客流异常检测与客流风险评估预警。客流异常检测主要挖掘客流异常产生和发展过程中描述异常状态的语义属性,可以概括为4W1H,即异常事件发生时间(When)、地点(Where)、人员(Who)、异常和报警内容(What)和成因(How)。

客流风险评估预警是指在辨识到客流风险的基础上,评估其发生的概率及后果严重程度，对客流风险进行等级评定，以便根据不同的预警等级，采取相对应的客流组织管理措施。结合城市轨道交通客流监测技术，需要从时间、空间、位置、预警对象和预警内容五个方面对客流预警时空需求进行分析，如表 6-3 所列。

表 6-3　城市轨道交通客流预警时空需求

时间	空间	位置	预警对象	预警内容
早、晚高峰时段； 平峰时段； 大型活动的进场和退场高峰； 突发事件发生时	站外	出入口	客流密度、异常行为、身份特征	有多少乘客将在几分钟内到达车站几号口
	站内	站台	客流量、客流密度	车站客流不断聚集，预计几分钟后将在哪些位置发生几级大客流
		楼扶梯	客流密度、客流流速、排队长度	
		安检、闸机	客流密度、排队长度	
		站厅、通道	客流流向、客流密度、客流流速、异常行为	
早、晚高峰时段； 平峰时段； 大型活动的进场和退场高峰； 突发事件发生时	列车	车厢	分方向断面客流量	预计多长时间内将有多少乘客到达，车站无法承载，需启动几级大客流响应

6.1.5　客流预警指标体系

根据城市轨道交通客流预警的应用范围、适应条件及指标的特征，将城市轨道交通客流预警指标划分为承载能力指标、设备能力指标、安全性指标和波动性指标四类，各指标及其适应条件见表 6-4。

(1) 承载能力指标属于城市轨道交通车站整体拥挤水平或安全水平的指标，反映了城市轨道交通车站的乘客聚集量，由于站台上下车处监测困难，实际很难获得准确的车站乘客聚集量，因此该指标适用于预测性预警。

(2) 设备能力指标反映了单个设备上的客流状态，过高的密度、过低的速度均反映了客流的异常状态，流量指标反映了单个设备的能力利用情况，对设备设施流量的监测，不仅要考虑入口断面流量，还要考虑出口断面流量，二者的差值可以反映设备的实际客流占用状况。由于瞬间高密度和持续高密度对城市轨道交通设备的影响有很大区别，因此，将高密度持续时间作为监测指标，该指标也能够支持决策人员对瞬间高密度报警是否需要处置做进一步确认。通行效率反映潜在的乘客拥挤，其定义是乘客实际速度与期望速度的比值，其取值范围为[0,1]，该值越接近 1，表明通行效率越高。

(3) 安全性指标主要反映拥挤造成踩踏事故的可能性。在拥挤的人群中出现速度突变则会极易引发踩踏事故，而这主要由速度变化率来描述。高密度辐射范围则是从拥挤的规模角度反映了人群的安全性，大规模的高密度人群比小规模的高密度人群更易引起事故的发生。

(4) 波动性指标反映了客流规模随时间的变化情况，持续监测城市轨道交通出入口等区域的密度变化率，可以比较准确且及时地判断突发大客流的产生，从而触发突发大客流预警，这对启动大客流预案、保证城市轨道交通的安全运营具有重要意义。

表 6-4 城市轨道交通客流预警指标及适应条件

指标类型	预警对象	指标集合	适应条件
承载能力指标	车站预警	车站客流聚集量	整体车站报警
设备能力指标	设施设备预警	客流参数指标(客流量、客流密度、客流速度)、高密度持续时间、通行效率	拥挤监测
安全性指标	设备预警	速度变化率、高密度辐射范围、人群压力	踩踏事故监测
波动性指标	设备预警	密度变化率	突发客流监测

客流拥挤指标可以由楼梯通道、步行通道(进出站口)、排队、候车区的行人密度和单位宽度流率等指标来定义，如表 6-5 所列。

表 6-5 楼梯通道、步行通道及排队和候车区的服务水平

客流拥挤指数	楼梯通道服务水平		步行通道(进出站口)服务水平		排队和候车区服务水平
	行人密度/(人·m^{-2})	单位宽度流率/[人·$(m^2 \cdot min)^{-1}$]	行人密度/(人·m^{-2})	单位宽度流率/[人·$(m^2 \cdot min)^{-1}$]	行人密度/(人·m^{-2})
A	≤0.71	≤23	≤0.43	≤33	≤1.11
B	0.71～1.11	23～33	0.43～0.71	33～49	1.11～1.43
C	1.11～1.43	33～43	0.71～1.11	49～66	1.43～3.33
D	1.43～2.50	43～56	1.11～2.00	66～82	3.33～5.00
E	>2.50	变量	>2.00	变量	>5.00

6.1.6 客流预警的方法

城市轨道交通系统点多、线长、面广，线路及车站间客流时空联系紧密，大客流的冲击极易引起网络上的连锁反应，给运营安全和乘客出行效率造成极大影响。目前，针对客流异常的严重程度、采取紧急预案的时机和等级判断通常取决于工作人员的工作经验，既缺少对客流趋势的准确把握，又缺乏统一的量化决策标准。如果无法准确、有效地检测和确定客流的异常值，当车站客流激增时，可能会扰乱城市轨道交通的正常运营，这不仅会降低客流组织策略的合理性和灵活性，还会由于没有及时从源头上解决客流异常事件而引发严重的安全事故。因此，客流动态分级预警需要解决的关键研究问题有下面一些：

(1) 依据增量更新的客流时空序列聚类特征，设计出一种能够实时识别出异常发生时刻、位置和严重程度的客流分级预警方法；

(2) 从主动安全管理和出行效率的角度，设计出与客流管控策略相匹配的客流异常监测量化指标、分级报警组合指标集合及阈值。

本书设计的考虑时间序列聚类特征及分级规则的两阶段客流动态预警方法流程如图 6-2 所示。

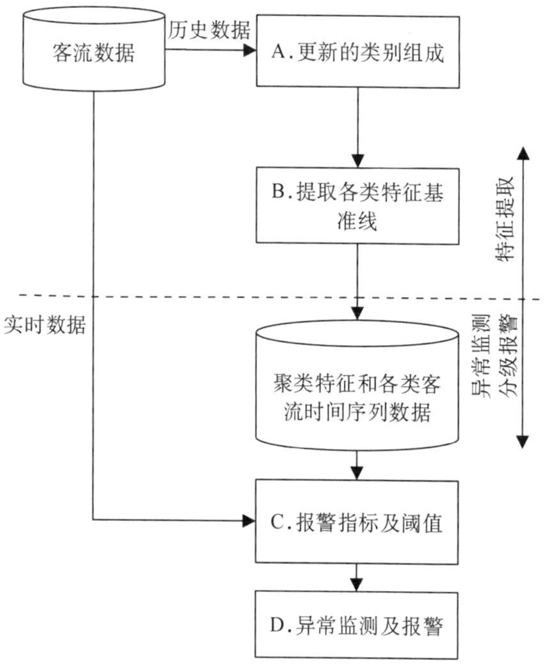

图 6-2　两阶段分级客流动态预警方法流程

图 6-2 所示的分级预警方法包括历史客流数据增量更新的客流时间序列聚类特征提取和实时异常监测及分级报警两个阶段。

6.2　历史客流数据特征提取方法

从车站历史客流数据中提取特征，可以完整、客观地反映车站客流在时间上的常态波动规律。车站历史客流数据特征提取的总体思路如图 6-3 所示。

在对车站客流数据进行融合和预处理的基础上，以运营日为单元，基于客流的规律性对客流特征进行分类，形成客流特征类别集合，在每一类客流特征中进行特征向量的提取，最终得到车站历史客流数据特征向量。同时，鉴于客流监测系统的实时性，还需要考虑不断新增的车站多源数据的影响，采取长短期的历史特征向量更新算法以进行数据更新。本节涉及的相关符号说明如表 6-6 所列。

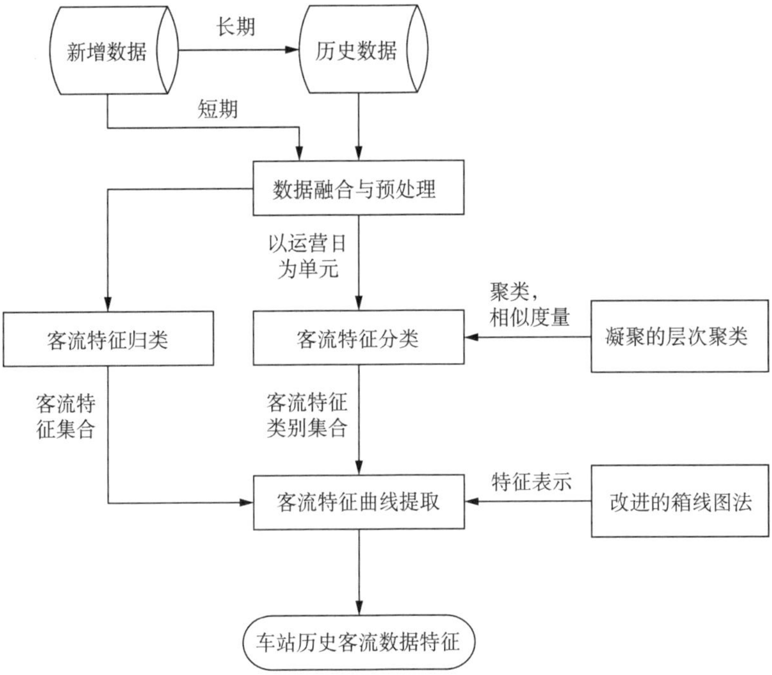

图 6-3 车站历史客流数据特征提取总体流程

表 6-6 历史客流数据特征提取相关符号及说明

符号	说明
Q	客流数据集合
Q_i	运营日 i 的客流数据集合，$Q_i \in Q$； 集合中 $q_i(t) \in Q_i$，$q_i(t)$ 为运营日 i 在 t 时刻的客流值； 实际上客流数据 Q_i^r 包括区域属性 r 和运营日属性 i，而本节历史特征提取方法适用于所有区域，因此，这里不再强调区域属性，仅简写为 Q_i
F	客流特征集合
F_s	特征类别 s 的客流数据集合，$F_s \in F$； 集合中 $Q_i \in F_s$，Q_i 为属于特征类别 s 的某运营日 i 客流数据集合
$F_s(t)$	F_s 集合中提取各运营日 t 时刻的客流值组成的向量； 向量中的元素为 $q_i(t)$
$qu_s^1(t)$	$F_s(t)$ 向量中提取的 1/4 位数
$qu_s^3(t)$	$F_s(t)$ 向量中提取的 3/4 位数
$IQR_s(t)$	$F_s(t)$ 向量中的四分位距，即 $IQR_s(t) = qu_s^3(t) - qu_s^1(t)$
$u_s(t)$	由改进的箱线图法得到的特征类别 s 中 t 时刻的上限特征值； 将 $u_s(t)$ 按照时刻进行排序得到上限特征向量 $\boldsymbol{U}_s$

（续表）

符号	说明
$l_s(t)$	由改进的箱线图法得到的特征类别 s 中 t 时刻的下限特征值； 将 $l_s(t)$ 按照时刻进行排序得到下限特征向量 $\boldsymbol{L}_s$
$a_s(t)$	由改进的箱线图法得到的特征类别 s 中 t 时刻的平均特征值； 将 $a_s(t)$ 按照时刻进行排序得到均值特征向量 $\boldsymbol{A}_s$
$\boldsymbol{A}$	均值特征向量集合，也是短期客流特征归类的特征库，$\boldsymbol{A}_s \in \boldsymbol{A}$
$\boldsymbol{V}_s$	由上限特征向量 $\boldsymbol{U}_s$、下限特征向量 $\boldsymbol{L}_s$、均值特征向量 $\boldsymbol{A}_s$ 组成的特征类别 s 的历史特征向量
$\boldsymbol{V}$	客流数据历史特征向量集合，$\boldsymbol{V}_s \in \boldsymbol{V}$

6.2.1 基于层次聚类的客流特征分类

由于车站客流的规律性，各运营日在不同运营环境下拥有不同的客流特征，只有在具有同一类客流特征的历史数据中进行特征向量提取，才会对拥有相同客流特征的实时客流的异常识别有参考价值。

因此，在历史数据特征向量提取之前，需要将客流数据集合 Q 以运营日为单元进行客流特征分类，得到客流特征集合 F，如图 6-4 所示。鉴于客流趋势的一致性，对于客流特征分类可以选用车站的在站客流数据进行计算。

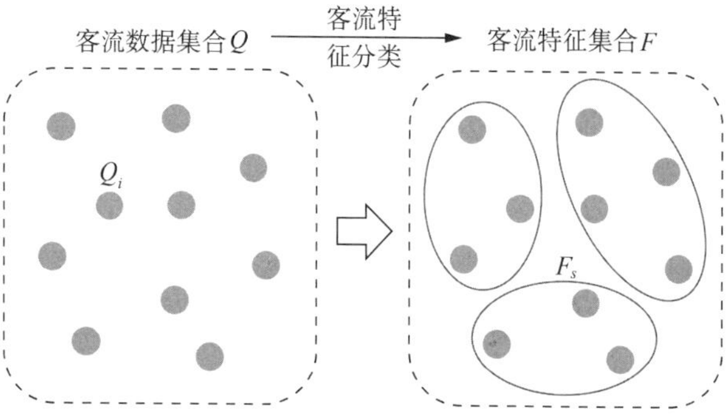

图 6-4　客流特征分类示意

1. *凝聚层次聚类计算*

由于客流特征分类是基于客流的规律性，因此，基于相似度的聚类方法更适用于客流特征分类，同时，考虑到无法预先知晓客流特征类型的数量，这里采用无监督的凝聚层次聚类法进行聚类。

凝聚层次聚类算法的步骤如下：

步骤 1：将每个运营日的客流数据 Q_i 视为一个类别 C_i；

步骤 2：计算任意两个类别 C_i，C_j 之间的距离 $d(C_i, C_j)$，若 $d(C_i, C_j)$ 越小，则

C_i，C_j 之间的相似度越高；

步骤 3：找出相似度最高的两个类，并将这两个类合并成一个新的类别；

步骤 4：计算现有类别中任意两个类之间的距离；

步骤 5：重复步骤 3，继续合并相似度最高的类，直到最终所有客流数据合并为一个大类。

其中，考虑到每个运营日的客流数据是长度相等的时序数据，因此，步骤 2 中衡量客流数据 Q_i，Q_j 的相似度 $d(Q_i, Q_j)$ 可以采用欧氏距离法，计算如式(6-1)所示：

$$d(Q_i, Q_j)=\sqrt{\sum_{t}^{T}(q_i(t)-q_j(t))^2} \tag{6-1}$$

式中 Q_i，Q_j —— 运营日 i 和运营日 j 的客流数据；

$q_i(t)$，$q_j(t)$ —— 运营日 i 和运营日 j 在 t 时刻的客流量，$t \in T$；

T —— 有效运营时段的时长，即客流数据的长度。

对于两个类别 C_1，C_2 之间相似度的计算，又有以下四种方式。

(1) 最小距离。以两个类别 C_1，C_2 中距离最小的 2 天数据之间的距离作为 $d(C_1, C_2)$，如式(6-2)所示：

$$d_{\min}(C_1, C_2)=\min_{x\in C_1,\ y\in C_2} d(x, y) \tag{6-2}$$

(2) 最大距离。以两个类别 C_1，C_2 中距离最大的 2 天数据之间的距离作为 $d(C_1, C_2)$，如式(6-3)所示：

$$d_{\max}(C_1, C_2)=\max_{x\in C_1,\ y\in C_2} d(x, y) \tag{6-3}$$

(3) 重心距离。以两个类别 C_1，C_2 中的重心 m_1，m_2 之间的距离作为 $d(C_1, C_2)$，如式(6-4)所示：

$$d_{\text{centroid}}(C_1, C_2)=d(m_1, m_2) \tag{6-4}$$

(4) 平均距离。以两个类别 C_1，C_2 中所有数据之间距离的均值作为 $d(C_1, C_2)$。这种方法计算量比较大，但结果更为合理，因此，这里也采用平均距离进行计算。其中，n_1，n_2 分别为类别 C_1，C_2 中数据的数量，如式(6-5)所示：

$$d_{\text{avg}}(C_1, C_2)=\frac{1}{n_1 \cdot n_2}\sum_{x\in C_1}\sum_{y\in C_2} d(x, y) \tag{6-5}$$

2. 聚类结果整理

凝聚层次聚类的结果常用树状图表示，树状图中每一个末端分支都是一个数据，随着数据不断合并，分支不断减少，分支的高度代表相连分支之间的距离。一般来说，最佳的聚类数量为距离最大区域内的分支数量，相同颜色的分支即为同一类别，如图 6-5 所示。

然而，实际中车站客流情况往往比较复杂，单纯从数学角度计算最佳聚类数未免过于

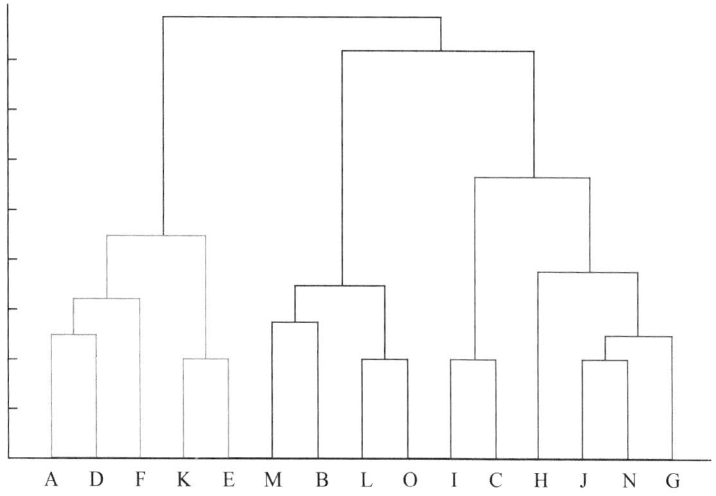

图 6-5 聚类结果树状图

僵化，鉴于客流的波动情况往往和运营环境紧密相关，因而客流特征集合 F 中元素 F_s 数量的确定应当结合运营环境数据进行考虑，顺着树状图自上而下重新整理聚类结果，从而得到最终的客流特征集合 F。聚类结果整理原则如下。

1）数量适中原则

为了体现不同类别之间较为显著的差别，最终客流特征集合 F 中元素 F_s 的数量不宜过多；同时，同一特征类别 F_s 内客流数据 Q_i 的数量不宜过少，否则，该类别下样本数量不够，历史特征向量的提取易发生偏差。

2）类别代表性原则

结合不同运营日下的运营环境条件，选取具有代表性的客流特征作为一类，例如特殊节假日或重要大型活动等。

3）数据剔除原则

当特征类别中客流数据 Q_i 的数量过少、客流特征较为特殊时，可以暂时剔除该类别中的客流数据 Q_i，或将客流数据 Q_i 归于“其他”类别，待客流数据不断累积并再次进行客流特征分类后，这些落单的客流数据可能会与新增数据合并，产生新的客流特征类别。

6.2.2 基于改进的箱线图法的历史数据特征向量提取

在获得客流特征集合 F 后，需要在同类别的客流特征集合 F_s 中提取出能够反映这一类特征类别 s 的客流数据波动规律。受到时间序列特征表示方法中分段聚合近似表示的启发，可以在 F_s 集合中提取各运营日 t 时刻的客流值组成向量 $\boldsymbol{F}_s(t)$，将 $\boldsymbol{F}_s(t)$ 中提取的特征值作为 t 时刻下的特征值，所有时刻的特征值按时间排序即组成了特征类别 s 的历史特征向量 $\mathbf{V}_s$，进一步得到所有特征类别的历史数据特征向量集合 $\mathbf{V}$。

因此，如何从向量 $\boldsymbol{F}_s(t)$ 中提取特征值，确定 t 时刻正常客流值的波动范围即为历史特征向量提取的重点，常用的方法有均方差法和箱线图法。其中，均方差法计算简单，易于理解，但仅适用于正态或近似正态分布的样本数据处理，且样本数据量需要充分大，当样本数据量较少时，参数的计算容易受到极端值的影响；而箱线图法不需要数据服从某种特定分布，对样本的数据量也没有很高的要求，且参数的计算基于四分位数，具有一定的鲁棒性，不容易受到极值的干扰。二者对比而言，箱线图法适用范围更加广泛，因此，本节采用箱线图法进行历史特征向量的提取。

1. 箱线图法的原理

箱线图，又称箱形图或盒须图，是一种用作显示一组数据分散情况的统计图。箱线图法的基本原理如图 6-6 所示。

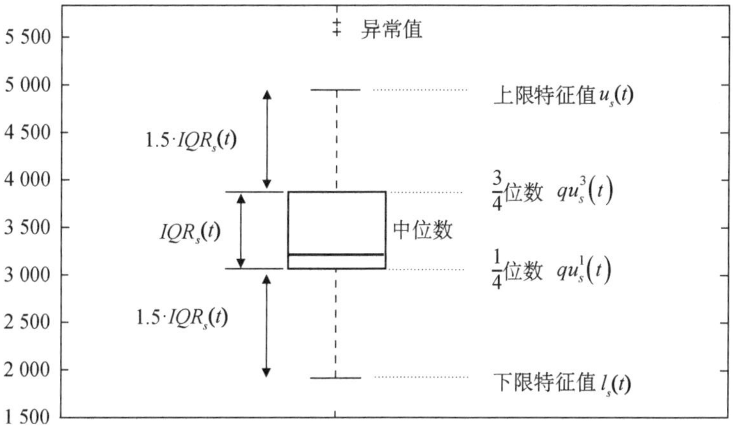

图 6-6 箱线图法示意

向量 $\boldsymbol{F}_s(t)$ 包括了特征类别 s 中各运营日在 t 时刻的客流值 $q_i(t)$，将所有客流值从小到大排列可得 1/4 位数 $qu_s^1(t)$、3/4 位数 $qu_s^3(t)$，t 时刻下的四分位距 $IQR_s(t)$（Inter-Quartile-Range，IQR）即为 $IQR_s(t)=qu_s^3(t)-qu_s^1(t)$，定义：上限特征值为 $u_s(t)=qu_s^3(t)+1.5\cdot IQR_s(t)$，下限特征值为 $l_s(t)=qu_s^1(t)-1.5\cdot IQR_s(t)$，超出上、下限范围 $[l_s(t),\ u_s(t)]$ 的数据即可认为是异常值。

从标准正态分布曲线及客流数据分布概率来看，向量 $\boldsymbol{F}_s(t)$ 中的任一客流值 $q_i(t)$ 位于四分位距内的概率为 50%，位于上、下限范围 $[l_s(t),\ u_s(t)]$ 的概率为 99.3%，而位于上、下限范围外的概率仅为 0.7%，因此，那些偏离正常上下限范围、分布概率极小的客流值可以视作异常值，如图 6-7 所示。

2. 改进的历史客流数据特征向量提取

1）正常数据分布范围的定义

在常规的箱线图法中，上、下限范围内对应的数据分布概率是 99.3%，然而，对于实际运营环境而言，不同车站或者车站内不同区域对于正常数据分布概率要求可能存在差别，而上、下限范围内对应的数据分布概率为定值的做法不够灵活，因此需要进行改进。

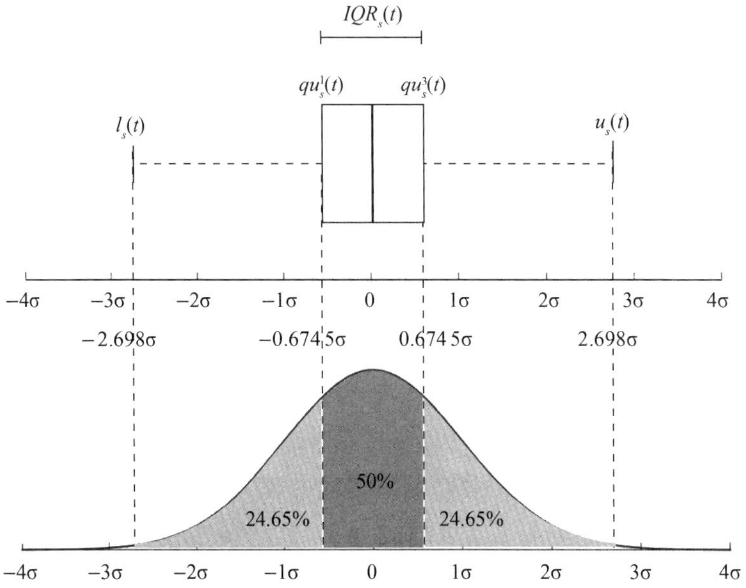

图 6-7　标准正态分布曲线及客流数据分布概率

箱线图法中定义正常数据的分布范围即为上、下限特征值的范围 $[l_s(t),\ u_s(t)]$，上、下限特征值的计算主要依靠四分位距 IQR 的倍数，将常规的 IQR 的倍数 1.5 设为系数 m，通过设定 m 的取值可灵活计算上、下限特征值，而 m 的取值又与数据分布概率存在函数关系。因此，数据分布概率即为定义正常数据分布范围的关键参数，这里将数据分布概率由固定的 99.3%改为变量 P，可以根据车站客流管理对数据分布概率的不同需求，设定变量 P 的取值，再根据函数关系计算出 IQR 的倍数 m，进而计算出上、下限特征值，得到正常数据的分布范围 $[l_s(t),\ u_s(t)]$，数据分布概率 P 也将成为后续异常识别的重要参数。

IQR 的倍数 m 与数据分布概率 P 的函数关系如式(6-6)—式(6-8)所示：

$$\Phi(x)=\frac{1}{\sqrt{2\pi}}\int_{-\infty}^{x}\mathrm{e}^{-\frac{t^2}{2}}\,\mathrm{d}t \tag{6-6}$$

$$P=2\Phi(x)-1 \tag{6-7}$$

$$x=0.674\,5+1.349m \tag{6-8}$$

其中，式(6-6)为标准正态分布的分布函数 $\Phi(x)$；式(6-7)为数据分布概率 P 与分布函数 $\Phi(x)$ 的关系式；式(6-8)为变量 x 与 IQR 的倍数 m 的关系式，参数由 $P(x=0.674\,5)=50\%$ 得来，如图 6-7 所示。

2）特征向量的提取

在正常数据分布范围定义完毕后，可以得到客流数据波动的上限特征和下限特征，然而，反映正常数据的一般波动特征尚存空白。常规箱线图法中，会提取向量 $\boldsymbol{F}_s(t)$ 的中位数，如图 6-6 所示，而中位数体现的是一组数据的中等水平，却不能反映平均水平，因此，对于正常数据一般波动特征的提取应由中位数改为平均数。鉴于平均数的计算易受极端值的影响，在计算 t 时刻的平均特征值时，需要根据正常数据分布范围先把异常值剔除，只需要考虑位于上、下限特征值范围 $[l_s(t),\ u_s(t)]$ 的数据。

综上所述，向量 $\boldsymbol{F}_s(t)$ 的特征值计算公式如式(6-9)—式(6-11)所示：

$$u_s(t) = qu_s^3(t) + 1.5 \cdot IQR_s(t) \tag{6-9}$$

$$l_s(t) = qu_s^1(t) - 1.5 \cdot IQR_s(t) \tag{6-10}$$

$$a_s(t) = \frac{\sum q_i(t)}{n_q(t)} \tag{6-11}$$

其中，式(6-9)为 t 时刻上限特征值 $u_s(t)$ 的计算公式；式(6-10)为 t 时刻下限特征值 $l_s(t)$ 的计算公式；式(6-11)为 t 时刻平均特征值 $a_s(t)$ 的计算公式，式中，$q_i(t) \in Q_i$，$Q_i \in F_s$，$l_s(t) \leqslant q_i(t) \leqslant u_s(t)$，$n_q(t)$ 为上、下限特征值范围内客流数据 $q_i(t)$ 的数量。

将各时刻的求得的特征值按时间进行排序，即可得到客流特征类别向量 $\boldsymbol{F}_s(t)$ 的上限特征向量 $\boldsymbol{U}_s$、下限特征向量 $\boldsymbol{L}_s$ 和均值特征向量 $\boldsymbol{A}_s$，三类特征向量反映在图上即为三条特征曲线，如图 6-8 所示。

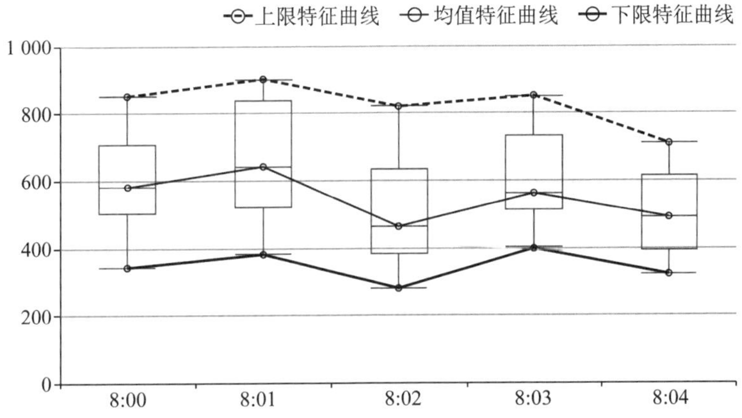

图 6-8 特征曲线示意

6.2.3 基于长短期的历史客流数据特征更新算法

随着时间的推移，城市在不断发展，轨道交通网络也在进一步扩大，行车计划时常变更，这一系列因素都会对城市轨道交通的客流造成影响。同样地，车站的客流特征也不是一成不变的，随着城市轨道交通网络的变化和乘客出行需求的变化，车站客流也有可能产生新的特征，因此，如何有效地更新历史客流特征也是车站历史客流数据特征提取中的重要一环。

在拥有一定规模的历史客流数据 Q 并提取了相应客流特征 F 的情况下，短时间内新增的客流数据 ΔQ_i 难以体现出新的客流特征，进行客流特征分类和历史客流数据特征向量提取工作也不足以对聚类结果和特征值产生重大影响。考虑到聚类分析复杂的计算量,每天都对新增的客流进行客流特征分类和历史客流数据特征向量提取是不明智的,不仅严重占用了计算资源,还增大了维护管理的工作量。因此,本书提出了一种基于长短期的历史客流数据特征更新算法,具体分为三个模块:短期客流特征归类($\Delta Q_i \rightarrow F_s$)、长期客流特征聚类($Q \rightarrow F$)和历史客流数据特征向量更新($\boldsymbol{F} \rightarrow \boldsymbol{V}$),结合三个模块的更新频率,历史客流数据特征更新算法的流程如图 6-9 所示。

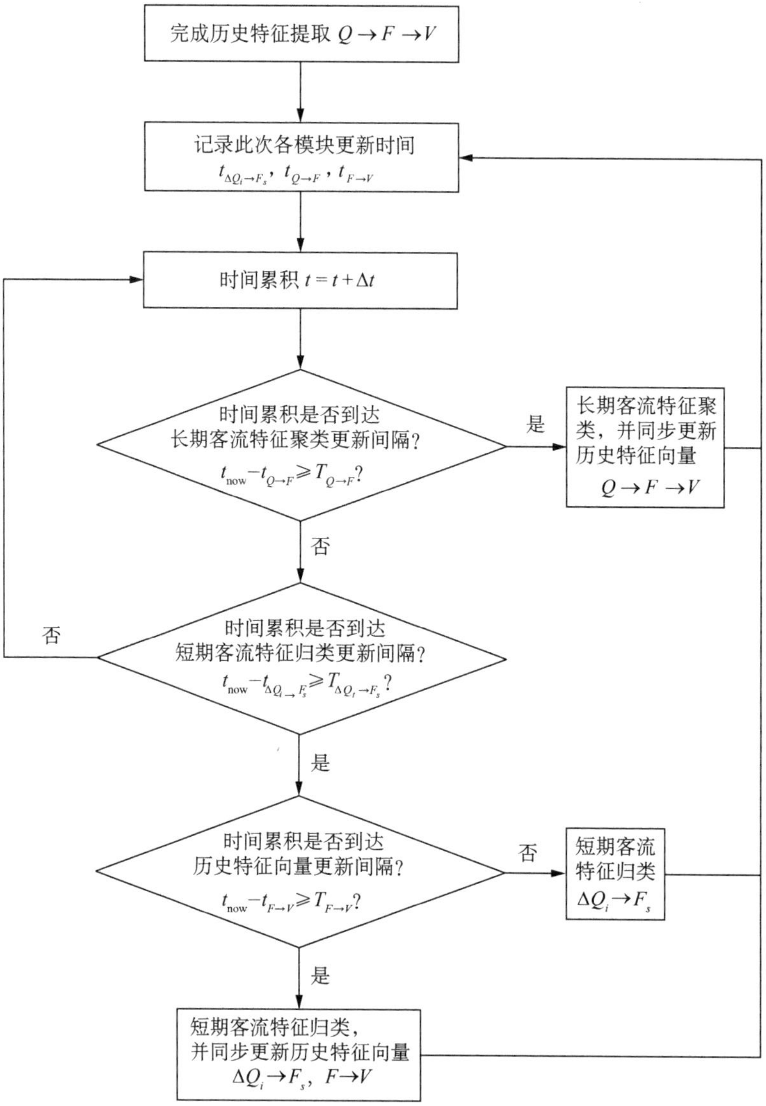

图 6-9 历史客流数据特征更新算法流程

1. 短期客流特征归类

短期客流特征归类的目标是将短期内产生的新增客流数据 ΔQ_i 与已有的各个客流特征类型 F_s 中提取的均值特征向量 $\boldsymbol{A}_s$ 进行比对,按照客流数据的相似度,将新增数据归在最为相似的客流特征类别下，因此该过程记作 $\Delta Q_i \rightarrow F_s$。

由于短期产生的客流数据量远远少于历史客流数据量，故无法对客流特征分类的结果造成显著影响，只需直接将其与已有客流特征类型的历史均值特征向量进行相似度计算，并按照相似度进行归类，不仅可以充分利用新增数据，还能够避开聚类分析复杂的计算工作，即使短期内客流特征归类有误，也能便于进行快速调整。考虑到时效性，短期客流特征归类的更新频率宜为每天更新。

短期客流特征归类（ $\Delta Q_i \rightarrow F_s$ ）的具体步骤如下：

步骤 1：抽取当前所有客流特征类型 F_s 的均值特征向量 $\boldsymbol{A}_s$ 组成特征库 $\boldsymbol{A}$；

步骤 2：对新增车站多源数据进行融合与预处理，得到新增客流数据 ΔQ_i；

步骤 3：将每一天有效的新增客流数据 ΔQ_i 与特征库内的均值特征向量 $\boldsymbol{A}_s$ 进行相似度 $d(\Delta Q_i, \boldsymbol{A}_s)$ 计算，将相似度最大的均值特征向量 $\boldsymbol{A}_s$ 所对应的客流特征类型 F_s 作为该运营日客流数据的客流特征。

2. 长期客流特征聚类

短期客流特征归类虽然计算简便，但并不能突破原有客流特征集合 F' 的限制。当新增客流数据 ΔQ_i 累积到一定程度，车站客流很有可能会产生新的客流特征类别 ΔF_s，此时，需要利用所有有效客流数据 Q 进行新一轮的聚类分析，并重新进行聚类结果的调整，得到新的客流特征集合 F。因此，该过程记作 $Q \rightarrow F$。考虑到季节变化有可能会对客流造成影响，长期客流特征聚类的更新频率宜为每季度一次。

长期客流特征聚类（ $Q \rightarrow F$ ）的具体步骤如下：

步骤 1：将新增车站多源数据归入历史车站多源数据中，并对所有数据进行融合与预处理，得到以运营日客流数据 Q_i 为元素的客流数据集合 Q；

步骤 2：将所有客流数据 Q 进行凝聚的层次聚类，并针对聚类结果进行整理；

步骤 3：将新的客流特征集合 F 与原有客流特征集合 F' 进行对比，若发现新的客流特征 ΔF_s 在近期一段时间均保持稳定时，可酌情淘汰掉原有同类型的旧特征，其所对应的运营日客流数据仅在本轮聚类中予以舍弃。

其中，步骤 1 和步骤 2 是基本客流特征分类操作，步骤 3 中淘汰旧特征的步骤则是在数据更新的过程中需要考虑的问题。假设在季节变化后车站工作日的客流量有明显提升，待一段时间客流量稳定后，工作日均呈现出客流量提升后的客流特征，那么，客流量提升前原工作日的客流特征可酌情淘汰，新季度参考的客流特征则以最新的结果为准。但对应的原工作日客流数据仅在本次聚类中予以舍弃，因为季节性的客流变化常以年度为单位，上一季度的客流特征不一定能够作为新一季度实时客流的参考，但很有可能可以作为下一年同期的客流参考，因此，每次进行长期客流特征聚类时，都需要将目前为止所有的有效数据进行聚类。

此外，当城市轨道交通线网结构发生变化、行车计划有大幅度调整时，容易吸引或被带走一部分本车站的客流，因此需要在外部条件发生明显变化并累积了一定数量的客流数据后，及时进行客流特征的聚类分析。由于数据融合与预处理过程中，客流数据的平滑处理需要参考列车运行间隔时间，那么在列车运行图发生重大调整后，新增的多源数据也需要按照新的平滑参数进行处理。

3. 历史客流数据特征向量更新

在客流特征集合 $\boldsymbol{F}$ 或某一特征类别 $\boldsymbol{F}_s$ 发生改变后，针对客流特征集合 $\boldsymbol{F}$ 提取的历史客流数据特征向量 $\boldsymbol{V}$ 也会随之发生变化，因此，历史客流数据特征向量更新的过程也记作 $\boldsymbol{F} \rightarrow \boldsymbol{V}$。

同样地，少量的新增客流数据 ΔQ_i 对客流特征集合 $\boldsymbol{F}$ 的影响较小，难以对提取的历史客流数据特征向量 $\boldsymbol{V}$ 造成重大改变，而长期不更新历史特征向量 $\boldsymbol{V}$ 又不能及时反映客流特征集合 $\boldsymbol{F}$ 的变化，因此，历史特征向量也需要有相应的更新机制。

在长期客流特征聚类结束后，客流特征集合 $\boldsymbol{F}$ 必然发生较大的变化，此时需要同步更新历史客流数据特征向量 $\boldsymbol{V}$；然而在未达到长期客流特征聚类的节点前，也需要考虑一定量的新增客流数据 ΔQ_i 对历史客流数据特征向量 $\boldsymbol{F}$ 的更新，在达到历史客流数据特征向量的更新节点时，当天短期客流数据归类完毕后，也应当同步更新历史客流数据特征向量 $\boldsymbol{V}$。考虑到大部分乘客在日常生活中，工作与休息的交替通常以一个星期为周期，因此，历史客流数据特征向量的更新频率也以每周一次为宜。

6.3 车站实时客流异常识别

6.3.1 车站实时客流异常识别框架

车站实时客流异常识别的目标就是基于客流指标体系和车站客流的历史特征，将获取到的实时客流数据进行指标计算和分级异常识别，并根据分级异常识别标准，识别出客流异常的类型与异常的程度，识别框架如图 6-10 所示。无异常时，继续监测，有异常时，进行分级异常提醒，从而给车站管理人员提供辅助决策。

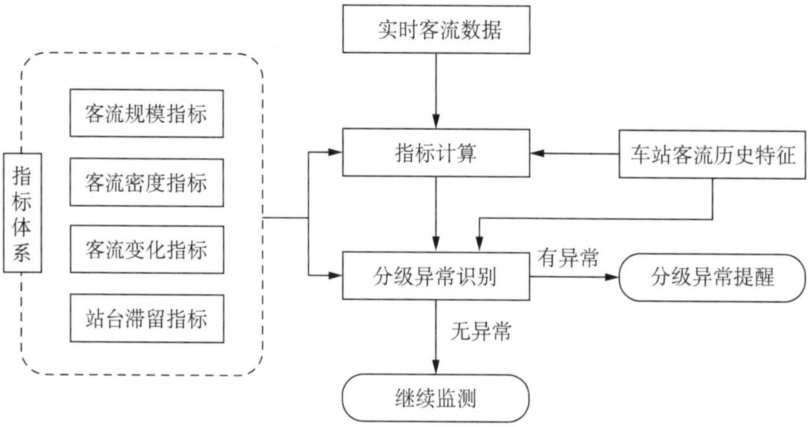

图 6-10 车站实时客流异常识别框架

6.3.2 车站实时客流异常识别原则

由图 6-10 所示的车站实时客流异常识别框架可知，车站客流异常识别的重点在于实时客流异常识别指标的制订和计算，以及实时客流的分级异常识别。为了保证车站实时客流异常识别指标的制订、计算以及分级异常识别设计的合理性和科学性，车站实时客流异常识别应满足以下原则。

(1) 指标的针对性原则。实时客流异常识别指标所反映的客流状态应具有针对性，能够切实反映客流在某方面的问题。

(2) 指标的适应性原则。实时客流异常识别指标应当具有较强的适应性，一方面，要能适应实时监测和计算的要求，另一方面，要能够适应不同类型车站的客流状况。

(3) 指标的可量化原则。实时客流异常识别指标应当能够量化计算，以便为实时客流异常识别的分级异常识别设计提供明确的量化依据。

(4) 分级的合理性原则。在实时客流异常识别的分级异常识别设计中，级别划分的标准应当科学、合理、有依据，既不应过于严苛，也不应过于宽松。

(5) 分级的实用性原则。实时客流异常识别的分级异常识别设计应当具有较高的实用性且便于参数调整，同时能够适应各种客流状况的需求。

6.3.3 车站实时客流异常识别指标分析

车站内的客流状况时刻都在变化，乘客的聚集与疏散受许多因素的影响，车站实时客流异常识别分析的目的就是从车站管理者的角度出发，根据车站客流特性梳理出车站实时客流异常识别的关注重点和所反映的客流问题，在综合考虑指标的完整性和数据的可用性的前提下，提出四类异常识别指标及异常识别思路，为指标的量化计算和分级异常识别设计奠定基础。

1. 客流规模指标

某一时刻某个区域的客流人数体现了该区域范围内乘客的绝对数量，可以最为清晰、直观地反映当下的客流规模。然而，客流量的大小不能简单地认为达到某种规模就是客流量大或客流量小，由于客流的不均衡性，在不同时段、不同车站内的客流量可能很大或很小，但并不能因此就认为该情况下的客流数量是异常的，客流数量的异常应当是与正常情况相对而言的。因此，客流数量的异常识别应当基于历史数据统计划定一个正常的波动范围，而超过正常范围的波动则可视为客流异常。当客流人数增多到一定程度，管理者需要予以关注；当客流人数继续增加并超过一定阈值时，管理者需要采取一定的措施进行客流管控；而当客流人数显著少于正常情况时，管理者同样要引起重视，充分了解客流降低的原因，及时做好相应准备，很有可能因突发事件导致积压的客流在之后某个时间集中爆发。

2. 客流密度指标

如果说客流量是客流绝对量的大小，反映了客流的规模状况，那么客流的拥挤程度则是客流在该区域相对量的大小，反映了客流的密度状况。某个区域的客流是否拥挤是乘客对所处环境的实际体验，体现的是该空间范围内对客流的客观承载能力。一个区域的空间是有限的，当拥挤程度超出实际承载能力界限时，容易引发安全事故。因此，客流拥挤程度的异常识别应基于区域的实际客流承载能力，当客流拥挤超过一定程度时，可视为客流异常。

值得一提的是，客流的拥挤程度和客流的数量是客流量大小在不同层面的体现。假若某个车站位于城市郊区，周边用地又以住宅为主，那么工作日早高峰必然非常拥挤，这种拥挤作为工作日的常态，在客流数量方面不属于客流异常。然而，对于该车站本身的承载能力来说，这种高度拥挤状况是十分危险的，应当在超过一定程度时反映出客流的异常。

3. 客流变化指标

乘客过多、过密、增长过快都是大客流的特性，对于车站管理者而言，这些都是需要重点关注的情况。乘客过多、过密可以由客流数量和拥挤程度来反映，而增长过快则是一种客流的变化趋势。客流反常的激增和骤降都是危险信号，一旦这种激增或骤降持续时间过长，必然导致客流量的异常，因此，识别客流变化趋势的异常也是对未来可能产生的客流量异常进行预先判别，提醒车站管理者提高警惕，做好客流管控的准备。

同样，若想识别客流变化趋势的异常，也需要有对应的正常情况作为比较的基准。若当前客流变化趋势与基准客流变化趋势的差异达到一定程度并持续一段时间后，就应当视其为客流变化趋势的异常，及时提高警惕，以便对未来可能会出现的客流异常做好准备。

4. 站台滞留指标

客流的不均衡性常常会产生运输能力与客流需求不匹配的情况，高峰时段部分线路超负荷运行，由于站台客流的集中性，站台常常是客流拥堵的高发区域。车厢拥挤、乘客留乘等现象使得乘客吊车门、车门故障等事件频发，一旦受到突发事件影响导致列车发生长时间延误，还会造成站台甚至整个车站的客流积压，给车站的运营安全带来极大的威胁，及时识别站台客流的异常对于车站客流管理来说非常重要。

然而，不是所有的站台拥堵都属于客流异常。由于客流的高度震荡性，候车和下车都有可能产生大量短时逗留的乘客，并在楼扶梯口或车门处引发小面积的客流拥堵，这种短时性、小面积的客流拥堵属于正常现象，很快就会在楼扶梯和列车的疏散下自行缓解，无须引起车站管理者的关注。真正引起站台大面积拥堵、需要重点关注的是长时间滞留的乘客，一旦乘客留乘次数过多，说明此时列车的运输能力不足，若候车乘客继续增加，则很有可能导致大客流积压。因此，识别站台客流的异常应当重点关注站台上长时间滞留乘客的比例，当乘客的滞留比例超过一定程度时，需要对这种客流异常予以高度重视。

6.3.4 车站实时客流异常识别指标体系

在明确了车站实时客流异常识别的方向与思路后，下一步就是根据历史客流数据特征建立客流异常识别指标体系，进行实时客流异常识别的指标计算和分级异常识别设计。其中，分级异常识别设计可参考城市轨道交通客流分级预警的标准。按照上海城市轨道交通客流预警的一般经验，客流预警采取 3 级标准（红、橙、黄）或 4 级标准（红、橙、黄、绿），客流规模、客流拥挤的持续时间、客流滞留比例等参数均可作为级别划分的参考依据。为了方便车站管理，本书关于分级异常识别设计采用 3 级标准（红、橙、黄）。考虑到异常提醒的目的是给车站管理者提供辅助决策，而短时间内可恢复的异常对于异常提醒而言意义不大，因此，分级异常识别设计中指标的持续时间将是重要的参数。

为了方便本章节的数学描述，这里对涉及的相关符号进行说明，如表 6-7 所列。

表 6-7 历史客流数据特征提取相关符号及说明

编号	符号	说明
1	Q	客流数据集合
2	Q_r	区域 r 的客流数据集合，$Q_r \in Q$； 实际上客流数据 Q_i^r 包括区域属性 r 和运营日属性 i，而本章节异常识别指标均为在线实时计算，因此这里不再强调运营日属性，仅简写作 Q_r
3	$q_r(t)$	t 时刻区域 r 的客流值，$q_r(t) \in Q_r$
4	$\delta_r(t)$	t 时刻区域 r 的客流饱和度
5	$R_r(t)$	t 时刻区域 r 的客流变化趋势差异
6	$\eta_{xN}(t)$	t 时刻站台区域留乘至少 x 趟列车乘客的比例

1. 区域客流量

1) 指标计算

区域客流量就是指某个区域的乘客人数。客流数据的属性包括客流数据采集时间、采集 AP 设备编号以及客流的数据，考虑到客流数据是按照 AP 设备进行统计的，因此，在统计区域客流量时，还需进行进一步计算，计算方法如式(6-12)所示：

$$q_r(t) = \sum_w q_w(t)\theta_r^w \tag{6-12}$$

式中 $q_r(t)$ —— t 时刻区域 r 的客流量，人；

$q_w(t)$ —— t 时刻编号 w 的 AP 设备监测到的客流量，人；

θ_r^w —— 编号 w 的 AP 设备的监测范围中属于区域 r 的比例。

为了体现客流量在不同时段的相对异常，还需要给定客流量的正常波动范围，利用本书第 6.2.2 节提到的改进历史特征向量提取方法，可得到相应的上限特征曲线、均值特征曲线以及下限特征曲线，上、下限特征曲线即为客流量的正常波动的界限，均值特征曲线为客流量的平均波动规律。

2）分级异常识别设计

区域客流量分级需要考虑两个因素，即客流量和持续时间。其中，客流界限计算的决定性参数为数据分布概率 P，可根据需求设置不同的概率 P 并计算出相应的 P 概率上、下限，搭配持续时间参数，即可设计区域客流数量指标的等级阈值。区域客流数量的分级异常识别设计流程如图 6-11 所示。

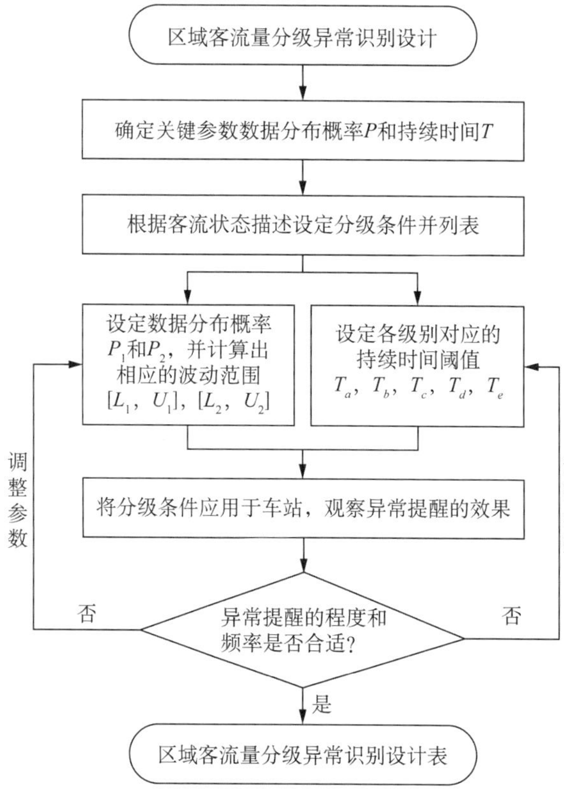

图 6-11 区域客流量的分级异常识别设计流程

根据车站需求，首先假设超出历史数据正态分布概率 P_1 所对应范围 $[L_1, U_1]$ 的客流值为较低程度的异常，超出历史数据正态分布概率 P_2（$P_2 > P_1$）所对应范围 $[L_2, U_2]$ 的客流值为较高程度的异常；其次，考虑到短时的客流异常对于车站管理而言并没有太大的参考价值，因此，当实时客流值超过某界限并持续一定时间（与其他指标持续时间互相独立）时，就需要对车站管理者进行提醒。

区域客流量的级别划分如表 6-8 所列，分级异常提醒如图 6-12 所示，图中不同颜色的散点代表该时刻的指标值已经达到各级别界限的阈值要求，但未满足持续时间的阈值要求；气泡标记代表该时刻已满足指标的分级异常提醒标准，一连串气泡标记即为实时监测下各时刻的分级异常提醒情况，当指标值已达到更高级别的阈值而持续时间未达到设定值时，仍将进行低级别的异常提醒。四类指标的图示含义一致，后续不再赘述。

表 6-8 区域客流量指标分级表

级别	分级条件(满足其一)	状态描述	异常提醒信息模板
Ⅲ级	• 客流量至少持续时间 T_a 超过 U_1 • 客流量至少持续时间 T_b 低于 L_1	客流量开始呈现较低程度的异常，车站管理者需要开始关注	当前××区域客流量为××人，超出/低于 P 上限/下限××人，状态持续了××min
Ⅱ级	• 客流量至少持续时间 T_c 超过 U_2 • 客流量至少持续时间 T_d 低于 L_2	客流量开始呈现较高程度的异常，车站管理者需要引起警惕	
Ⅰ级	• 客流量至少持续时间 T_e 超过 U_2	客流量持续呈现较高程度的异常，车站管理者可能需要采取措施	

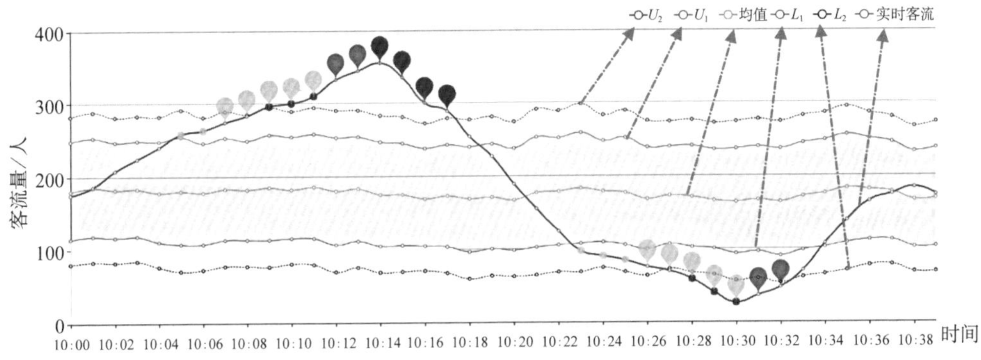

图 6-12 区域客流量指标分级异常提醒

低于界限的情况也属于一种反常，车站管理者应当予以关注，分析客流低迷的原因，充分评估未来是否会存在客流反弹的现象，但由于低于界限的客流量并不会对当前车站产生大客流威胁，因此，Ⅰ级的分级条件仅需考虑客流量超过上限的情况。此外，所有指标的异常提醒都应当是高等级提醒覆盖低等级提醒，无须重复提醒。

客流量上、下限及持续时间参数的设置也应当因地制宜，利用理论与经验相结合的方式，在车站实践中不断调试，异常提醒不应过于灵敏，也不应漏报、误报。当异常提醒过多时，可以考虑将持续时间拉长或提高界限；反之，可以缩短持续时间或降低界限。此外，持续时间也可以根据车站区域、运营时段的不同，设置不同的取值，例如，在高峰时段或易拥堵区域，可以将参数设置得更为灵敏。

2. 区域客流饱和度

1) 指标计算

区域客流饱和度反映的是客流在某个区域的拥挤程度，也体现了该区域在当前客流情况下的服务水平，计算公式如式(6-13)所示：

$$\delta_r(t)=\frac{q_r(t)}{S_{r,A}\cdot\rho_{r,\max}}\times 100\% \tag{6-13}$$

式中 $\delta_r(t)$ —— t 时刻区域 r 的客流饱和度；

$q_r(t)$ —— t 时刻区域 r 的客流量，人；

$S_{r,A}$ —— 区域 r 的有效面积，m^2；

$\rho_{r,\max}$ —— 区域 r 的最大乘客密度，人/m^2。

区域客流饱和度计算中最重要的参数就是区域最大乘客密度。结合行人设施服务水平评价指标和考虑到我国行人体格等因素，表 6-9 给出了行人设施服务水平评价的参考指标。

表 6-9　行人设施服务水平评价表

服务水平	人群密度/(人・m^{-2})		
	通道	楼梯	站台
A(舒适)	≤0.2	≤0.5	≤0.8
B	0.2～0.3	0.5～0.7	0.8～1.1
C	0.3～0.5	0.7～1.0	1.1～1.7
D	0.5～0.7	1.0～1.5	1.7～3.3
E	0.7～1.3	1.5～2.7	3.3～5.0
F(拥堵)	>1.3	>2.7	>5.0

2）分级异常识别设计

区域客流饱和度指标的分级需要考虑客流饱和度和持续时间。其中，在计算客流饱和度时，应充分考虑人群密度参数，如此便可在级别划分时对不同区域采用同一饱和度标准。客流饱和度搭配持续时间参数，即可设计区域客流饱和度指标的等级阈值，区域客流饱和度的分级异常识别设计流程如图 6-13 所示。

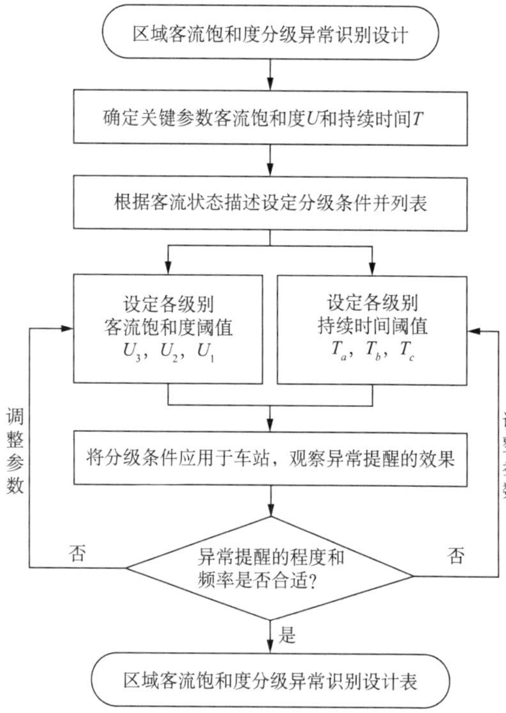

图 6-13　区域客流饱和度的分级异常识别设计流程

假设区域客流饱和度各级别的阈值为 δ_3，δ_2，δ_1，持续时间分别为 T_a，T_b，T_c（与其他指标持续时间互相独立），指标的级别划分如表 6-10 所列，分级异常提醒如图 6-14 所示。

表 6-10 区域客流饱和度指标分级表

级别	分级条件	状态描述	异常提醒信息模板
Ⅲ级	客流饱和度至少持续时间 T_a 超过 δ_3	客流较为拥挤，通行较为缓慢，车站管理者需要开始关注	当前××区域客流饱和度为××，超出××级××，状态持续了×× min
Ⅱ级	客流饱和度至少持续时间 T_b 超过 δ_2	客流拥挤，通行缓慢，车站管理者需要引起警惕	
Ⅰ级	客流饱和度至少持续时间 T_c 超过 δ_1	客流高度拥挤，通行困难，车站管理者可能需要采取措施	

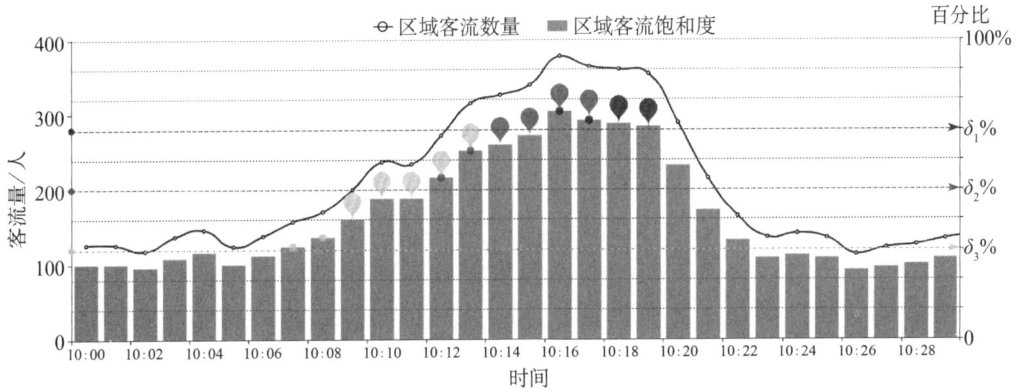

图 6-14 区域客流饱和度指标分级异常提醒

区域客流饱和度阈值 δ_3，δ_2，δ_1 的取值可参考服务水平各等级的划分标准，基本要求应满足 $\delta_3 < \delta_2 < \delta_1$；持续时间 T_a，T_b，T_c 可根据具体车站不同区域、不同时段的具体需求进行调整，当异常提醒过于灵敏时，可缩短持续时间，反之则可以拉长持续时间。

此外，区域的定义是以 AP 设备为单元，最小可以计算某个 AP 设备监测范围的客流饱和度，结合 AP 设备布设位置能够得到某个楼梯口或进出站口范围的客流饱和度；也可以计算通道、站台等具体区域的平均客流饱和度，甚至是整个车站的平均客流饱和度，以便从更宏观的角度观察车站的客流饱和程度。

3. 客流变化趋势差异

1）指标计算

一方面，为了反映当前客流与正常客流的差异，这里选取历史特征向量中反映客流平均波动特征的均值特征曲线作为比较基准；另一方面，考虑到客流数据作为时间序列数据，最能体现变化趋势的就是变化率。

从数学角度而言，一个函数 $q=f(t)$ 的变化率即为 $\frac{\Delta q}{\Delta t}$，对应到客流的物理含义即为单位时间内增长的人数，当前客流与正常客流的差异也可由单位时间内增长的人数的差值来体现；为了体现增量时间段内客流的趋势走向，减少小幅波动的影响，这里对增量时间段内的客流数据做线性回归，由最小二乘法求得的回归直线的斜率即为增量时间段内的平均客流变化率，反映在图像上即如图 6-15 所示，客流曲线越陡峭，客流变化率就越大；均值特征曲线与实时客流曲线的趋势越是相反，客流变化趋势的差异就越大。

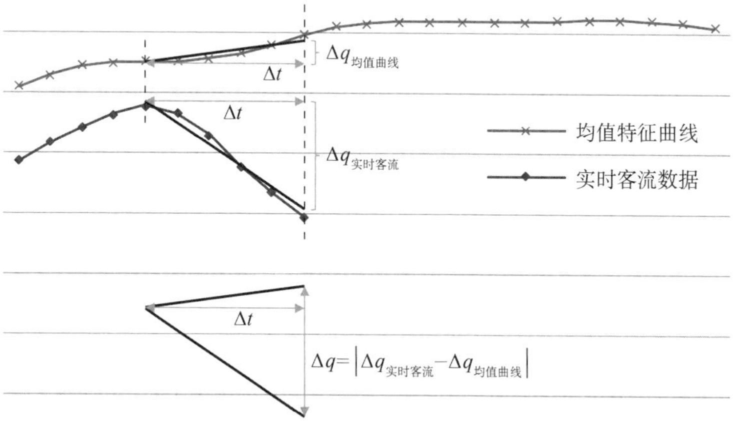

图 6-15　客流变化趋势差异计算原理

客流变化趋势差异的计算公式如式(6-14)和式(6-15)所示：

$$\hat{b}_r(t)=\frac{\sum_{k=1}^{n}(t_k-\bar{t})\left[q_r(t_k)-\bar{q}_r(t)\right]}{\sum_{k=1}^{n}(t_k-\bar{t})^2} \tag{6-14}$$

$$R_r(t)=\left|\hat{b}_r(t)_{均值}-\hat{b}_r(t)_{实时}\right| \tag{6-15}$$

式中　$\hat{b}_r(t)$ —— t 时刻区域 r 在 n 时段内的平均客流变化率，人/min；

$R_r(t)$ —— t 时刻区域 r 的客流变化趋势差异，人/min。

2）分级异常识别设计

客流变化趋势差异指标的分级考虑的因素包括变化率差异与持续时间。变化率差异中最重要的参数为时段 n 的取值，由于客流曲线存在一定的波峰和波谷，在临近极值点时，平均客流变化趋势的计算无法及时体现客流的趋势变化，如果时段 n 的取值过大，则无法准确计算客流趋势，若时段 n 的取值过小，则不能体现一段时间内的平均客流变化趋势，因此，时段 n 的取值需要在实践中根据需求不断调整，从而找到最合适的取值。变化率差异搭配持续时间参数，即可设计客流变化趋势差异指标的等级阈值，客流变化趋势差异的分级异常识别设计流程如图 6-16 所示。

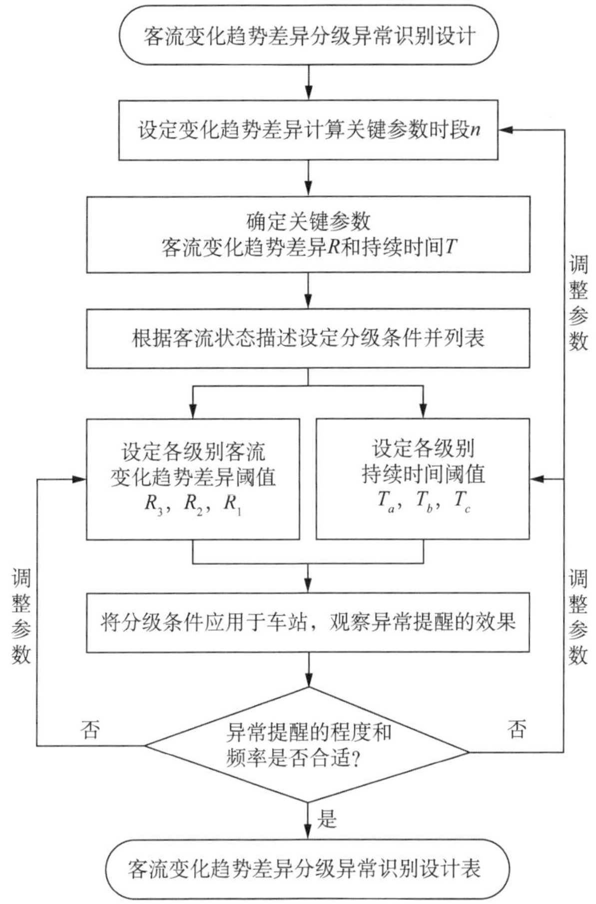

图 6-16　客流变化趋势差异的分级异常识别设计流程

假设客流变化趋势差异在各级别的阈值分别为 R_3，R_2，R_1，持续时间分别为 T_a，T_b，T_c（与其他指标持续时间互相独立），指标的级别划分如表 6-11 所列，分级异常提醒如图 6-17 所示。

表 6-11　客流变化趋势差异指标分级表

级别	分级条件	状态描述	异常提醒信息模板
Ⅲ级	客流变化趋势差异至少持续时间 T_a 超过 R_3	客流较拥挤，通行较为缓慢，车站管理者需要开始关注	当前××区域客流变化趋势差异为××人/min，超出××级××人/min，状态持续了××min
Ⅱ级	客流变化趋势差异至少持续时间 T_b 超过 R_2	客流拥挤，通行缓慢，车站管理者需要引起警惕	
Ⅰ级	客流变化趋势差异至少持续时间 T_c 超过 R_1，且数值越来越大	客流高度拥挤，通行困难，车站管理者可能需要采取措施	

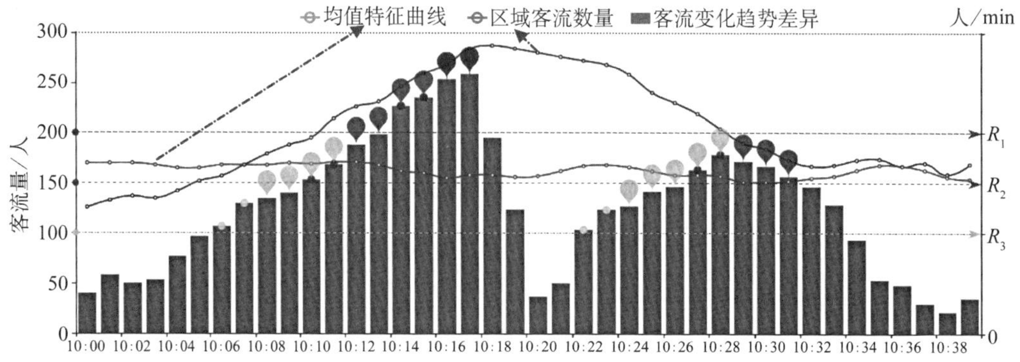

图 6-17　客流变化趋势差异指标分级异常提醒

考虑到客流变化趋势差异的级别为Ⅰ级时需要车站管理者采取一定的措施，因此，分级条件应当更为严格，附加的一项客流变化趋势差异的数值越来越大，这说明变化率差异在逐渐增大。如果一旦数值呈下降趋势，则说明变化率的差异已开始减小，实时客流的异常在逐渐恢复，此时仅需持续关注，可以不采取措施。

分级条件涉及客流变化趋势的差与持续时间，图中 R_3，R_2，R_1 的取值可以参考各区域的历史均值曲线每个时刻平均变化率中的最大值，即变化率差异大于正常均值曲线的最大变化率时视为变化趋势异常；持续时间 T_a，T_b，T_c 可根据不同区域和不同时段的具体需求进行调整，当异常提醒过于灵敏时可缩短持续时间，反之，则可拉长持续时间。对于现场实际情况较为简单的车站或区域而言，可以考虑固定某一条件的取值，以另一条件逐步递增作为级别划分的标准，即 $R_3 < R_2 < R_1$ 且 $T_a = T_b = T_c$，或者 $R_3 = R_2 = R_1$ 且 $T_a < T_b < T_c$。

4. 站台乘客滞留比例

1）指标计算

站台乘客滞留比例反映的是列车的运输能力，其他客流监测技术无法对乘客属性进行分析，因此难以准确计算乘客的滞留比例；而 Wi-Fi 嗅探的原理是记录每一个 Wi-Fi 设备的时空信息，因此，由 Wi-Fi 数据能够计算出每个乘客在站台的停留时间，进而统计到各停留时间对应的乘客数量，这也为计算站台乘客滞留比例提供了可能。

从不同停留时间对应的乘客数量到乘客留乘列车数还需要进一步处理。对于侧式站台而言，站台乘客的乘车方向一致，因此可以通过比对当前时刻和计划运行图的列车时刻表，找出该乘车方向当前时刻前 x 趟列车的到达时刻，当前时刻减去列车到达时刻即为乘客留乘 x 趟列车至少要等待的时间，如图 6-18 所示。

对于岛式站台而言，上、下行列车的到达时间并不一致，同时又无法区分站台客流的乘车方向，因此，考虑到一般情况下同一时段线路的运行间隔时间是统一的，这里可以根据侧式站台处理的原则做一个合理的假设：以不同时段的列车平均运行间隔时间

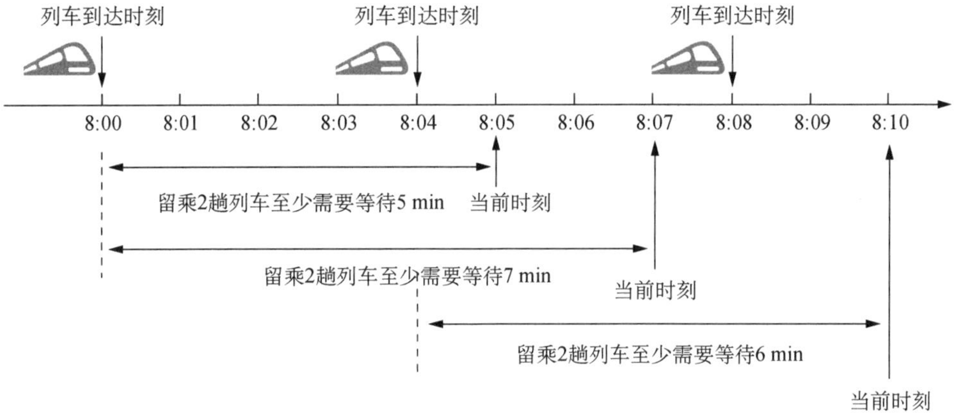

图 6-18 乘客留乘列车数计算原理

为参数，当乘客在站台的停留时间超过 x 倍间隔时间，即可认为该乘客留乘了 x 趟列车。

站台乘客滞留比例计算公式如式(6-16)所示：

$$\eta_{xN}(t)=\frac{qd_{xN}(t)}{q_{pl}(t)}\times 100\% \tag{6-16}$$

式中 $\eta_{xN}(t)$ —— t 时刻站台区域留乘至少 x 趟列车的乘客比例；

$qd_{xN}(t)$ —— t 时刻站台区域留乘至少 x 趟列车的乘客数量，人；

$q_{pl}(t)$ —— t 时刻站台区域客流数量，人。

在计算站台乘客滞留比例的过程中，留乘列车数量 x 是最为重要的参数。由于站台乘客滞留比例体现的是该站台对应线路的运输能力，因此对于不同线路而言，乘客留乘列车数量反映出的异常程度是不一样的。一般来说，一定比例的乘客留乘 2～3 趟列车已经是需要关注的状态了，然而，对于线路上运行多个交路使得本站停靠的列车存在多个目的地的情况，即使列车运能相当充足，也会有一部分乘客主动留乘，选择等待另一个目的地的列车，这种情况需要结合不同时段的交路比例，适当扩大 x 的取值来设定合适的列车留乘数。

2) 分级异常识别设计

站台乘客滞留比例指标的分级需要考虑乘客滞留比例与持续时间，二者搭配即可设计站台乘客滞留比例指标的等级阈值，站台乘客滞留比例的分级异常识别设计流程如图 6-19 所示。

假设站台乘客滞留比例各级别的阈值为 η_3，η_2，η_1，持续时间分别为 T_a，T_b，T_c（与其他指标持续时间互相独立），站台乘客滞留比例指标分级如表 6-12 所列，分级异常提醒如图 6-20 所示。

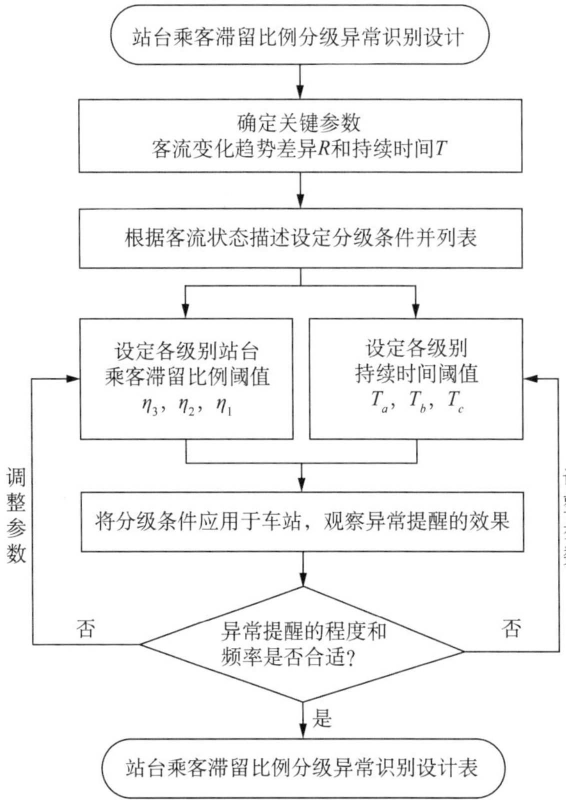

图 6-19　站台乘客滞留比例的分级异常识别设计流程

表 6-12　站台乘客滞留比例指标分级表

级别	分级条件	状态描述	异常提醒信息模板
Ⅲ级	乘客滞留比例至少持续时间 T_a 超过 η_3	列车运输能力开始不足,站台滞留乘客增多,车站管理者需要开始关注	当前××站台乘客滞留比例为××，超出××级××,状态持续了×× min
Ⅱ级	乘客滞留比例至少持续时间 T_b 超过 η_2	列车运输能力不足,站台滞留乘客比例升高,车站管理者需要引起警惕	
Ⅰ级	乘客滞留比例至少持续时间 T_c 超过 η_1	列车运输能力明显不足,站台滞留乘客比例较高,车站管理者可能需要采取措施	

滞留比例 η_3，η_2，η_1 的取值需要视线路站台的情况进行调整,充分参考正常情况下滞留比例的波动情况,对于正常情况下运输能力本就不够的线路而言,留乘情况可能较为普遍,此时可以适当放大取值。持续时间 T_a，T_b，T_c 同样需要根据不同线路、不同时段的具体需求进行调整,例如高峰期客流量大,一旦发现滞留比例升高,则须尽快处理,以免造成大客流积压,而平峰时期客流量较小,列车若发生延误,也容易在短时间内恢复,此时,对于车站管理者而言,可以无须关注。

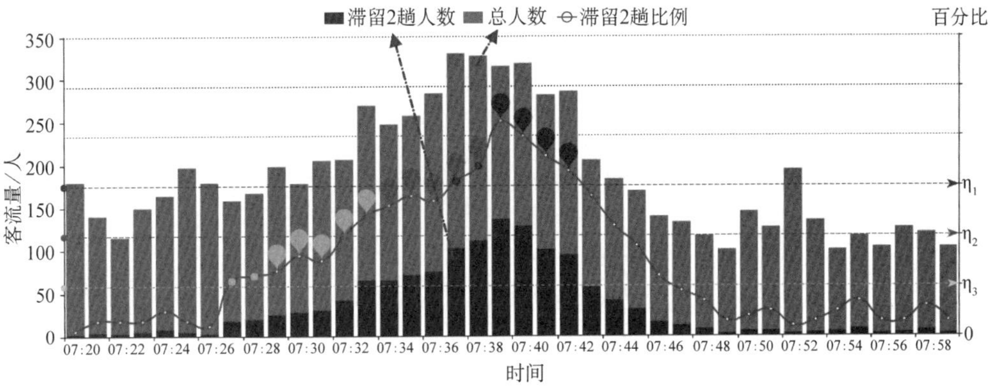

图 6-20 站台乘客滞留比例指标分级异常提醒(彩图见附录)

6.4 案例分析

本节以某城市轨道交通车站(H 站)为研究对象进行案例分析。H 站位于城市市区,周边用地以商业办公为主,是三条线路的换乘站,H 站共有 10 个出入口,其中 8 号、9 号口暂未开放。整个车站包括 1 号线站台、1 号线站厅、换乘通道、12/13 号线站厅、12 号线站台、13 号线站台等区域,1 号线和 12 号、13 号线通过换乘通道进行换乘,12 号线和 13 号线通过站台楼梯进行换乘。为了进行实时客流监测,车站共布设了 48 个 AP 设备用于 Wi-Fi 嗅探数据的采集。

6.4.1 数据预处理

本节研究所用客流数据的时间段为 2018 年 9 月 1 日至 2019 年 12 月 22 日,共 477 天。为了保证客流监测的实时性,AP 设备对客流进行了 24 h 不间断检测与采集,后台数据的更新间隔为 1 min。

考虑到区域客流的差异性,为保证平滑效果,不同区域客流数据的滑动窗口取值应根据相关线路的列车运行间隔制订,客流震荡程度小的在站客流可以取各时段 k 的 1 倍列车运营间隔时间,即 $n_{在站}=I_k$,客流震荡程度大的站台客流可以取各时段 k 的 2 倍列车运营间隔时间,即 $n_{站台}=2I_k$,其他区域可视具体情况取值,一般为 1～2 倍列车运营间隔时间。以某工作日的站台客流为例,数据平滑后的效果如图 6-21 所示。

基于客流数据的剔除和修补流程,充分融合运营环境数据,在获取的 477 个运营日的客流数据中共剔除了 122 个运营日(其中设备或机房故障 105 个,列车长时间延误 15 个,台风天气 2 个),修补数据 11 处,最终得到有效客流数据共 355 个运营日。

6.4.2 客流数据历史特征提取

1. 客流特征分类

鉴于客流趋势的一致性,可以选用在站客流数据进行客流特征分类,而无须按区域分

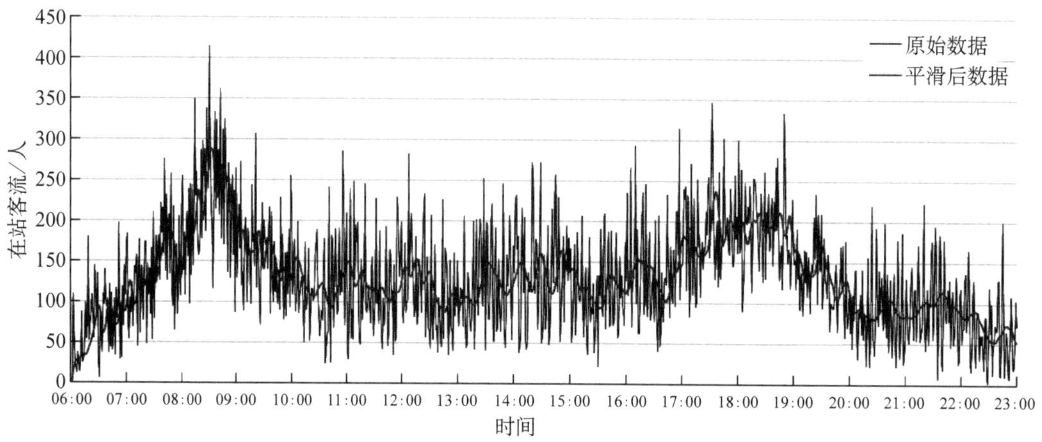

图 6-21　某工作日站台客流数据平滑效果(彩图见附录)

别进行分类。将融合后的在站客流数据进行凝聚的层次聚类,其中类别间的距离采用平均距离,再将聚类结果进行分类整理后,得到最终的聚类树如图 6-22 所示。

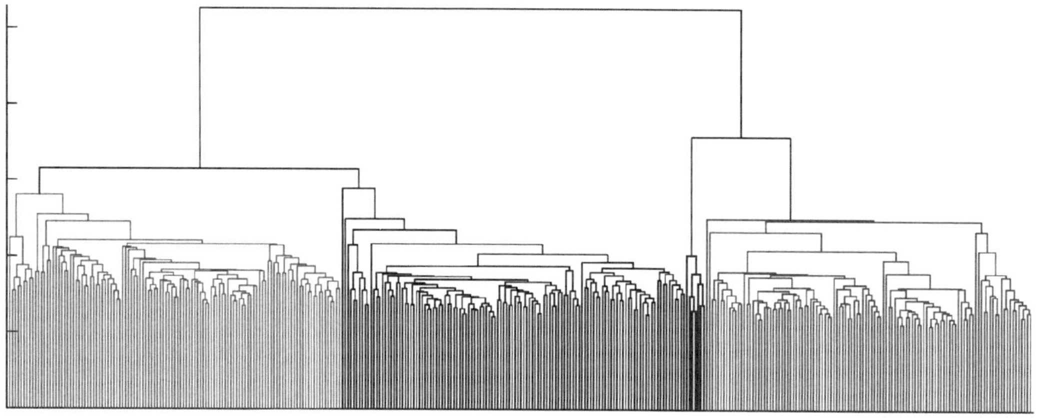

图 6-22　客流特征分类聚类树

从图 6-22 可以看出,聚类结果经整理后可得到四类客流特征,从左到右四类客流特征包含的运营日天数分别为 116 天、119 天、7 天和 113 天。将四类客流特征的在站客流数据按不同颜色进行分类标注,结果如图 6-23 所示,将四类客流特征类型包含的运营日日期及其特征样态进行分析,结果如表 6-13 所列。

由聚类结果分析可知,节假日类型包括了所有法定双休日和除春节之外的法定节日,说明 H 站此类节假日的客流特征是一样的;而春节作为我国最重要、最特殊的节假日,大部分市民会在家中与家人团聚,因此,春节期间的客流量是最小的。

此外,法定工作日的客流特征有两类,这两类客流波动趋势一致,但整体客流量有差异,分析两类特征包含的运营日日期可以看出,工作日 2(类型 2)的日期包括了上海进口博览会期间以及春节前后一周的法定工作日,这些特殊日期使得一小部分企业放假或者

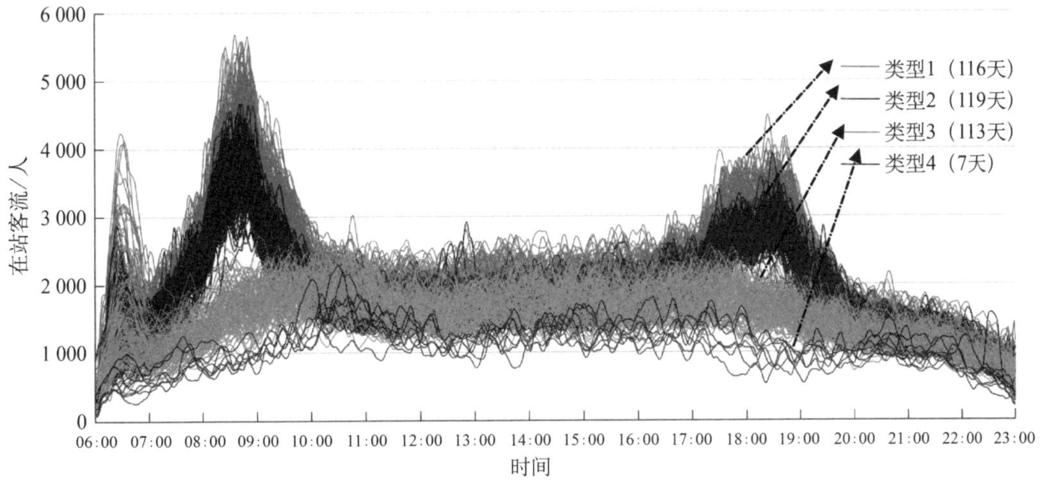

图 6-23　四类客流特征类型的在站客流统计(彩图见附录)

表 6-13　客流特征类型聚类结果分析

类型	日期	特征
类型 1 (工作日 1)	2018 年 9 月至 2019 年 4—5 月之间的绝大部分法定工作日,共计 116 天	存在明显的早高峰和晚高峰,早高峰的峰值比晚高峰大,持续时间比晚高峰短
类型 2 (工作日 2)	2018 年上海进口博览会期间法定工作日、2019 年春节前后各一周的法定工作日、2019 年 4—5 月至 2019 年 12 月之间的法定工作日,共计 119 天	客流波动趋势与工作日 1 的类型一致,但整体客流量比工作日 1 低
类型 3 (节假日)	法定双休日、除春节外的法定节日,共计 113 天	全天无明显高峰,整体客流量与工作日 2 类型的平峰时段持平
类型 4 (春节)	2019 年春节假期,共计 7 天	全天无明显高峰,整体客流量比节假日类型更低

员工请假凑假期,从而产生整体客流量下降但客流趋势不变的客流特征;而 2019 年 4—5 月之后的法定工作日,也存在整体客流量下降的情况,这可能是因为 2018 年年底 13 号线开通了延伸段,又恰逢 2019 年 4—5 月季节转换,故 H 站客流发生了变化,并且这种变化一直稳定持续到 2019 年 12 月。因此,新一季度的法定工作日客流特征应该以工作日 2(类型 2)的客流特征为参考,而不是以工作日 1(类型 1)的客流特征为参考,这里需要暂时淘汰工作日 1(类型 1)的客流特征。最终的三类客流特征的在站客流如图 6-24 所示。

2. 历史特征向量提取

得到三类客流特征后,根据改进的箱线图法按照不同的客流特征类别进行历史特征向量的提取,可得到三类客流特征的历史特征曲线如图 6-25、图 6-26、图 6-27 所示。其中,历史客流数据分布概率 P 设为 95%,即超出数据分布概率 95%对应上、下限范围的客流值即视为异常数据,不纳入平均特征值的计算。

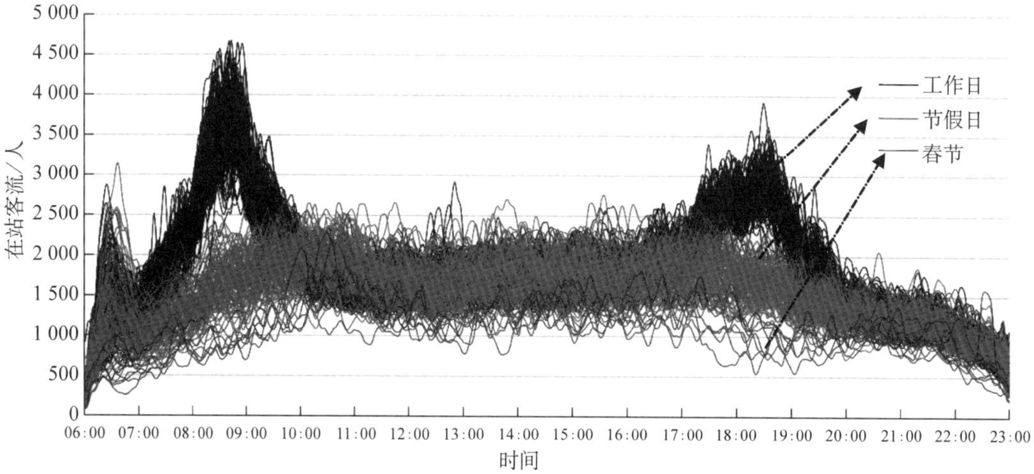

图 6-24 最终三类客流特征的在站客流(彩图见附录)

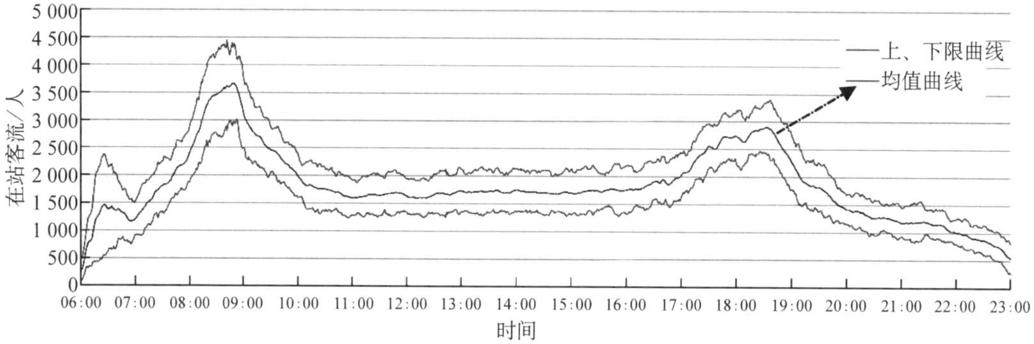

图 6-25 工作日类型历史特征曲线

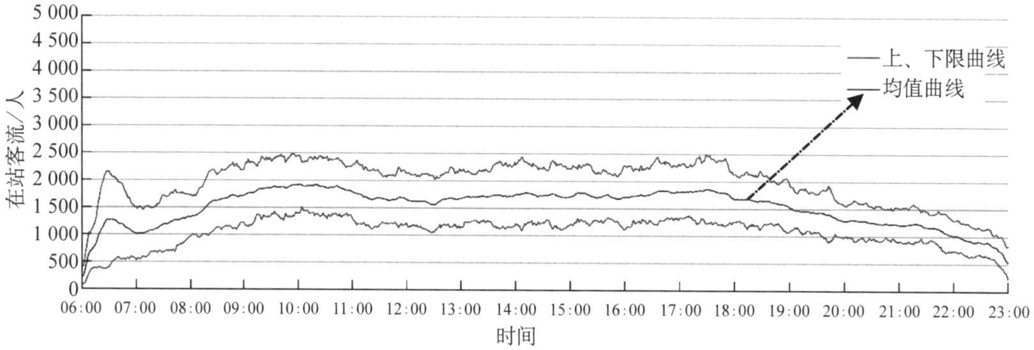

图 6-26 节假日类型历史特征曲线

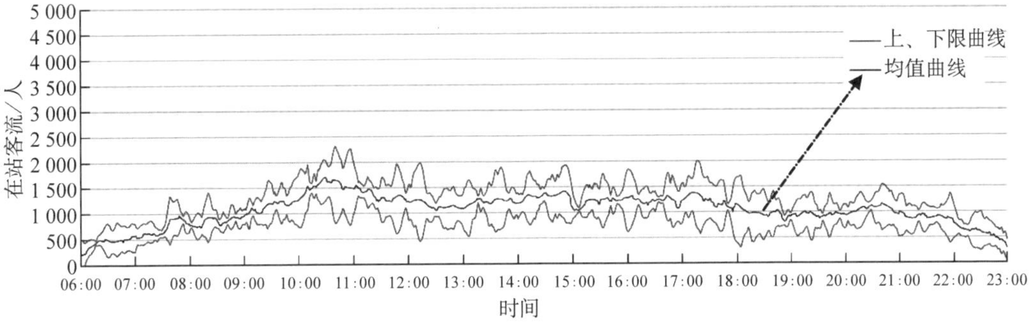

图 6-27　春节类型历史特征曲线

3. 车站客流历史特征更新

车站客流历史特征更新包括三个部分，其中，长期客流特征聚类和历史特征向量更新的步骤与上文相同，效果如图 6-22—图 6-27 所示，这里不再赘述。

短期客流特征归类需要将当日的新增数据与特征库里的均值特征曲线进行比对，比对结果如图 6-28 所示，其中图例中的顺序代表了相似度的排序，蓝色曲线与当日数据相似度最高，当日数据应归为工作日特征。

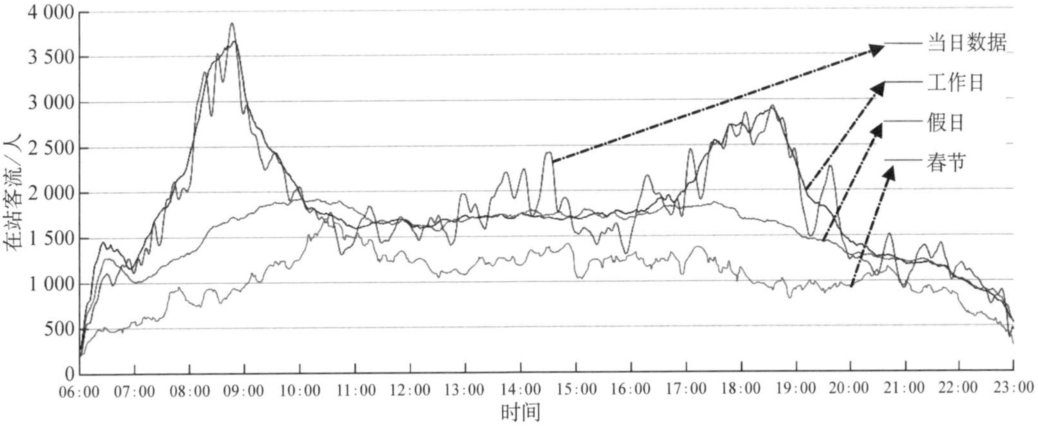

图 6-28　短期客流特征归类的特征库比对(彩图见附录)

6.4.3　车站实时客流异常识别

为了更加全面地展示车站实时客流异常识别的效果，这里以 H 站的 1 号线站台区域为研究对象进行实时客流的异常识别。

1. 整体情况

以 2019 年 9 月份的站台客流数据为例，进行实时客流异常识别检测。经测量，实时客流异常识别的平均检测时间为 12 s，快速的计算和在线处理能够满足实时识别的要求，客流异常识别效果如图 6-29 所示。

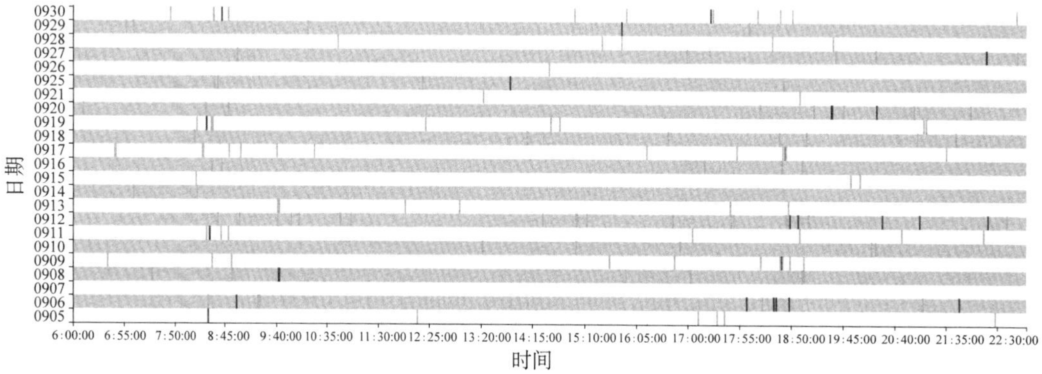

图 6-29　2019 年 9 月份站台客流异常提醒分布情况(彩图见附录)

由图 6-29 和图 6-30 可知,2019 年 9 月份全月有效客流数据共 23 个运营日,异常提醒大多分布于早、晚高峰时段,尤其是高等级的异常提醒。通过对异常提醒按类别进行统计,可以发现红、橙、黄三级的异常提醒次数分别为 13 次、13 次和 140 次,异常提醒较多的指标为客流变化趋势差异和区域客流数量。

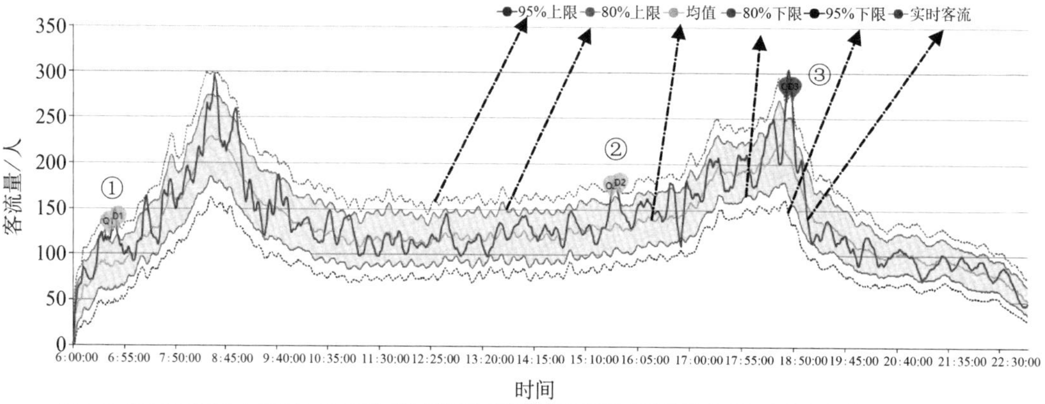

编号	区域	等级	指标类型	异常提醒信息	发生时间
①	站台	黄色	客流数量	客流量为124人，超出80%上限4人，状态持续了11 min	2019-09-09 06:37:00
②	站台	黄色	客流数量	客流量为163人，超出80%上限3人，状态持续了10 min	2019-09-09 15:36:00
③	站台	橙色	客流数量	客流量为270人，超出95%上限1人，状态持续了8 min	2019-09-09 18:42:00

图 6-30　某工作日站台区域客流量及异常提醒(彩图见附录)

2. 区域客流量

根据 H 站站台的实际客流情况,站台区域客流量指标的分级设定如表 6-14 所列,图形表示形式可采用折线图,展示效果如图 6-30 所示。

表 6-14 站台区域客流量指标分级设定

级别	分级条件(满足其一)	状态描述
Ⅲ级(黄色)	• 客流量至少持续 8 min 超过 80%上限 • 客流量至少持续 10 min 低于 80%下限	客流量开始呈现较低程度的异常,车站管理者需要开始关注
Ⅱ级(橙色)	• 客流量至少持续 8 min 超过 95%上限 • 客流量至少持续 10 min 低于 95%下限	客流量开始呈现较高程度的异常,车站管理者需要引起警惕
Ⅰ级(红色)	• 客流量至少持续 12 min 超过 95%上限	客流量持续呈现较高程度的异常,车站管理者可能需要采取措施

3. 区域客流饱和度

根据实际客流情况,站台区域客流饱和度指标的分级设定如表 6-15 所列。考虑到区域图形可视化效果,区域客流饱和度指标可采用实时热力图表示。鉴于热力图反映的是当前时刻的客流密度,数据计算时应采用未经平滑的客流数据,展示效果如图 6-31 所示。

表 6-15 站台区域客流饱和度指标分级设定

级别	分级条件	状态描述
Ⅲ级(黄色)	客流饱和度至少持续 3 min 超过 30%	客流较为拥挤,通行较为缓慢,车站管理者需要开始关注
Ⅱ级(橙色)	客流饱和度至少持续 3 min 超过 50%	客流拥挤,通行缓慢,车站管理者需要引起警惕
Ⅰ级(红色)	客流饱和度至少持续 3 min 超过 70%	客流高度拥挤,通行困难,车站管理者可能需要采取措施

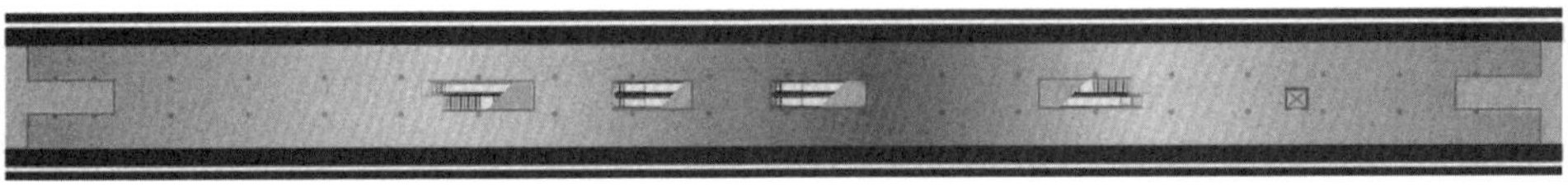

图 6-31 某工作日某时刻站台区域客流饱和度情况(彩图见附录)

4. 客流变化趋势差异

根据 H 站的站台实际客流情况,站台客流变化趋势差异指标的分级设定如表 6-16 所列,图形表示形式可采用折线与柱状图的混合图,以同时反映实时客流量、均值特征曲线以及客流变化趋势差异,展示效果如图6-32 所示。

表 6-16 站台客流变化趋势差异指标分级设定

级别	分级条件	状态描述
Ⅲ级(黄色)	客流变化趋势差异至少持续 6 min 超过 5 人/min	实时客流变化趋势与均值客流变化趋势开始不一致,车站管理者需要开始关注

（续表）

级别	分级条件	状态描述
Ⅱ级（橙色）	客流变化趋势差异至少持续 6 min 超过 8 人/min	实时客流变化趋势与均值客流变化趋势差异较大，车站管理者需要引起警惕
Ⅰ级（红色）	客流变化趋势差异至少持续 5 min 超过 10 人/min，且数值越来越大	实时客流变化趋势与均值客流变化趋势差异明显，车站管理者可能需要采取措施

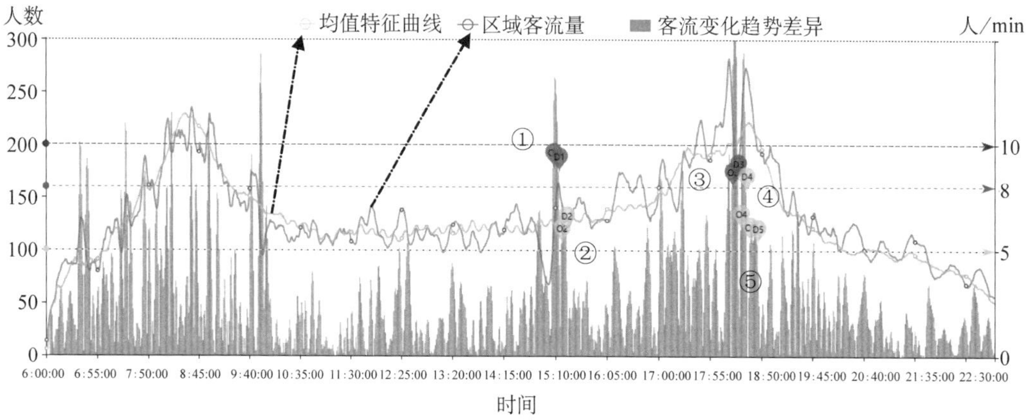

序号	区域	等级	指标类型	异常提醒信息	发生时间
①	站台	橙色	变化趋势	变化趋势差异为8.7 人/min，超出Ⅱ级0.7 人/min，状态持续了7 min	2019-10-25 15:07:00
②	站台	黄色	变化趋势	变化趋势差异为5.9 人/min，超出Ⅲ级0.9 人/min，状态持续了6 min	2019-10-25 15:16:00
③	站台	橙色	变化趋势	变化趋势差异为8.4 人/min，超出Ⅱ级0.4 人/min，状态持续了7 min	2019-10-25 18:18:00
④	站台	黄色	变化趋势	变化趋势差异为7.8 人/min，超出Ⅲ级2.8 人/min，状态持续了7 min	2019-10-25 18:27:00
⑤	站台	黄色	变化趋势	变化趋势差异为5.3人/min，超出Ⅲ级0.3 人/min，状态持续了9 min	2019-10-25 18:37:00

图 6-32 某工作日车站站台客流量及客流变化趋势差异异常提醒(彩图见附录)

5. 站台乘客滞留比例

根据 H 站的站台实际客流情况，站台乘客滞留比例指标的分级设定如表 6-17 所列。由于客流的震荡性和站台客流的集中性，未经平滑处理的客流数据才能反映出实时客流的滞留情况，因此，这里以某工作日早高峰未经平滑处理的客流数据为例，图形表示形式采用了折线和柱状图的混合图，以同时反映站台滞留乘客情况及滞留比例，如图6-33所示。

表 6-17 站台乘客滞留比例指标分级设定

级别	分级条件	状态描述
Ⅲ级 (黄色)	乘客滞留 2 趟以上列车比例至少持续 5 min 超过 10%	列车运输能力开始不足，站台滞留乘客增多，车站管理者需要开始关注
Ⅱ级 (橙色)	乘客滞留 2 趟以上列车比例至少持续 5 min 超过 20%	列车运输能力不足，站台滞留乘客比例升高，车站管理者需要引起警惕
Ⅰ级 (红色)	乘客滞留 2 趟以上列车比例至少持续 4 min 超过 30%	列车运输能力明显不足，站台滞留乘客比例较高，车站管理者可能需要采取措施

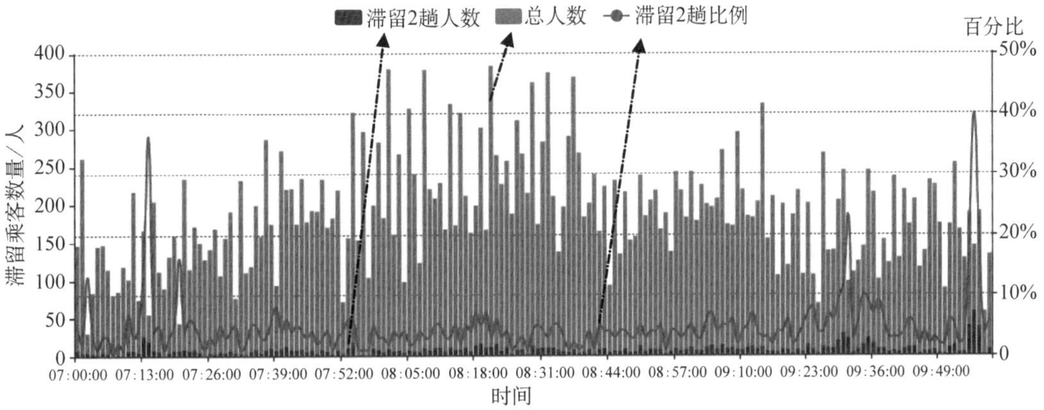

图 6-33 某工作日早高峰站台滞留乘客情况及滞留比例(彩图见附录)

6.4.4 车站突发事件条件下的异常识别

某工作日(周五)18 时 01 分，1 号线因车辆故障，事件一共持续了 23 min，延误区段为人民广场站至中山北路站，H 站恰巧位于该区段内，当日 H 站的站台客流整体情况如图 6-34 所示。

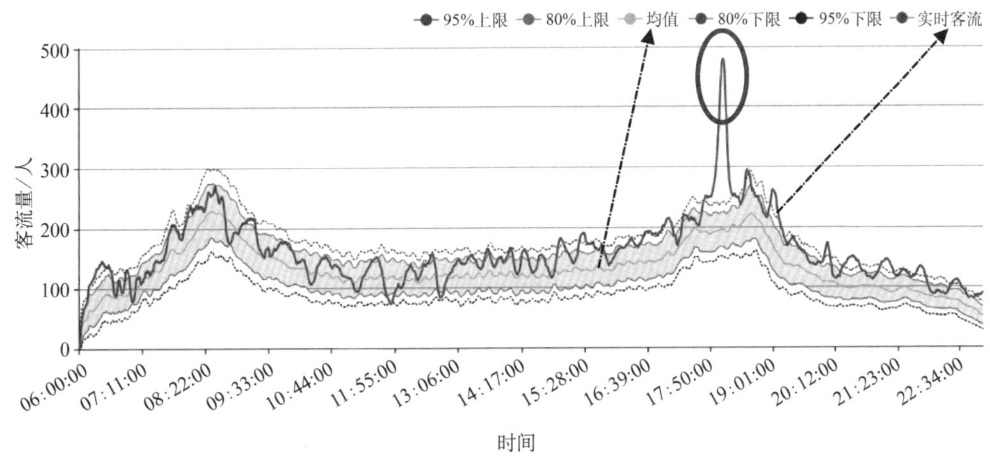

图 6-34 某车辆故障条件下 H 站 1 号线站台客流量(彩图见附录)

由图 6-34 可以看出，在列车延误事件发生以后，1 号线站台客流量存在一明显高峰，高峰持续时间也与突发事件发生时段相吻合，该事件前后的站台客流量和滞留预警提示效果如图6-35 和图 6-36 所示。

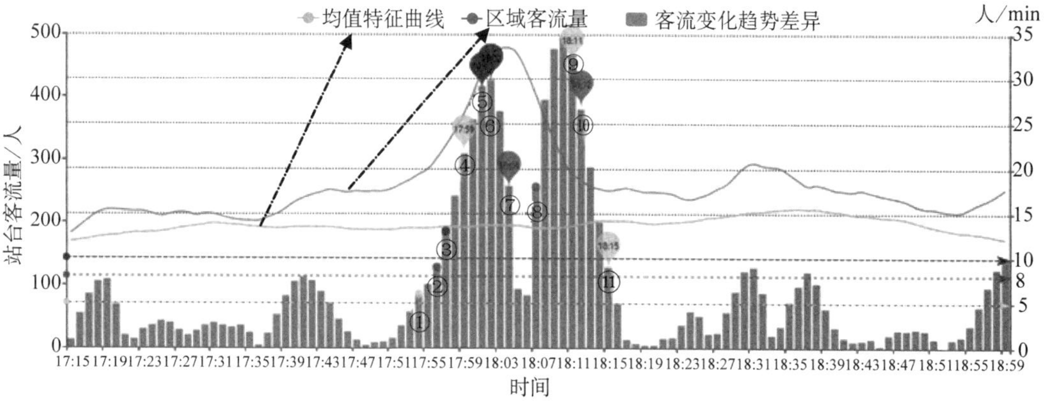

①	②	③	④-⑤	⑤-⑥	⑥-⑦	⑦-⑨	⑧	⑨-⑩	⑩-⑪
17:54	17:56	17:57	17:59—18:00	18:01—18:02	18:03—18:04	18:05—18:11	18:07	18:11—18:12	18:13—18:15
开始达到黄色界限	开始达到橙色界限	开始达到红色界限	黄色异常提醒	红色异常提醒	橙色异常提醒	黄色异常提醒	开始达到橙色界限	橙色异常提醒	黄色异常提醒

图 6-35　H 站 1 号线站台客流量变化异常提示(彩图见附录)

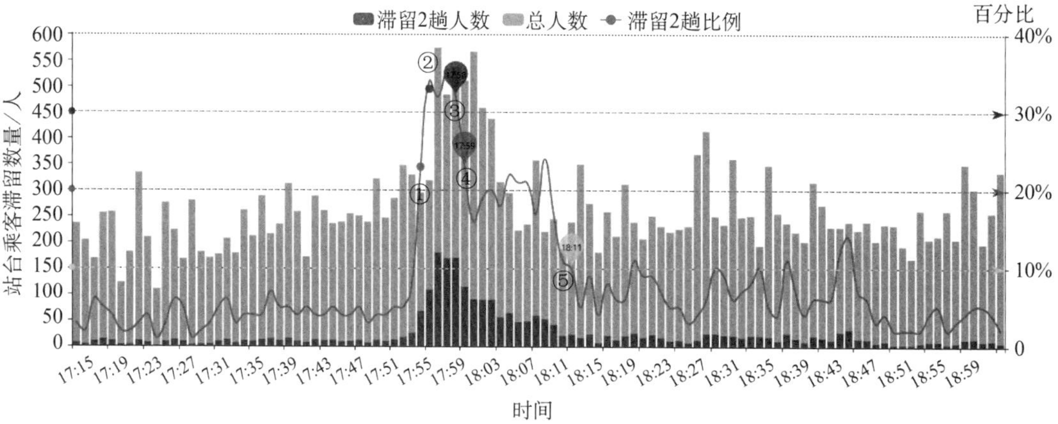

①	②	③	④	④-⑤
17:54	17:55	17:58	17:59	18:00—18:11
开始达到橙色界限	开始达到红色界限	红色异常提醒	橙色异常提醒	黄色异常提醒

图 6-36　站台乘客滞留异常提醒进程回顾(彩图见附录)

从图 6-35 和图 6-36 可以看出，站台客流量从 17:40 就开始超出 80%上限，17:47 客流量刚开始黄色异常提醒，随后逐渐升级；在客流量指标开始红色异常提醒后，17:57 前后，客流变化趋势差异与站台乘客滞留比例开始分别进行黄色异常提醒和红色异常提醒，站台客流量开始突增，滞留人数也陡然上升；随着车辆故障的排除，列车运营逐渐恢复，18:03 站台客流变化趋势差异减缓，18:07 客流量开始迅速下降，18:15 站台客流量回落至 95%上限范围以内，至全线恢复运营后，各项指标逐渐稳定至正常水平。

参考文献

[1] GUOJ H, HUANG W, WILLIAMS B M.Real time traffic flow outlier detection using short-term traffic conditional variance prediction[J].Transportation Research Part C:Emerging Technologies, 2015, 50(SI):160-172.

[2] GU J J, JIANG Z B, FAN W D, et al.Real-time passenger flow anomaly detection considering typical time series clustered characteristics at metro stations[J]. Journal of Transportation Engineering Part A:Systems, 2020, 146(4):40200151-4020010514.

[3] JIANG Z B, LIAO S M H.A method for extracting passenger flow time series feature of urban rail transit[C]//Proceedings of the 6th International Conference on Transportation Engineering, 2019: 861-869.

[4] 廖沈美慧.基于多源数据融合的城市轨道交通车站实时客流异常识别[D].上海:同济大学, 2020.

[5] 刘莉娜.城市轨道交通客运组织[M].北京:人民交通出版社, 2010.

[6] 李颖宏，郝晓青.综合交通枢纽客流状态智能分析[J].智能系统学报, 2014,9(6):677-684.

7 城市轨道交通限流技术

限流是使客流与车站能力及列车能力相匹配的客流控制措施，其本质是改变客流的时间分布，使高峰时段延长，峰值降低，甚至使客流向其他交通方式转移。限流原本只是一种突发条件下的应急管理措施，但随着网络客流的激增，目前，北京、上海和广州等城市已经将限流纳入常态化管理。限流包括单站限流和站车协同限流两种，站车协同管控是一种线路车站限流与列车运行调整协同优化的组合策略[1]，旨在对大客流运营情境下的乘客出行过程和列车运行方案进行实时管控，实现大客流风险的主动防控。站车协同既能保障乘客安全，有效避免大客流可能引发的拥挤、踩踏、乘客被挤下站台等安全隐患；同时又能合理、有效地均衡各座车站单位时间进站客流量和列车能力利用率，协同调整列车运行方案实现运能资源优化配置，以达到快速疏解车站客流压力的目的，体现的是“用时间换安全”和“牺牲局部保全局”的思想[1]。目前，在运营实践中，限流车站和限流时段的选定以及限流强度的判定大多仍依靠车站工作人员的现场管理经验，带有一定的主观性，缺乏科学依据，导致客流管控方案在全局前瞻性和动态有效性方面的考虑明显不足[2,3]。因此，本章在论述限流的基础理论的基础上，重点研究综合考虑乘客出行过程和列车运行的随机性、时变性和复杂性条件下的协同限流理论与方法[4]。

7.1 大客流控制技术

7.1.1 大客流控制原则

当车站发生可预知性大客流或突发性大客流时，车站应合理安排人员，对客流做好疏导和组织工作，并会同公安部门对客流进行控制。客流控制应坚持“由内至外，由下至上”的原则(高架车站“由上至下”)，在车站出入口、进站闸机、出站闸机、站厅与站台的楼梯、自动扶梯处进行重点控制。

7.1.2 大客流组织措施

按采取的客流组织手段的不同，大客流组织的措施可以分为疏导客流(疏流)和限制客流(限流)两类。这两类客流组织措施相辅相成且殊途同归，所以，在实际工作中，通常需要综合运用疏流和限流措施来达到安全快速地运送乘客的目的。

1. 疏流

大客流组织的目的是在保证乘客安全的前提下，尽快疏散客流。要达成这个目的，运营企业就必须把握好几个关键节点：列车运能、车站售检票能力、车站客流疏散能力、车站导向标志以及客运服务设施设备。具体控制措施如下。

1）增加列车运能

根据大客流的方向，在大客流发生时，利用就近的折返线、存车线组织增开列车，增加列车运输能力，从而保证大客流的疏散。因此，增加列车运能是疏流的关键。

2）调节售、检票能力

在列车运输能力能够满足大客流运输时，售、检票能力是大客流疏散的主要障碍，为此，车站在设置售、检票位置时，通常会预留疏散大客流的设施与通道。大客流疏散时，应事先做好票务服务以及相关服务设备的准备工作。具体工作如下。

(1) 售、检票设备的准备。在大客流发生前，设备维护人员应事先对车站全部售、检票设备进行维护、检修，确保在大客流时售、检票设备能正常使用。

(2) 车票和零钞的准备。车站应该根据客流预测和以往大客流所消耗的车票以及零钞数，在大客流发生前，向票务部门申请领用充足的车票和零钞。

(3) 临时售票亭的准备。车站根据大客流的进出方向，选择在进站客流较为集中的位置设置临时售票亭。对于站厅较小的车站，可以考虑将临时售票亭设置在进站客流较多的通道内。

3）保证车站疏导能力

(1) 对电梯或楼梯进行定期保养。

车站站台与站厅的疏散主要通过自动扶梯或楼梯实现，因此对车站自动扶梯的保养与车站的疏导能力密切相关。车站应定期通知厂商对车站内全部自动扶梯和垂直电梯进行维护、检修。重点检查自动扶梯的毛刷、梳齿板和扶手带，确保在大客流三级控制时，自动扶梯能够正常开启转换。

(2) 临时导向标志和隔离设备的准备。

车站应该储备一些临时导向标志、告示牌和铁马护栏、伸缩铁围栏、隔离带等隔离设备。在大客流发生前，车站根据大客流的进出方向和客流组织的要求，选择适当的位置张贴和摆设临时导向标志、告示牌、隔离带、铁马护栏和伸缩铁围栏。

4）客运服务设备设施的准备

大客流发生前，车站还应该准备人工语音广播和语言合成广播词、发布信息以及准备急救药品、担架等，并且根据车站工作人员的情况，相应地增加手提广播、对讲机等客运服务设备。

2. 限流

对于限流的定义，2013 年出版的《城市轨道交通运营管理规范》(GB/T 30012—2013) 6.2.2 节中明确规定“当发生突发客流影响行车安全或乘客人身安全时，运营单位应及时采取控制措施，保障乘客安全和运营秩序”[5]。限流是使客流与车站能力和运能相匹配的客流控制措施，其本质是改变客流的时间分布，使高峰时段延长，峰值降低，甚至使客流向其他交通方式转移。现在常用的限流方法主要有减缓进站速度、分批放行、进出站单向组织和封闭出入口等。

限流不仅是本站客流接近车站瓶颈能力或本站客流需求超出列车运载能力时的措施，当本线路其他车站能力不足甚至其他线路能力不足时，也需要进行路网限流，使客流量在客流发生地得到控制，减少在重点时段进入重点区段的数量，从而起到路网均衡的作用。

7.1.3 大客流的控制方法

为了保证大客流发生的时候能够安全疏散客流，车站应该根据本站的具体情况建立切实可行的大客流控制预案，合理安排各个岗位和地点的具体工作，迅速缓解车站压力，避免意外发生。预案一般视车站具体情况而定，突发大客流发生时，主要采取三级客流控制的原则及方法[6]。三级客流控制坚持由下至上、由内到外的人潮控制原则，在车站的三个区域[车站出入口、车站入闸机、站厅与站台的楼梯（电扶梯）之外]控制客流量；坚持站控和线控的原则，车站根据客运能力控制进站客流，组织乘客上车。三级客流的控制原则如下：

（1）第一级为控制站台客流，控制点在站厅与站台楼梯（或电扶梯）上；

（2）第二级为控制付费区客流，控制点在车站入闸机处；

（3）第三级为控制非付费区客流，控制点在车站入口处。

当突发事件发生时，在车站内或列车上的客流均称为突发事件客流。各车站应根据本站具体情况建立切实可行的突发事件客流组织预案，合理安排各岗位和地点的具体工作，迅速疏散客流，避免意外的发生、扩大和蔓延。另外，当突发事件发生时，车站可根据实际情况采用不同的客流组织办法对乘客进行疏导，主要有疏散、清客和隔离三种办法[7]。

1. 疏散

疏散是指在紧急情况下，利用一切通道和出入口迅速将乘客从危险区域全部转移到安全区域。按照疏散地点的不同可分为车站疏散和隧道疏散。其中，车站可因火警、列车事故、炸弹恐吓、气体泄漏、水淹等多种原因而进行紧急疏散。

车站疏散需要轨道交通运营企业各个部门的高度配合，力争在最短的时间内完成客流的转移。对于城市轨道交通运营企业而言，应定期对疏散进行现场模拟演练，以便让每位员工充分了解自己的岗位职责及作业程序，只有这样才能保证在突发事件发生时疏散工作井然有序，乘客得以安全、快速的转移。

2. 清客

清客是指当车站或列车出现异常时，将乘客从某一区域全部转移到另一区域。清客可分为非紧急/紧急情况清客、设备故障清客、列车失火或冒烟清客、清客至站台、清客至轨道等多种情况。虽然，各城市轨道交通运营企业制定的清客程序、人员分工有所不同，但大致遵循下列清客规则：

（1）清客前，必须获得行车调度员的授权，除非在危及乘客安全或与运行控制中心（Operation Control Center，OCC）的通信中断等紧急情况下，列车驾驶员或车站值班站长才可未经授权进行清客。

(2) 列车驾驶员应尽可能地将列车驶至下一站或在指定的站台清客，避免在两站之前清客。

(3) 清客期间，以下轨道不得行车：乘客下车后途径的轨道，乘客可由隧道门或交叉口进入的轨道。直至清客完成、证实所有的乘客已撤离轨道后，上述轨道才可解除行车限制。

(4) 一般情况下，若没有车站员工的协助，不得清客，除非发生了极度紧急、严重威胁乘客生命安全的情况，方可由列车驾驶员单独组织清客。

(5) 为防止乘客偏离清客路线或被障碍物绊倒，必须安排员工在道岔、交叉口、隧道口及其他有潜在危险的地方驻守。协助清客的员工应携带手提灯、扩音器和无线电对讲机等设备，同时应特别注意疏散过程中对于伤残人士的安排。

(6) 任何员工或乘客进入轨道前，必须亮起隧道灯。

(7) 凡是清客至轨道的情况，都必须关断牵引电流。

(8) 列车完成在轨道清客的程序后，必须安排车站员工巡查所有下车乘客可能经过的轨段，确保区间内已无任何乘客或障碍物，然后才可恢复正常行车。

(9) 实施清客时，应申请公安、消防等应急救援人员协助。

3. 隔离

隔离是指采用某种方式或设备人为地隔开人群或封闭某个区域。根据造成隔离的原因，隔离的组织方法有以下三种。

1) 非接触纠纷隔离

当乘客发生口头纠纷时，离现场最近的工作人员要立即上前调节，必要时，要把纠纷双方分别带到人少的地方(或带到车站会议室)进行劝说和调解。如有其他乘客围观，应及时将其劝离现场，维持好车站的正常秩序。

2) 接触式纠纷隔离

当乘客发生肢体冲突时，离现场最近的工作人员要立即赶到现场，与车站保安人员一起把纠纷双方隔开，并通知公安到场。车站控制室通知值班站长赶到现场处理，将纠纷双方移交公安处理。车站要及时疏散围观乘客，并寻找目击证人填写事件记录。

3) 客流流线隔离

当车站某一端排队购票队伍与进、出客流发生交叉干扰时，车站工作人员可利用伸缩铁制围栏隔离带、警戒绳、铁马等设备器具人为地隔开人群，保持进、出客流畅通，并利用广播引导一部分乘客到人少端购票进站，避免乘客排长队的现象发生。

7.1.4 客流诱导与出行信息发布

1. 客流诱导

轨道交通运营管理部门应当通过市级官方组织的微信、微博、手机短信、电视实时播报等方式，向有关部门和乘客发布活动现场及有关线路的运营信息和枢纽、站点的客流变化信息。在可以预知的大客流发生前，通过各种媒体手段及时向居民和有关人群发布大客流预警以及交通管制等信息，提醒公众提高安全意识，做好安全防范。

在大客流的情况下，应当通过车站多媒体信息系统、移动通信、互联网等平台和各类终端向人群发布活动场所、枢纽、站点的客流量信息及人群密集点信息，发布各种有关交通方式运营及换乘信息。发布的信息应当引导人群选择适当的出行方式和路径，消除恐慌和紧张情绪，避免引发群体骚乱。

2. 站内导航

城市轨道交通的站内导航主要是指在车站的出入口售票处、通道、楼梯、电梯或者车站站厅等乘客在站内所经过的地方，通过广播、指示牌（板）、线路电子地图、电子显示屏、传媒电视等各种方式发布有关车站内各条线路的运行现状，列车到达时间、间隔时间以及换乘路径等信息[8]。

伴随移动终端的发展，进入城市轨道交通站内的乘客也可通过手机上的城市轨道交通 App 或地图等软件的移动导航功能，获取车站内的信息，实现车站内的定位。按照移动导航的指引来选择最合适的路径。

3. 站台候车引导

列车的停站时间受到上下车乘客数量、车内和站台拥挤程度等多方面因素的影响，为了提高列车的运行效率，控制大量乘客下车时导致的站台客流量短暂激增，以及上下车乘客互相推挤等带来的安全风险，需要加强对站台候车乘客的有序引导。依托站台候车乘客采集数据和视频监控数据的融合，获取从站台到区域内的候车乘客分布情况，一方面，能够作为列车停站时间优化的数据支持，另一方面，能够评估站台占用率，作为启动限流方案的决策依据。

移动 Wi-Fi 等数据采集设备能够获取到每趟列车内各节车厢的断面客流数据，结合对各节车厢内乘客出行上、下车历史数据的分析和实时预测结果，计算出即将到站的列车各车厢的有效剩余空间，这需要客流预测模型具备短时间内计算庞大海量出行数据的能力。继而根据站台客流的实时分布情况，引导站台候车乘客到剩余空间较多的车厢所在位置处候车，以提高乘客的上车效率和列车空间的利用率。这对站台候车信息也提出了较高的量化要求，即需要具体到列车停站时各车门对应的候车区域还能再增加多少候车乘客数量，并且能够实时采集到对应候车区域内的乘客数量，从而更新候车引导信息。

4. 网络出行信息发布

1）出行前信息发布

通过对网络中乘客出行轨迹特征的深度挖掘，从而能够提取出多个乘客的相似出行规律，如出行时间、换乘次数、目的地等。通过计算这些乘客出行规律的相似程度，并且在相似程度较高的乘客之间形成一种出行路径推荐机制，在乘客出行前便为其规划好出行方案。通过有效识别乘客的出行目的地及规律，从中发现某一类乘客感兴趣的出行路径，便能根据网络实时客流分布和变化态势有效地引导乘客出行，从而较好地应对不同大客流出行需求情境下对轨道交通运营管理提出的要求。

2) 出行中信息发布

结合客流数据和其他数据的融合(如 AFC 系统、PIS 系统、手机信令数据等),面向特定区域或特定乘客群体的信息集成、发布或推送,满足实时个性化出行信息服务需求。如特殊日期或应急状态下的突发大客流预警信息能够被实时推送给站内乘客以及预测到的可能会出现在相关车站和线路上的乘客。

3) 应急疏散信息发布

城市轨道交通车站应急疏散是当车站内或车站两端区间内发生突发事件,并影响到车站正常运营工作组织且威胁到站内人员安全时,为保证乘客的生命财产安全不受损害,按照紧急启动的应急预案将站内乘客引导至站外安全区域的客流组织工作。

7.2 限流的基础理论

7.2.1 限流的原因

城市轨道交通车站可按其运用功能的不同,分为换乘站和一般站两类。对于一般站而言,单站限流的对象只是本站的进站客流,采取限流的原因主要是:①车站蓄客能力限制;②车厢、站台及站厅拥挤。当遭遇大客流冲击时,极易在车厢、站台及站厅产生客流拥挤问题,一旦发生列车延误,问题将更加严重。因此,需要对进站乘客进行限流,以确保站内乘客的安全。

对于换乘站而言,单站限流的对象不仅是本站的进站客流,还包括换乘客流。因此,采取限流的原因除了上述提到的两点以外,还包括:①解决换乘客流在换乘通道中的对冲问题;②缓解他线换入本线客流对本线站台的冲击。以上海轨道交通 4/12 号线的大连路站为例(图 7-1),该车站采用 T 形换乘通道,在早高峰时段,由于通勤客流集中,4 号线换乘 12 号线与 12 号线换乘 4 号线的两股换乘客流对冲严重,同时,大量换入客流集中在 4 号线站台端头部位,导致乘客“吊车门”现象频发,存在极大的安全隐患。因此,针对大连路站的换乘通道采取限流措施,实行 4 号线换乘 12 号线单向换乘方案,12 号线换乘 4 号线乘客需要通过站台两端自动扶梯经 B1 站厅层绕行至 4 号线站台进行换乘,从而避免了客流对冲,保证了运营的有序安全。

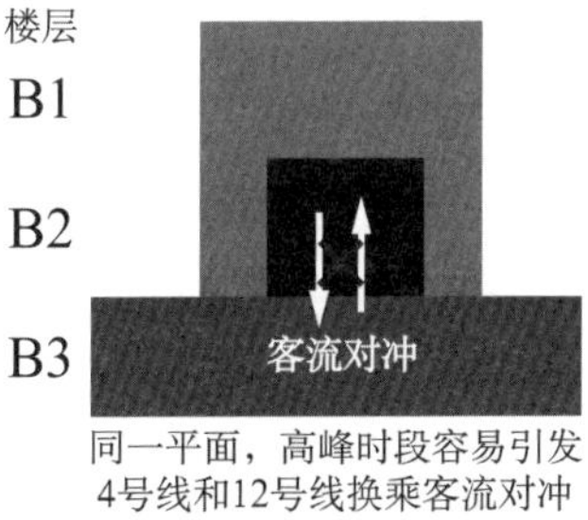

(a) 限流前

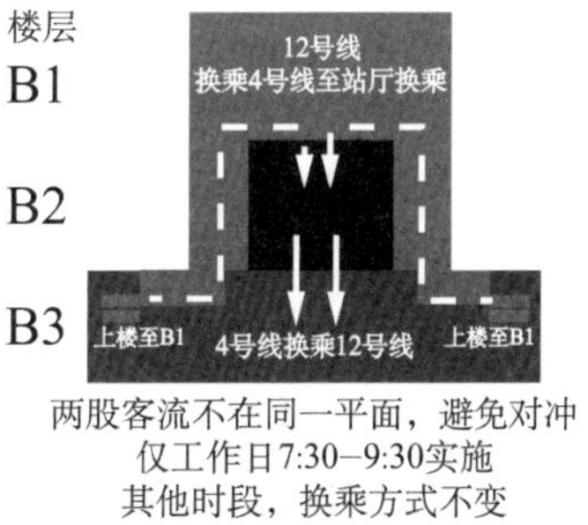

(b) 限流后

图 7-1 上海轨道交通 4/12 号线大连路站限流前后换乘示意

7.2.2 限流的作用

限流的作用主要体现在两方面:保障乘客安全、均衡能力利用和提高运营可靠性[1]。

1. 保障乘客安全

在常态运营条件下,实施限流可以有效防止车站因大客流出现爆满的情况,并解决了客流对冲等安全问题,从而保证乘客的人身安全,同时也提高了运营安全性。在突发情况下,实施限流可以快速疏散因列车延误而滞留的乘客,并将他们转移至安全的地方,同时避免其他线路的客流换入受影响线路而造成更大程度的影响,使事发线路能尽快恢复正常运营。图 7-2 和图 7-3 分别表示限流在保障乘客有序乘车和保障站台安全方面的综合作用。从图 7-3 可以看出,实施限流前,图中阴影部分 S1 超出了站台承载能力的警戒线,容易造成踩踏等安全事故;实施限流后,通过控制单位时间的进站人数,将这部分乘客的进站时间延后,转化为图中阴影部分 S2,实现“削峰”,从而保障了站台安全。

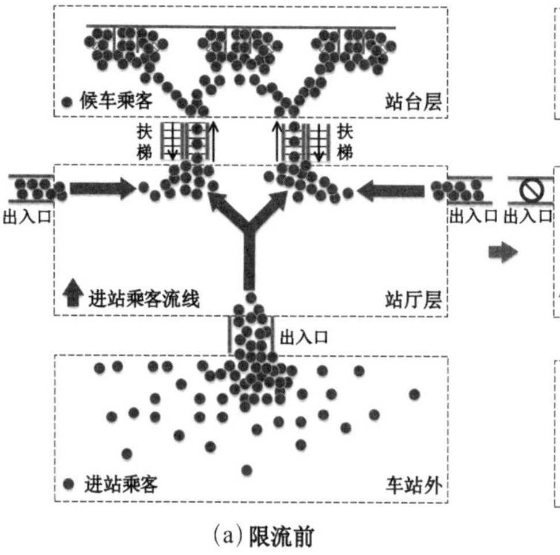

图 7-2 限流在保障乘客有序乘车方面的作用

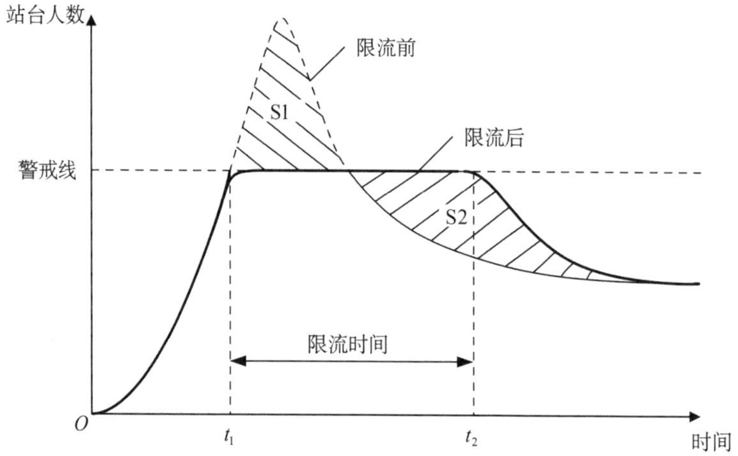

图 7-3 限流在保障站台安全方面的作用

2. 均衡能力利用和提高运营可靠性

限流可以有效防止因后方站客流集中导致的前方站乘客无法上车的情况，避免客流积压，从而均衡各个车站单位时间的进站客流，均衡列车的输送能力；同时，可以有效避免因乘客“吊车门”导致的列车停站时间超长而影响后续列车的情况，从而确保全线的运营通畅，提高整体的运营可靠性。图 7-4 表明了限流在均衡车站能力利用及提高运营可靠性方面的作用。图 7-4(a)表示限流前，列车在经过 B 站后，已经达到满载，C 站、D 站、E 站等前方站的乘客无法上车导致站台客流积压、拥挤，从而产生潜在的安全隐患。在 B 站采取限流措施后，如图 7-4(b)所示，原先在 B 站上车的乘客(阴影 S)被限制在站外，如此便为前方站的候车乘客预留出列车空间，从而提高了运营的可靠性。当然，这样的限流方案浪费了 C—E 区段的能力利用，这是一种“牺牲局部保全局”的措施。

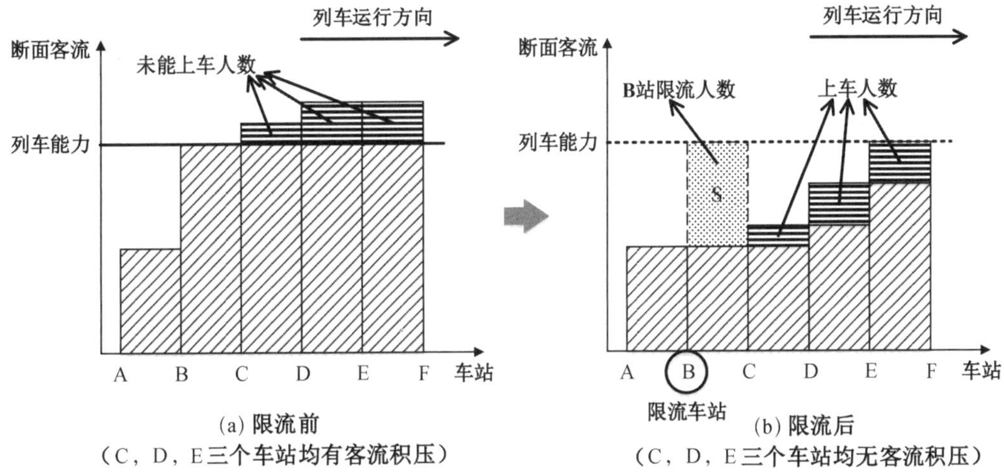

图 7-4 限流在均衡能力利用及提高运营可靠性方面的作用

7.2.3 限流的分类

按照不同的划分条件，对城市轨道交通限流进行分类，如图 7-5 所示。

1. 按照限流的实施条件及特点划分

根据限流的实施条件及特点，可以将限流划分为常态限流及临时限流两类。

1) 常态限流

常态限流是指在一定时期或某些特定日期的特定地点和特定时段采取的限流措施，具体适用于以下情况[9]。

(1) 工作日早、晚高峰时段的能力紧张区段。

在工作日的早、晚高峰时段，城市轨道交通以通勤客流为主，客流出行时段较为集中，客流量大，从而形成短时极端高峰。然而，有限的运输能力供给往往无法满足短时极端高峰的客流需求，继而导致线路上部分车站乘客数量激增，影响站内乘客安全。考虑到早、晚通勤大客流出行具有一定的规律性，其在较长时间内不会发生明显改变，同时，运输能

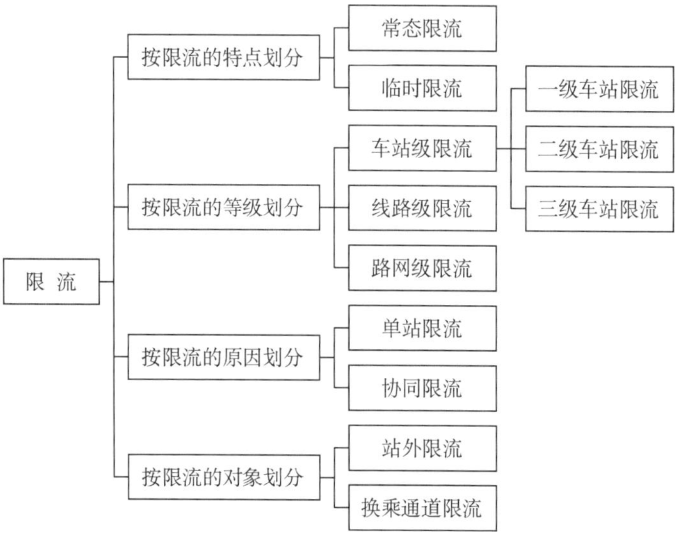

图 7-5 城市轨道交通限流分类

力供给也无法在短期内提高，这种运能、运量不匹配的情况已逐渐成为一种常态。此时，就需要在工作日的早、晚高峰时段，针对能力紧张区段所涉及的车站有计划地实施限流措施，以保障线路上所有车站的运营安全及秩序。

（2）可预知大客流事件。

可预知大客流事件主要是指法定节假日以及一些大型活动（如 F1 等大型体育赛事、大型展览会及大型文艺活动等）所带来的可预知性大客流。

在节假日期间，部分位于城市中央商业区的车站通常会受到节假日大客流的冲击，例如上海轨道交通 2/10 号线的南京东路站。大型活动结束后，大量散场客流快速集聚在周边轨道交通车站，这也会对活动举办地附近的车站造成冲击，例如 F1 赛事散场客流对上海轨道交通 11 号线上海赛车场站的冲击[10]。无论是节假日大客流还是大型活动的散场客流，其在特定时段内对相关车站及周边区域的影响均可根据以往经验推理预先得知，为可预知性大客流。因此，在节假日出行高峰时段及大型活动散场时段，应针对相关车站有计划地实施限流措施，以便及时对大客流进行疏导。

2）临时限流

临时限流是指由于运营延误或突发事件情况下，网络发生客流拥挤并有安全风险时，在特定的地点与时段采取的一种限流措施。不同于常态限流均是针对可预知性大客流，临时限流则是针对不可预知性大客流。考虑到无论是列车延误还是发生突发事件，都具有极强的不确定性，因此很难提前预判这类情况产生的大客流对车站造成的影响，并及时制订详细的限流方案。此时，除了需要针对不同客流等级提前制订相应的应急预案，还应针对突发情况的具体影响对限流措施进行灵活调整，以便快速疏散客流，控制并引导客流向安全的地方转移。

2. 按照限流的等级划分

根据客流规模与运输能力的不匹配程度以及限流的等级，可以将限流分为车站级限流、线路级限流和路网级限流三类[11]。车站级限流主要针对单个车站进行客流控制，通过减少单位时间该车站的进站客流，以控制站内乘客数量，确保单个车站的运营安全及秩序。线路级限流主要针对单条线路进行客流控制，通过协同控制该条线路上多座车站单位时间的进站客流，降低列车到达换乘站的满载率，缓解该线路换乘站大客流的压力，以确保整个线路运能的均衡分配及换乘客流的畅通。路网级限流主要针对整个路网进行客流控制，当本线客流压力在采取线路级限流后仍无法缓解时，通过协同控制邻线车站单位时间的进站客流以及换入本线的换乘客流，达到缓解本线各站（尤其是换乘站）客流压力的目的，从而确保整个线网的运营安全有序。

3. 按照限流的原因划分

根据限流的原因不同，可以将限流分为单站限流和协同限流两类。其中，单站限流是车站内部的客流控制，主要针对由于大客流等因素导致的瞬时客流集中并超出站台承载能力而需要限流的车站。协同限流则是全线大客流条件下各座车站之间相互配合进行客流控制，使得全线的能力利用和站内乘客留乘达到一个最佳平衡。在实际运营过程中，部分车站由于到站列车能力不足导致乘客留乘现象严重，为了保障运营安全，需要对线路的上游车站进行限流，从而为前方车站预留出列车能力，这又被称为远端协同限流。

4. 按照限流的对象划分

根据限流的对象不同，可以将限流分为站外限流和换乘通道限流两类。其中，站外限流的对象是进站客流，而换乘通道限流的对象则是换乘客流。考虑到实际现场的操作难度，如果先在换乘通道对换乘客流进行控制，可能会造成客流的进一步积压，因此，在实施限流时，应遵循“先控制进站客流，再控制换乘客流”的原则[12]，即先对进站客流进行控制，以优先满足换乘客流的乘车需要。

7.2.4 常态限流与临时限流的比较

常态限流主要针对工作日早、晚高峰时段及可预知性大客流等情况，而临时限流主要针对运营延误或突发事件导致的不可预知大客流的情况。对于常态限流而言，无论是工作日早、晚高峰客流，还是法定节假日的可预知性大客流，都具有一定的规律，可以通过对历史客流数据的分析来制订具体的限流方案。因此，常态限流的重点在于对客流特征的分析。而对于临时限流而言，突发事件诱发的大客流往往难以预测，无法提前预判大客流的影响程度，因此，临时限流的重点在于应急处置。表 7-1 给出了常态限流与临时限流在特点、实施要求、实施条件和适用情况等方面的差异性。

表 7-1 常态限流与临时限流的比较

限流分类	特点	实施要求	实施条件	适用情况
常态限流	限流时间、地点及方案相对固定	需要对预测客流进行分析、制订的方案详细、可靠	1. 日常运营中的车站客流量与实际运能的不匹配； 2. 节假日及大型活动引发的瞬时大客流无法疏散	1. 工作日早、晚高峰时段的部分车站客流集中 2. 可预知大客流事件

(续表)

限流分类	特点	实施要求	实施条件	适用情况
临时限流	限流时间、地点及方案不固定	针对不同的客流等级制订不同的应急预案	突发大客流造成车站站厅、站台、换乘通道的客流积压或对冲严重	运营延误或突发事件情况下产生的大客流

7.2.5 限流方案的评价

对限流方案实施效果的评价是判断限流方案优劣以及进一步调整并优化限流方案的重要基础，其中涉及了乘客、列车和策略等多种因素。在进行评价时，必须综合考虑限流方案的大规模、多因素、多约束、多目标和动态性等特点，可以从定量和定性两个层面对限流方案的实施效果进行综合评价，具体评价指标如图 7-6 所示。

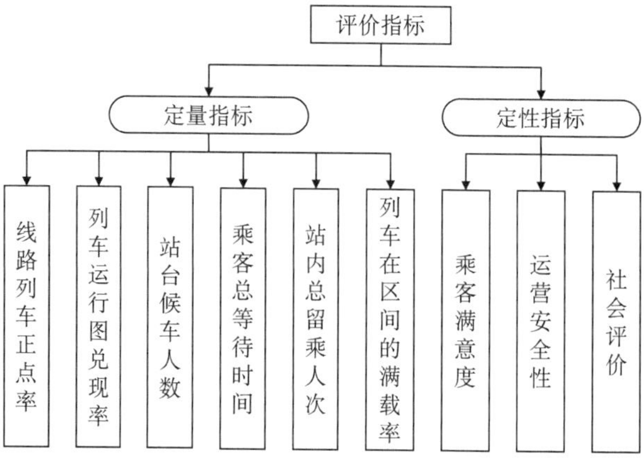

图 7-6　城市轨道交通限流方案的评价指标

1. 定量评价

城市轨道交通限流方案的定量评价指标包括线路列车正点率、列车运行图兑现率、站台候车人数、站内总留乘人次、乘客总等待时间和列车在区间的满载率。

1) 线路列车正点率

线路列车正点率是指统计期内，线路实际正点列次与计划开行列次之比，用以表示运营列车按列车运行图计划时间正点运行的程度。高峰时段，大客流的冲击使得乘客“吊车门”事件屡次发生，继而导致列车停站时间的延长，影响线路列车的正点率。采取恰当的限流方案可以有效控制站台上的乘客人数，从而避免因“吊车门”导致的列车晚点现象。因此，将线路列车正点率作为一项评价指标，用来评判限流方案在保障列车的正点运营方面的效果。

2) 列车运行图兑现率

列车运行图兑现率是指运行图计划执行过程中，实际开行列车数(不包括加开列车)与计划开行列车数之比，用以表示运营列车按列车运行图计划兑现的程度。高峰时段，大客流的冲击有可能会造成列车晚点，如果列车晚点严重，则会对后续列车的正常运行造成影响，继而降低列车运行图的兑现率。采取恰当的限流方案能够有效降低大客流对车站及列车运行造成的压力。因此，将列车运行图兑现率作为一项评价指标，用来评判限流方案在保障线路运营质量方面的效果。

3）站台候车人数

站台候车人数是直观反映站台实时负荷的一项指标。通过与站台安全承载能力的比较来判断站台的拥挤程度及安全风险，以评判限流方案在保障站台安全方面的效果。

4）站内总留乘人次

站内总留乘人次是指各座车站内留乘人数与留乘次数的总和。对于站内候车乘客而言，从其到达站台开始候车时刻起，第一列列车到达，而其未能上车，则留乘人次为 1，若第二列列车到达，其也未能上车，则留乘人次为 2，之后以此类推。高峰时段线路运能紧张，使得乘客在站内可能会发生多次留乘，从而严重影响站台上乘客的安全。因此，将站内总留乘人次作为一项评价指标，用来评判限流方案在保障乘客安全方面的效果。

5）乘客总等待时间

乘客总等待时间是指乘客从到达出发站直至乘上列车离开该站的总时间，该项指标直观地反映了限流对于乘客出行时间的影响。一般而言，限流会增加乘客的总等待时间。因此，将乘客总等待时间作为一项评价指标，用来评判限流方案对乘客出行造成的负面影响。

6）列车在区间的满载率

列车在区间的满载率是指在线路各区间列车实际载客量与列车定员之比，反映了各座车站的候车乘客对列车能力的占用情况。这一指标主要用来评判限流方案在均衡列车能力利用方面的效果。

2. 定性评价

鉴于目前上海轨道交通实际运营中尚未积累足够多限流措施的定量评估数据，同时，还有一些能够反映限流方案优劣的指标也存在较难量化的情况。因此，在限流方案的实际评估过程中，除了上述定量评价指标以外，还可通过一些定性评价指标来对限流方案的实施效果进行评判。定性评价指标包括乘客满意度、运营安全性和社会评价。

1）乘客满意度

乘客满意度是直观反映乘客对限流方案接受程度以及反馈意见的一项指标，作为后续调整并优化限流方案的基础，用来评判限流方案在实施合理性方面的效果。

2）运营安全性

定量指标中虽也有衡量运营安全性的指标，诸如站台候车人数、站内总留乘人次等，但也有部分反映运营安全性的指标在实际中存在难以量化的情况，如客流对冲问题、乘客“吊车门”等潜在安全事故的发生率等。因此，将运营安全性作为一项评价指标，涵盖上述难以量化的指标，用来评判限流方案在解决客流对冲及其他潜在安全隐患方面的效果。

3）社会评价

社会评价是直观反映限流对社会的影响以及社会大众对限流方案的适应性和可接受程度的一项指标，用来评判限流方案在社会可行性方面的效果。

7.3 协同限流

协同限流是通过均衡各车站单位时间的进站客流，从而预留出一部分列车能力来满足前方车站乘客上车，避免前方车站由于到站列车能力不足导致乘客多次留乘。在客流预警发生后，针对大客流的处置属于事中风险主动防控范畴的问题。站车协同既能保障乘客安全，有效避免大客流可能引发的拥挤、踩踏、乘客被挤下站台等安全隐患；同时又可以均衡各座车站单位时间的进站客流量和列车能力的利用率，最大限度地发挥设施设备的潜能，确保线路的畅通和高效运营。下面就对协同限流的原因、作用及影响进行具体分析。

7.3.1 协同限流的原因

采取协同限流的主要原因是为前方车站预留列车能力。在全线大客流的情况下，同一线路的下游车站所能分配到的列车能力受到上游车站上客情况的影响，即当上游车站上车乘客较多，留给下游车站的列车剩余能力就会相应变少，继而使得下游车站能够上车的乘客较少，大量候车乘客积压在站内，从而产生拥挤。例如，上海轨道交通 8 号线在早高峰时段从沈杜公路站至人民广场站方向的客流过于集中，列车在杨思站出现车厢爆满的情况，致使后续的成山路站和耀华路站的候车乘客无法上车，乘客“吊车门”事件频发，从而影响整条线路运营的准点与安全。因此，对芦恒路站及杨思站采取协同限流，为后续车站预留列车能力。

7.3.2 协同限流的目标

从控制科学与工程和系统工程的角度来看，限流实际上是线路运能优化配置与车站容量协同利用的问题，属于典型的带有约束的有限条件下资源共享与动态需求协同的优化问题。具体来说，对于城市轨道交通单线而言，能力供给主要为线路的有效运能和各座车站的容量及站内设施能力，当高峰时段由于大客流等因素而需要采取单站限流或协同限流时，都要在满足上述资源能力限制的前提下，对线路上各座车站的客流需求进行控制，从而减少客流需求与能力供给之间的矛盾，最终的目标是保障线路上所有乘客的安全。

7.3.3 协同限流的作用及影响

对于协同限流而言，限流的作用除了保障乘客的安全，还能有效均衡列车能力利用与提高运营可靠性。而在限流的影响方面，主要体现在对不同车站乘客出行时间的不同影响。根据乘客所处车站的不同,这种影响又分为积极影响和负面影响两类。以图 7-7 中的车站 A 与车站 D 为例,对于车站 D 而言,原本因为到站列车能力不足而在站台多次留乘的乘客,在采取限流后能够陆续乘坐到站列车出发,限流减少了这部分乘客在站的候车时间,继而减少了乘客的出行时间;而对于限流车站 A 而言,限流增加了乘客额外等候时间,使得乘客的整体出行时间延长,容易引发乘客的烦躁和不满情绪。

图 7-7 描绘了上述两类车站乘客出行时间的不同影响,图中 t_1, t_2, t_3, t_4 分别表示 4 辆到站列车(列车 1、列车 2、列车 3、列车 4)在车站的出发时刻,不同色块的条带用于区分乘客在整个出行中涉及的各个过程所花费的时间。图 7-7(a)反映了 D 站乘客受限流影响的出行时间变化,在限流前,由于前三列列车到站时剩余能力不足,使得乘客只能一直留乘在站台,直到列车 4 到站才能上车;而对上游车站采取协同限流后,为 D 站预留了列车能力,此时,乘客在列车 2 到站时即可上车,从而缩短了乘客候车时间。图 7-7(b)反映了 A 站乘客受限流影响的出行时间变化,A 站作为限流车站,采取限流措施后,乘客须在站外排队等候进站,使得乘客的出行总时间中额外增加了在站外排队的等候时间。同时,由于 A 站站内加设栅栏以及关闭部分设施,这也使得乘客在站内的走行速度变慢。两部分的共同作用最终使得乘客整体出行时间延长。同时,这部分额外增加的等候时间和走行时间还使得乘客到达站台的时刻发生变化,由于限流后该乘客到达站台的时刻晚

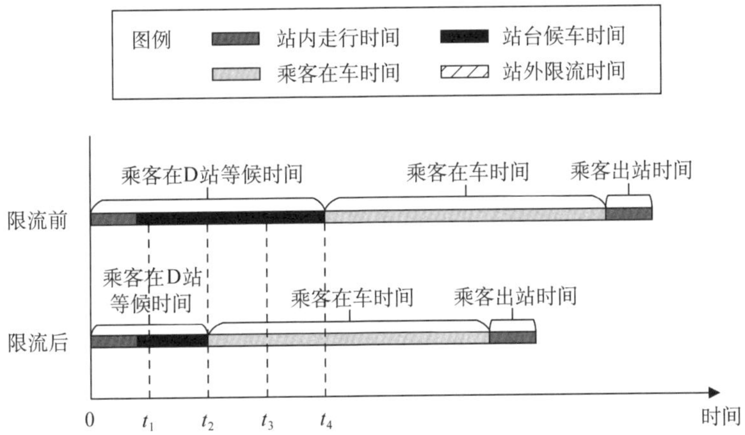

(a) 限流对D站乘客出行时间的影响

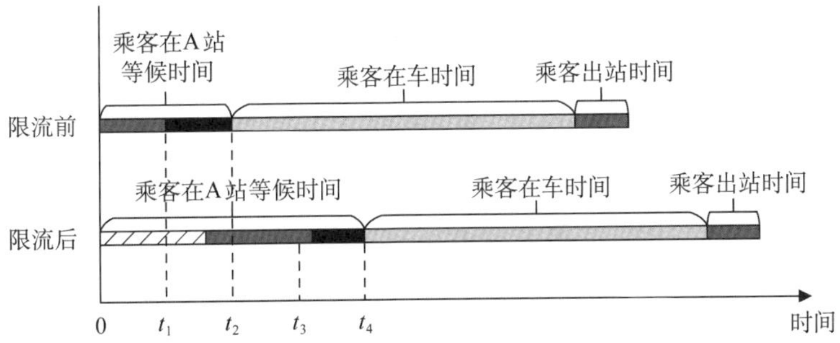

(b) 限流对A站乘客出行时间的影响

图 7-7　限流对不同车站乘客出行时间的影响

于列车 3 的到站时间，因此只能等待后续到站的列车 4，候车时间也会发生相应变化。

对于乘客而言，出行时间的延长无疑对出行造成了不利影响，尤其是早高峰的通勤客流，出行时间的延长增加了上班、上学迟到的风险，降低了乘客对城市轨道交通的满意度。

7.3.4 协同限流的方法

城市轨道交通协同限流的具体措施包括客流控制和站车协同两种。

1. 客流控制

客流控制是通过在车站内外设置限流节点，减缓乘客进站速度和限制单位时间乘客的进站量，调节客流在站内的时空分布，从而降低站内设施的服务压力与安全风险，保障运营安全。

限流节点通常集中在楼扶梯、进站闸机、售票机、换乘通道及车站的出入口等处，并根据车站限流的不同等级，按照"付费区→非付费区→出入口"的客流控制顺序来实施，如表 7-2 所列。

表 7-2 不同的车站限流等级所对应的站内限流节点

车站限流等级	启动条件	限流对象	限流节点
一级	站台客流积压过多	由车站付费区进入站台的客流	与站台连接的楼扶梯处
二级	站厅付费区聚集大量乘客	由车站非付费区进入付费区的客流	进站闸机、进入站厅前的通道、换乘通道
三级	一、二级车站限流不能缓解车站客流拥堵的情况下	进站客流	车站的出入口

1) 在付费区采取的控制措施

在站厅与站台的楼梯或扶梯连接处设置控制点，以减少到达站台的客流量。反向设置扶梯走向，将向下运行扶梯改为向上运行，引导乘客走楼梯，减缓乘客到达站台的速度。

在换乘通道设置铁马，动态调整换乘通道的宽度、走行距离或换乘流线。关闭换乘通道处的部分隔断门，控制进入换乘通道的客流量；对双向换乘通道采取单向换乘方案，缓解换乘通道双向客流的对冲。

2) 在非付费区采取的控制措施

在非付费区主要通过调整站内设施设备的使用数量来限制并减缓乘客进入付费区的数量和速度，如关闭部分自动售票机、减少进站闸机的开放数量、将进站闸机改为出站闸机、放慢安检速度、减缓人工售票等。在非付费区的站厅设置导流围栏，确保进入站内付费区的客流量相对稳定和有序。

3) 在出入口采取的控制措施

在出入口设置控制点，采取分批放行的形式，以减少进站人数。在出入口附近的站前广场上利用限流栏杆设置回形线路，以减缓乘客的进站速度。必要时，可封闭部分出入口，加快流出的客流量，控制进入的客流量，从而缓解站内的客流压力。

在实际现场运营过程中，在站外设置限流栏杆是城市轨道交通运营方最常采取的限流措施之一。按照限流栏杆布置形式的不同，可分为四类：通道型、T形、S形和S形入口前预留出口，表7-3对这四类限流栏杆的设置位置、特点及布置形式进行了总结。

表 7-3 四类限流栏杆的设置位置、特点及布置形式

类型	设置位置	特点	布置形式
通道型栏杆	出站楼扶梯延伸位置	1. 刚性限流手段（通过关闭部分入口的方式减少进站客流）； 2. 占地面积较小，设置简单	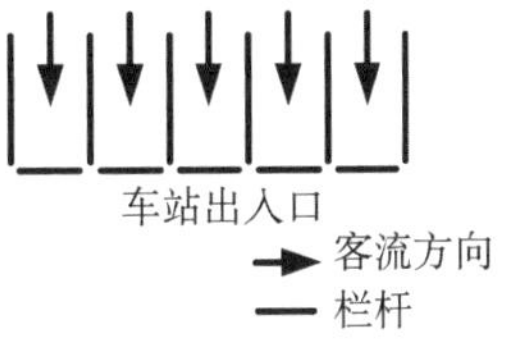
T形栏杆	出站楼扶梯两侧	1. 刚性限流手段（通过关闭部分入口的方式减少进站客流）； 2. 占地面积较小	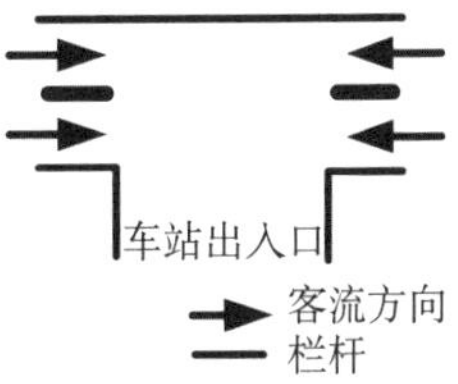
S形栏杆	出站楼扶梯延伸位置	1. 柔性限流手段（通过增加绕行距离减缓乘客进站）； 2. 占地面积大，易对地面道路资源造成影响	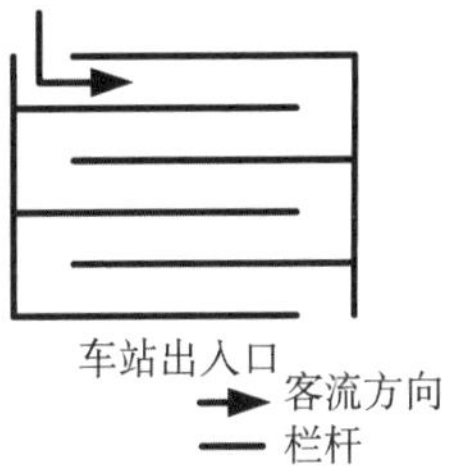
S形入口前预留出口	出站楼扶梯延伸位置，并在S形栏杆方阵与楼扶梯出口间预留一块区域，两侧分别设置开口	1. 柔性限流手段（通过增加绕行距离减缓乘客进站）； 2. 占地面积最大，易对地面道路资源造成影响	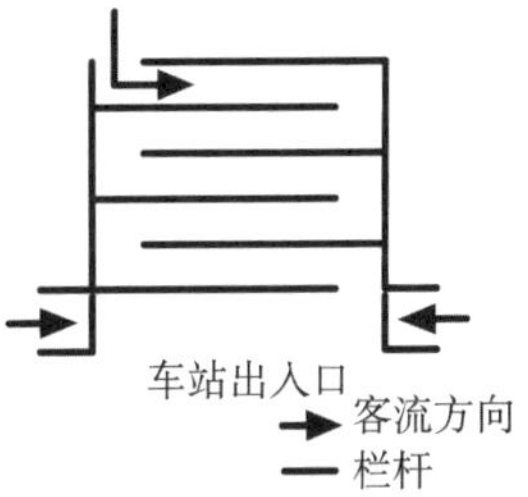

2. 站车协同

站车协同则是将客流控制与多种列车运行调整措施组合运用来缓解客流集聚在站内的问题，如上海轨道交通9号线的佘山站和泗泾站在早高峰时段采取的就是客流控制与列车跳停相结合的限流措施。常用的列车调整措施有加车、扣车、跳停、变更交路、备车投用等。

然而，除了客流控制和站车协同这两种限流措施以外，还应事先借助手机App、官网、新闻、广播、地铁电视、社交媒体等媒介，有针对性地将限流方案告知乘客，并提前组织好相关车站的工作人员，以便于限流的顺利实行。

3. 限流内容

1）限流时间

限流时间包含限流启动时刻及限流持续时间两部分。在常态运营条件下，限流启动时刻取决于客流的时间分布规律以及运输能力短缺时段。由于工作日早、晚高峰以通勤客流为主，因此，常态限流通常选取早高峰及晚高峰开始时刻作为限流启动时刻。限流持续时间则主要取决于高峰客流的持续时间，这与站台的能力和列车满载率等因素有关。从提高限流的效率以及方便乘客出行的目的出发，常态限流的启动时刻以及持续时间应该相对固定，且持续时间不应过短（如应大于 30 min）或过长（如不超过 90 min）[1]。在非正常运营条件下，限流启动时刻及限流持续时间主要取决于突发事件的性质、实际客流的变化等因素，应基于应急处置预案并根据现场实际情况进行实时调整。

2）限流地点

限流地点包含限流车站的选取及车站内限流位置的选取两部分。在常态运营条件下，限流车站主要以车站的进出站客流量作为选择依据，一般选择进站量大而出站量少的车站作为主要的限流车站。限流车站的选取也会受到限流时间段内客流流向的影响，在早高峰时段限流，客流方向以郊区向市区方向为主，因此，限流车站大多分布在城市外圈；在晚高峰时段限流，客流方向刚好相反，因此，限流车站大多分布在城市内圈。车站内限流的位置则主要集中在楼扶梯、进站闸机、售票机、换乘通道及车站的出入口等处，根据限流等级，应按“站台层→站厅层→换乘通道→出入口”的顺序来实施。

3）限流措施选择

限流措施与限流级别和限流强度有关。限流措施应根据客流等级、车站客流的拥挤程度和突发事件等级来科学选择。

7.3.5 限流方案的编制流程

限流方案的编制应以客流特征为依据，需要经历资料收集、初步方案制定、方案评估、方案实施与调整等四个过程，其中定期对限流方案进行评估与调整尤为重要。

7.3.6 常态限流方案的影响因素分析

1. 客流特征

客流作为城市轨道交通高峰时段常态限流方案的基础，其特征对限流方案的制订有着重要影响。具体而言，客流特征主要通过 OD 客流、客流在时间与空间上的分布等方面来体现。

1）OD 客流

OD 客流作为城市轨道交通高峰时段常态限流的基础，确定了初始的客流需求，具体包括乘客的出发车站（O 点）和目的车站（D 点）以及乘客在出发车站的进站时刻。目前，OD 客流数据可以通过 AFC 系统获取。既有研究中限流方案的编制大多以乘客的到达规律和下车比例为基础，因此不够精确；而 AFC 系统获取的则是每位出行乘客的刷卡记录，数据精度较高，可以满足高峰时段常态限流方案编制及优化的需要，得到的限流方案也更贴合实际现场情况。

基于 OD 客流可以获取线路上各座车站的进站量、出站量和换乘量，这三类不同的客流需求也会影响限流方案的制订，即进站客流、出站客流和换乘客流对限流方案中控制对象的先后顺序提出了不同要求——“先控制进站客流，再控制换乘客流，始终优先保障出站客流需求”。出站客流作为即将完成运输服务的客流，旨在快速离开车站，因此，在制订限流方案时，应该首先满足这类客流需求，避免因没有及时疏散瞬时到达的出站客流而造成站台、楼扶梯等站内设施的客流积压，进而影响进站客流接受运输服务。换乘客流作为已经在接受运输服务的客流，旨在通过换乘通道去换乘另一线路上的列车，鉴于实际现场中换乘通道的蓄客空间相对有限，而且在换乘通道内实施限流存在一定的难度，因此，在制订限流方案时，这类客流需求通常在进站客流之前加以满足。进站客流作为即将接受运输服务的客流，在制订限流方案时，往往成为这三类客流需求中最先被限制的对象。

2）客流的时间分布特征

对于城市轨道交通单线而言，客流的时间分布特征描绘了客流在不同时间段上的分布规律，对限流方案中限流时段的选定具有重要影响。考虑到在城市轨道交通单线限流问题中，限流的对象主要为进站客流，因此，主要针对线路上各座车站的进站客流时间分布特征进行分析，具体包括一周全日进站客流分布和一日分时进站客流分布。

（1）一周全日进站客流分布。

对于城市轨道交通车站而言，进站客流在一周内工作日与双休日呈现不同的分布规律。工作日，城市轨道交通以通勤客流为主，这部分客流的出行具有一定的规律，出行时间固定且集中在早、晚两个时段，客流潮汐性明显。因此，进站客流在工作日的早、晚固定时刻呈现急剧增长态势，并形成客流高峰。而在双休日，乘客出行时段相对分散，因此，进站客流相对于工作日要平稳一些，而且没有明显的客流高峰。鉴于这样的客流时间分布特征，常态限流一般选取工作日进行。

（2）一日分时进站客流分布。

对于城市轨道交通车站而言，进站客流在一日（工作日）内呈现早、晚高峰的双峰型分布规律。考虑到下班时间可能会受到加班等不确定因素的影响，因此，早高峰的进站客流增长相对晚高峰而言要更为集中、明显。图 7-8 所示是某城市轨道交通线的车站在工作日 6:00—12:00 时段每 15 min 进站客流分布情况，由图可见，进站客流在早高峰时段存在极端高峰，具体表现为极端高峰时段持续时间短、进站客流量大且集中。同时，对比该线路上各座车站的进站客流出现极端高峰的时间（图 7-9）可以发现，线路上处于不同位置车站的客流极端高峰的出现时刻有着一定的差异，具体表现为位于线路两端位置的车站的客流极端高峰出现时刻要早于位于线路中间位置的车站。鉴于这样的客流时间分布特征，常态限流一般选取工作日的早高峰进行，而且对于同一线路中处于不同位置的车站，其限流时间也应有所区别。

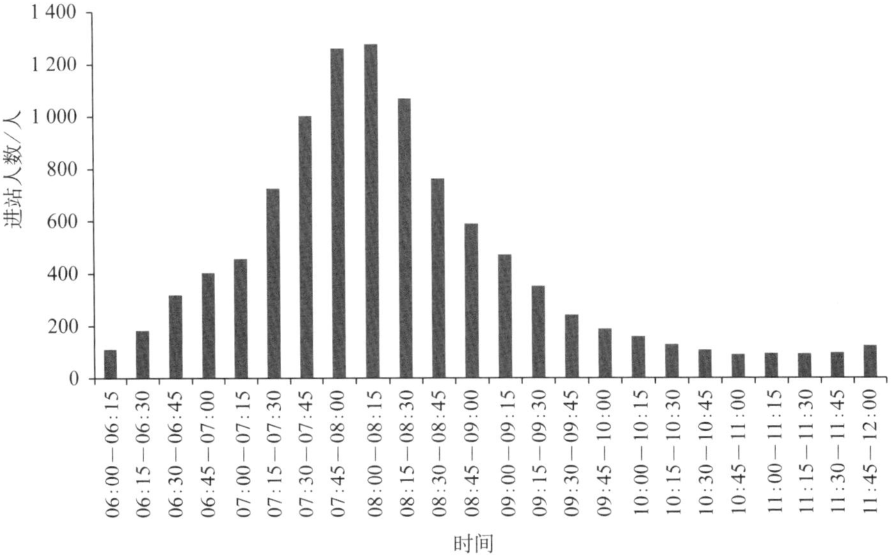

图 7-8　某站工作日 6:00—12:00 时段每 15 min 进站客流分布

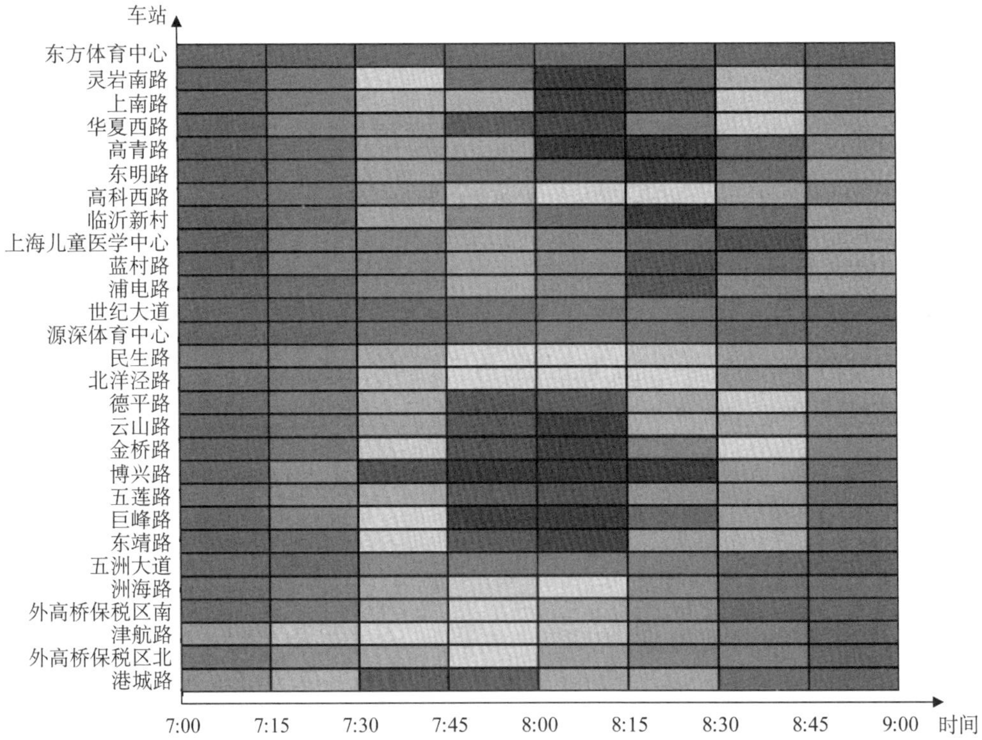

图 7-9　某城市轨道交通线各车站工作日早高峰期间进站客流极端高峰时段

3）客流的空间分布特征

对于城市轨道交通单线而言，客流的空间分布特征描绘了客流在线路不同方向、区间以及车站内不同位置的分布规律，对限流方案中限流车站及站内节点的选定具有重要影响，具体包括断面客流空间分布和站内客流空间分布。

（1）断面客流空间分布。

对于城市轨道交通单线而言，由于线路途经区域用地性质的不同，使得高峰时段线路在各个区间断面的客流量也有所不同，甚至同一断面的双向客流量之间也有较大的差异。图 7-10 所示是某城市轨道交通线某工作日早高峰时段 5 min 的断面客流分布情况，由图可见，该线的早高峰客流存在一定的不均衡性，具体表现为客流在上、下行方向上的不均衡以及在各个区间断面上的不均衡。

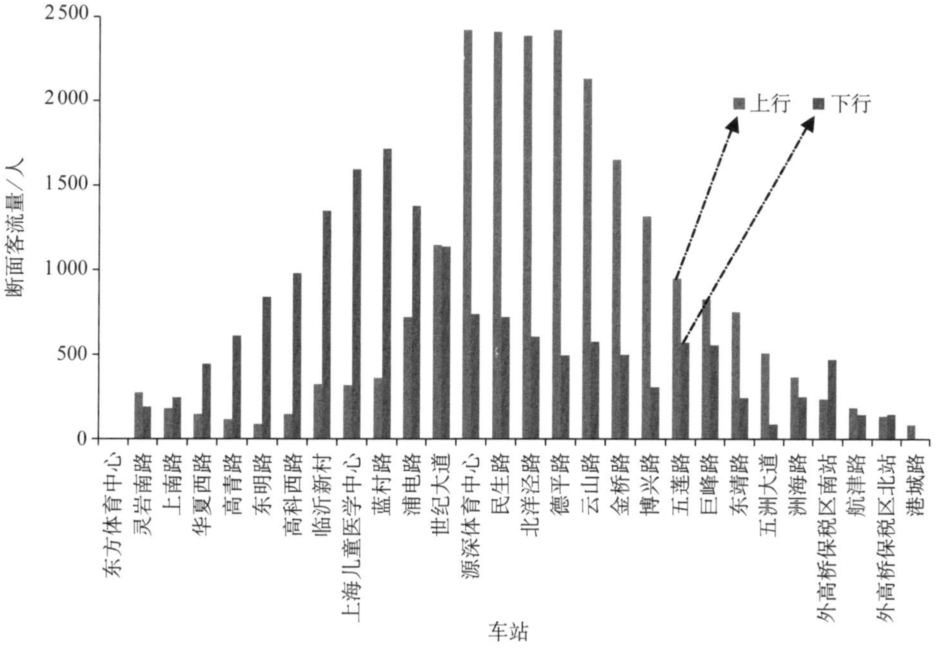

图 7-10　某城市轨道交通线工作日早高峰时段 5 min 断面客流量分布

图 7-10 中，该线的下行方向为东方体育中心至港城路方向，而上行方向为港城路至东方体育中心方向。早高峰时段，位于线路两端站点的居民基于通勤需求集中向市中心方向移动，因此，在图 7-10 中，线路两个方向的断面客流量都呈现出向线路中间靠拢的特征，具体表现为上行方向的断面客流量以世纪大道站为节点，在世纪大道站之前的客流量迅速增长，而在经过世纪大道站之后，断面客流量迅速衰减；下行方向的断面客流量则以蓝村路站为节点，在蓝村路站之前的断面客流量逐渐增长，而在经过蓝村路站之后，断面客流量逐渐衰减。同时，上行最大断面客流量也要明显高于下行最大断面客流量，故线路上行方向为重客流方向。鉴于这样的断面客流空间分布特征，在对限流车站进行选择时，需要重点关注处于重客流方向拥挤区段及其附近的车站。

虽然限流车站的选取旨在缓解线路重客流方向上的客流压力，但考虑到实际现场的操作难度，无法针对线路上某一方向的客流进行控制，因此，在实际操作时，限流的实施对线路两个方向的乘客出行均会产生影响。但根据重客流方向上几座主要车站的5 min上、下行进站人数统计(表7-4),同一车站的双向进站客流在数量上有着明显差异,因此,实施限流虽然会对线路另一个方向的乘客出行造成影响,但因为另一个方向的乘客数量相对较少,所以影响并不大。

表7-4 某城市轨道交通线工作日早高峰时段5分钟进站分布

车站	上行进站客流/人次	下行进站客流/人次	总进站客流/人次	上行客流占进站客流比例	下行客流占进站客流比例
东靖路	136	9	145	93.79%	6.21%
巨峰路	173	98	271	63.84%	36.16%
五莲路	195	18	213	91.55%	8.45%
博兴路	363	35	398	91.21%	8.79%
金桥路	193	25	218	88.53%	11.47%
云山路	196	5	201	97.51%	2.49%
德平路	178	6	184	96.74%	3.26%
北洋泾路	91	15	106	85.85%	14.15%
民生路	53	7	60	88.33%	11.67%
源深体育中心	23	7	30	76.67%	23.33%

(2) 站内客流空间分布。

对于城市轨道交通车站而言,客流在站内的空间分布与客流类型及客流流向有关。进站客流通过不同的出入口进入车站,先后经过售票机、安检仪、进站闸机、楼扶梯等设备从非付费区的站厅向付费区站台移动,最终搭乘列车离开。出站客流随着列车到达车站进入站台,经过楼扶梯、出站闸机等设备后,最终从车站各出入口离开车站。换乘站的换乘客流包含从本线换到他线的换出客流和从他线换入本线的换入客流两种,这类客流利用楼扶梯及换乘通道等设备,最终完成从到达车站的站台到换乘线路的站台的移动过程。高峰时段,上述不同类型的客流在车站内的移动轨迹,形成了客流在车站内的空间分布特点,一方面,表现为乘客集中分布在进站闸机和楼扶梯等空间狭窄区域,另一方面,表现为客流伴随列车到站而在站台产生瞬时积压的情况。鉴于这样的站内客流空间分布特征,在对车站内限流节点进行选择时,需要重点关注客流在站内的拥堵点以及不同功能区域(如站台、站厅非付费区与付费区)之间的转换节点。

2. 列车开行计划

列车开行计划由全日行车计划、列车开行方案、列车运行图和车辆运用计划组成,包含了全日分时行车间隔、列车编组及定员、列车交路、停站方案以及车底数量运用等要素。对于城市轨道交通单线而言,列车的开行交路、采用的停站方案和全日分时行车间隔决定了单位时间内通过线路上各座车站的列车数量;而列车的编组及定员数和列车最大满载率则决定了每一列列车的最大载客能力。一定程度上,列车开行计划决定了城市轨道交通单线的运输供给能力,而线路运能的供给情况作为线路运能的一种约束,决定了乘客与列车的匹配情况,继而影响着城市轨道交通单线高峰时段常态限流方案的制订。

对于城市轨道交通单线上的各座车站而言,上车人数不应超过到站列车的剩余载客能力。而到站列车的剩余载客能力是由列车的最大载客能力、上游车站对列车能力的占用情况以及该站的下车人数共同决定的。当站台上的候车乘客数量超出到站列车的剩余载客能力时,超出部分的乘客将无法上车,从而形成乘客留乘。

图 7-11 反映了该线路在早高峰时段的行车间隔、列车交路、停站方案和运用的车底数量,决定了早高峰时段该线路的运能供给大小。从图 7-11 来看,列车采用大小交路的运行方式,这样的交路开行方式会对乘客的车次选择产生影响,继而影响乘客与列车的匹配情况和站台乘客的留乘情况。以图 7-12 进行具体说明,假设巨峰路站的候车乘客要前往东方体育中心站,而首先到站的小交路列车运行区段不包含乘客的目的地车站,因此,乘客可能选择等待之后的大交路列车而在站台留乘。此时,乘客的留乘并非因为到站列车能力不足,而是受到乘客去向与列车去向不匹配的影响,即乘客是否在站台留乘除了受乘客进站时刻、列车剩余能力的影响以外,还取决于该列车的运行区段是否包含乘客去往的目的地。

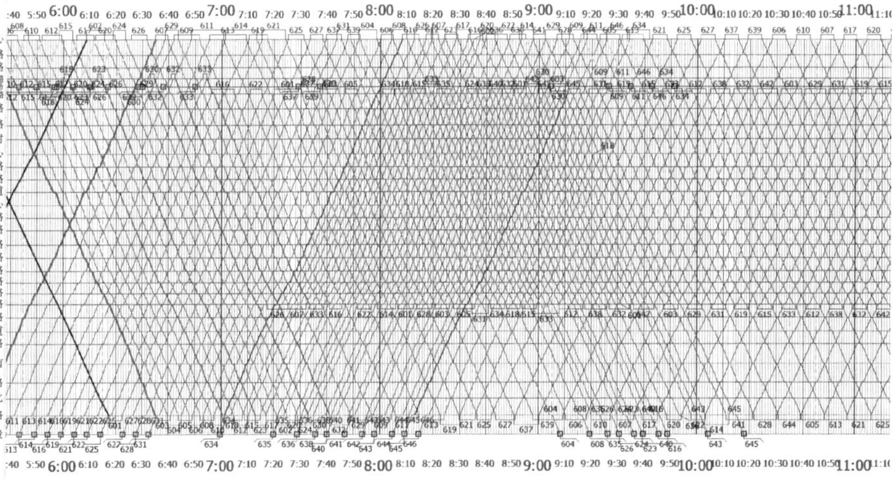

图 7-11 某城市轨道交通线路工作日列车计划运行图(早高峰)

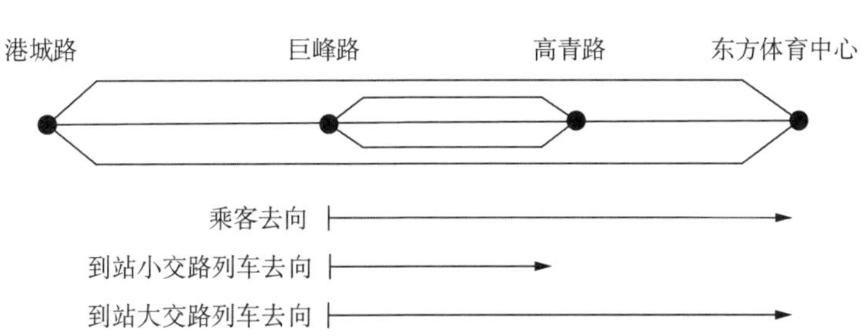

图 7-12 列车交路对乘客车次选择的影响

在制订限流方案时，应重点关注线路运能供给不足以及占用较大运能的车站，同时考虑列车交路对乘客车次选择的影响。其中，线路列车对车站的运能供给由列车剩余载客能力与该站的下车人数决定，而车站客流对列车运能的占用则可由列车在该车站前后两个区间的满载率变化值体现。

3. 车站的设施能力

城市轨道交通车站的设施按其服务功能可分为信息诱导设施和乘客服务设施两类。其中，信息诱导设施主要包括线路级车站标识、方向性标识、说明性标识、警示性标识及信息图等，用于向乘客公示车站的常态限流方案及提示信息。而乘客服务设施主要包括出入口、自动售票机、安检仪、进出站闸机、楼扶梯、通道、站厅及站台等，包含了乘客在进入及离开车站过程中涉及的所有设施，这些乘客服务设施的规模、布局及运用方案对城市轨道交通单线高峰时段常态限流方案的制订有着重要影响。根据乘客服务设施的不同属性，又可将其划分为通过型设施和容纳型设施两类。

1）通过型设施

通过型设施包括自动售票机、安检仪、自动检票机、楼扶梯及通道等，此类设施的通过能力一般由设施的数量及尺寸决定，意指单位时间内通过这些设施的乘客人数。一方面，在高峰时段，由于车站内部乘客较多，容易导致部分设施能力不足，继而造成乘客在设施处拥堵的情况，产生安全隐患，因此，这类设施的通过能力在一定程度上限制了乘客在站内的移动速度和车站能力。现行的《地铁设计规范》(GB 50157—2013)中给出了上述设施的最大通过能力，具体如表 7-5 所列。

表 7-5 城市轨道交通车站通过型乘客服务设施最大通过能力

<table>
<tr><th colspan="3">设施名称</th><th>最大通过能力/(人次·h^{-1})</th></tr>
<tr><td colspan="3">人工售票口</td><td>1 200</td></tr>
<tr><td colspan="3">自动售票机</td><td>300</td></tr>
<tr><td rowspan="3">自动检票机</td><td>三杆式</td><td>非接触 IC 卡</td><td>1 200</td></tr>
<tr><td>门扉式</td><td>非接触 IC 卡</td><td>1 800</td></tr>
<tr><td>双向门扉式</td><td>非接触 IC 卡</td><td>1 500</td></tr>
<tr><td colspan="2" rowspan="3">1 m 宽楼梯</td><td>下行</td><td>4 200</td></tr>
<tr><td>上行</td><td>3 700</td></tr>
<tr><td>双向混行</td><td>3 200</td></tr>
<tr><td colspan="2" rowspan="2">1 m 宽通道</td><td>单向</td><td>5 000</td></tr>
<tr><td>双向混行</td><td>4 000</td></tr>
<tr><td colspan="2" rowspan="2">1 m 宽自动扶梯</td><td>输送速度 0.5 m/s</td><td>6 720</td></tr>
<tr><td>输送速度 0.65 m/s</td><td>≤8 190</td></tr>
<tr><td colspan="2" rowspan="2">0.65 m 宽自动扶梯</td><td>输送速度 0.5 m/s</td><td>4 320</td></tr>
<tr><td>输送速度 0.65 m/s</td><td>5 265</td></tr>
</table>

另一方面，当车站内部客流过大需要采取限流时，又可以通过调节这些设施的数量及运用方式，达到限制客流量的目的。在制订高峰时段车站限流的具体措施时，可以通过减少自动售票机、自动检票机的开放数量来降低设施的通过能力，从而控制进入付费区的乘客人数；也可以通过改变闸机的属性（进站、出站）、站台至站厅自动扶梯的运行方向来调整设施的服务对象，从而优先保障出站客流快速出站的需求得到满足，使车站不再有进一步的客流积压。

2）容纳型设施

容纳型设施包括站厅、站台及站外空间，通常为各类客流汇集的场所，此类设施的容纳能力一般直接决定了车站的客流承载能力。

站厅作为各类客流交叉汇集的空间之一，是集合了售票、检票和空间转换等多种功能于一体的中转层。站厅层的进、出站闸机将空间划分为付费区和非付费区两个部分，因而，站厅时常作为城市轨道交通高峰时段常态限流的站内主要限流节点，有效控制乘客从非付费区向付费区移动。在制订高峰时段车站限流的具体措施时，一方面，可以通过控制站厅层内的各类通过型设施（如自动售票机、自动检票机）的开放数量，以达到限流目的；另一方面，也可以通过在站厅层设置导流围栏的方式来减缓乘客的走行速度，以达到限流的目的。

站台作为乘客进行候车及乘降的主要场所，是站内最容易发生乘客积压的地方。在高峰时段，伴随着列车到站，站台上瞬时集聚了包括出站乘客、候车乘客和换乘乘客在内的大量客流，一旦超出站台的容纳能力，则会产生巨大的安全隐患。通常，站台的最大容纳能力可由式(7-1)确定：

$$C_p = L_p \cdot W_p \cdot \rho_p \tag{7-1}$$

式中 L_p，W_p ——站台的理论长度和宽度；

ρ_p ——站台上的最大乘客密度，人/m^2。

根据站台的不同布置形式，可将其划分为侧式站台、岛式站台和混合式站台三种。对于侧式站台而言，上、下行方向的乘客分别在线路两侧的站台候车，互不干扰；对于岛式站台而言，上、下行方向的乘客均在同一站台候车，两个方向的客流相互影响并在同一站台叠加，更易超过站台的安全容纳范围。

站外空间作为限流后容纳乘客排队等候进站的主要场所，其容纳能力一定程度上决定了限流强度的大小。如果车站在某一时段实施限流，则该时段的进站需求及限流强度决定了这一时段被限制在站外等候进站的乘客数量，若这一数量超出了车站站外空间的容纳能力，则会导致站外客流拥堵，继而影响站外乘客的安全。

3）决定车站能力的关键设施

尽管上述所有设施的能力均是限制车站能力的重要因素，但对于城市轨道交通单线高峰时段常态限流而言，站台的容纳能力才是最终决定车站能力的关键，原因主要有以下几个方面。

（1）站台的客流冲突最多，尤其是岛式站台，包含了两个方向的候车乘客以及下车出站或换乘的乘客。虽然站厅也汇集了各类客流，但站厅的蓄客能力相对于站台要充裕得多，因而站厅上的客流拥堵与对冲现象没有站台严重。

（2）站台的集聚客流难以疏散。不同于站内的通过型设施，站台作为车站的终端，所有客流最终都将聚集于此，积压的客流只能依靠到站列车才能得以疏解。在高峰时段，候车乘客较多而到站列车能力有限，使集聚客流难以被疏散。

（3）站内通过型设施的最终服务能力除了受其本身尺寸限制以外，还受到乘客操作的熟练度以及设备性能的影响，换言之，乘客在这些设施处的拥堵并非仅仅因为客流过大，而有可能是由于乘客的操作不够熟练导致占用时间过多，或是设备故障无法服务造成的。如果仅以这些设施的能力来衡量整个车站的能力会略显片面。

因此，在多数情况下，站台是存在最大安全隐患的设施，在进行常态限流时，应以站台的安全为先，将站台的容纳能力作为车站能力的一种约束来制订限流控制方案。

4. 车站的限流优先级

对于城市轨道交通单线而言，车站的限流优先级是指线路上各座车站在选取限流车站时的先后顺序，通常，一座车站的车站优先级越高，其成为限流车站的可能性就越大。因此，车站优先级对于城市轨道交通单线高峰时段常态限流方案的制订也有着重要影响。一般，车站的限流优先级可以通过车站的类型、位置以及外部环境等方面来确定。

1）车站的类型

城市轨道交通车站可按其运用功能的不同分为换乘站和一般站两类。其中，一般站只供乘客上、下车之用，而换乘站除了供车站吸引范围内的乘客上、下车之外，还要为线路间需要进行换乘的乘客提供便利的换乘服务。换乘站由于包含了进站客流和换乘客流这两种需求，客流压力相较于一般站要大。因此，换乘站作为城市轨道交通系统中的关键节点，其客流需求往往成为单线常态限流中需要重点保障的对象。基于上述原因，一般站的限流优先级要高于换乘站，原则上不选取换乘站作为限流车站。

2）车站的位置

城市轨道交通车站的位置包括地理位置和相对位置两种，其中，地理位置是车站所处的城市位置，而相对位置则是车站与线路上运能供给不足的车站之间的相对距离。以上海为例，城市的外围区域多为居住区，而中心城区主要用于商务办公，因此，在早高峰时段，乘客的流向表现为从城市外围区域向中心城区移动。此时，位于城市外围区域的车站的限流优先级应高于中心区域的车站，在晚高峰时段，由于客流流向的转变，两类车站的限流优先级恰好与早高峰时段的情况相反。对于城市轨道交通单线而言，为了保障线路重点车站（如换乘站）的客流需求，需要线路上其他车站配合采取协同限流，为重点车站预留列车能力。此时，距离重点车站越近的车站，相应地列车途经的中间站就越少，即越能将列车能力直接预留给重点车站。因此，距离线路重点保障车站越近的车站，其限流优先级越高。

3）车站的外部环境

实施限流后，乘客需在站外排队等候进站。如果一座车站的站外空间越大，其可容纳的排队乘客就越多。因此,对于一些站外广场排队空间较为紧张的车站而言,其限流优先级应较低。同时,考虑到实施限流后,乘客的等待时间也相应延长,对于不能忍受较长等待时间的乘客可能会转换其他交通方式出行,因此,周边有可替代的其他交通方式的车站,其限流优先级应高于周边没有其他可替代交通方式的车站。

5. 组合因素对限流方案的影响分析

通过前述分析,城市轨道交通单线高峰时段常态限流方案的制订主要受到客流、列车开行计划、车站设施能力和车站的限流优先级等因素的影响,这些因素与限流方案之间、因素与因素之间相互作用、相互影响。

下面就从车站层面和线路层面对上述影响因素与限流方案之间的作用关系进行分析。

1) 车站层面

图 7-13 展示了各影响因素与限流方案在单座车站内的作用关系。对于换乘站而言,车站限流方案作用于进站需求与换乘需求,继而产生进站客流与换入客流;列车根据列车运行计划到达车站,一方面,满足了上车客流,另一方面,产生了出站需求及换出需求,继而产生下车客流(包含出站客流及换出客流)。车站限流方案同时还会对站内的设施能力产生影响,在二者的共同作用下,决定了车站内的进站客流量、换入客流量、出站客流量及换出客流量。对于一般站而言,除了不涉及换乘相关的客流需求以外,其余因素的作用关系与换乘站相同。

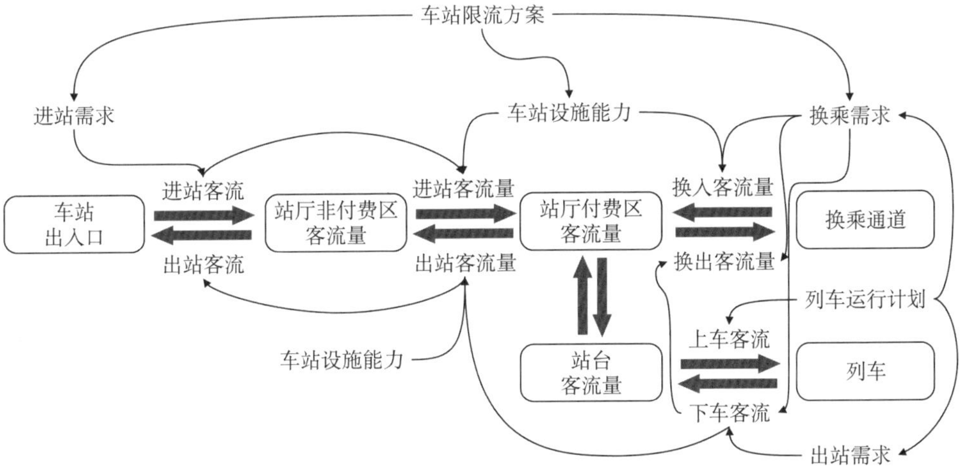

图 7-13 各影响因素与限流方案在城市轨道交通车站内部的作用关系

2) 线路层面

图 7-14 展示了各影响因素与限流方案在城市轨道交通单线层面的相互作用关系。通过对 OD 客流、设施能力、限流优先级以及列车运行计划的分析,可以确定城市轨道交通单线常态限流方案。而实施的限流方案又会反过来使 OD 客流发生变化,影响限流车站的客流需求,进而产生新的进站客流量及换入客流量。图 7-15 为限流方案的制订流程。

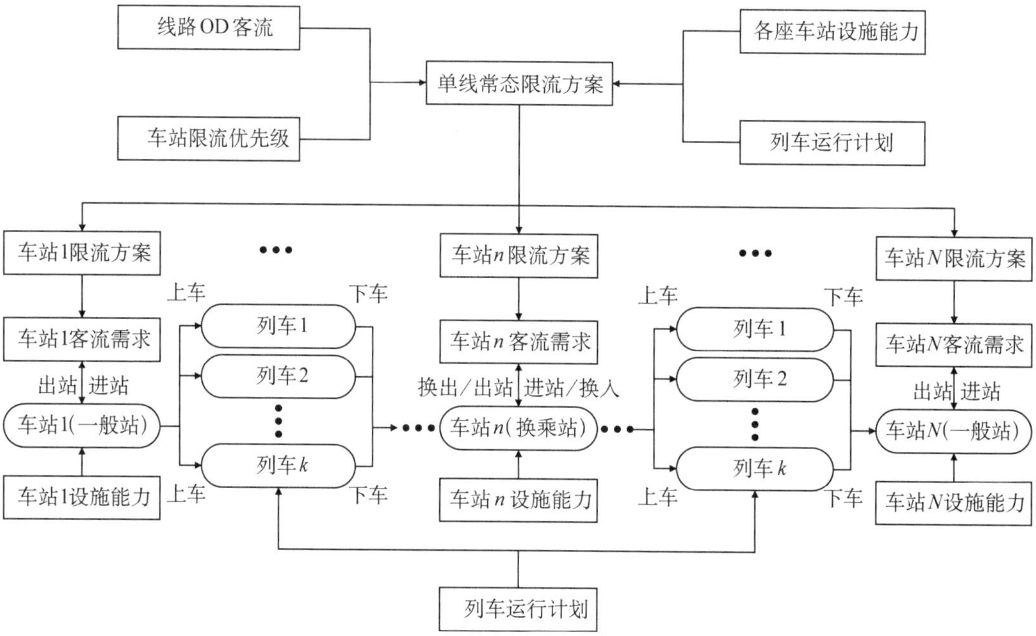

图 7-14　城市轨道交通单线层面各影响因素与限流方案之间的关系

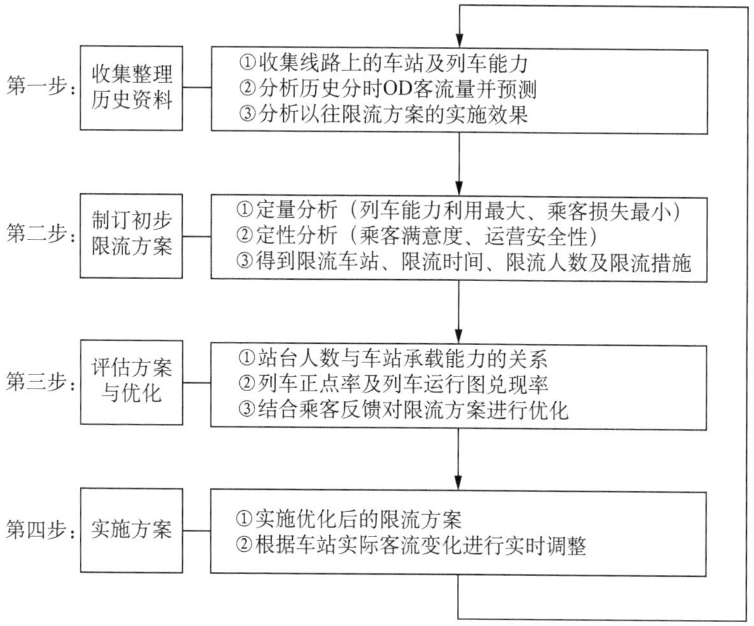

图 7-15　限流方案的制订流程

对于城市轨道交通单线而言，各座车站的客流主要通过线路上的列车产生联系。限流方案的实施，使得各座车站的实际进站人数发生了变化，继而影响车站的上车人数。而上游车站的上车人数一方面改变了列车到达下游车站前的剩余载客能力，另一方面也决定了列车在下游车站的下车人数，从而影响下游车站的上车人数。

7.4 线路限流与列车跳停协同优化模型

7.4.1 研究现状

城市轨道交通线路限流与列车跳停协同优化属于站车协同优化问题。在线路多车站系统限流方面，姚向明等[13]构建了多线路乘客出行延误最小和运能利用最大的进站客流协同控制模型，并采用数学规划方法进行求解。石俊刚等[14]以安全为导向，构建了以乘客等待时间最小为目标的高峰时段多车站客流协同控制模型。在线网协同限流方面，刘莲花等[11]提出了城市轨道交通网络客流控制的概念，并提出车站层、线路层和网络层的分层定性控制方法与主要步骤。易晨阳[15]分析了大型活动散场时的大客流出行特征，提出了计算客流控制启停时段的方法，构建了网络客流协调控制模型。曾璐等[16]从轨道交通网络整体可控的角度，提出大客流情况下车站限流的优化方法。

站车协同优化是一个在不确定环境条件下的实时决策与调度过程，需要从乘客和列车等多方面进行综合决策。在城市轨道交通系统的实际运营过程中，大客流出行需求可能使得列车运行计划失效[17]。Y. Gao 等[18]发现优化后的列车跳停模式可以迅速减少滞留乘客的数量。在关于城市轨道交通线路客流过度拥挤场景的研究中，H. M. Niu 和 X. S. Zhou[19]考虑了乘客和列车出发时刻，以最大限度地减少乘客的等待时间。此外，H. M. Niu 等[20]将列车跳停模式集成到非线性模型中，通过联合考虑跳停模式和客流时空分布需求来精确计算乘客的等待时间。城市轨道交通列车跳停问题中的优化目标主要集中在三个部分(列车延误时间、总行程时间和总成本)的最小化。

然而，以上研究没有考虑到乘客被滞留的时间以及城市轨道交通线路上列车容量利用的均衡程度。此外，上述研究的焦点都集中在解决列车延误和运营中断问题上，此时的列车运行调整属于被动策略。站车协同中的列车跳站运行策略则更具有前瞻性，即在过度拥挤的情况下快速平衡列车能力的利用。目前，协同考虑城市轨道交通限流与列车运行调整的研究较少。Z. B. Jiang 等[3]研究了考虑站台滞留的多站协同限流问题，以乘客安全利益最大化为目标，构建了基于强化学习的协同优化模型。S. K. Li 等[21]提出了一种在城市轨道交通过饱和线路上协同优化列车时刻表和客流控制策略的线性规划模型，以最大限度地减少所有相关车站乘客的总候车时间。

站车协同管控是对客流预测预警结果做出的实时响应，如何依据动态的客流需求、列车实际运行和车站设施设备实时占有情况制订出动态、有效的站车协同管控方案，是保障运营安全和提升运行效率的关键。考虑到传统运筹学和启发式算法无法满足复杂网络中高强度客流与列车交互的实时决策要求，本章提出一种基于 Q 学习方法的城市轨道交通线路站车协同优化方案，它能够通过局部决策对网络环境的动态变化做出及时响应。在综合考虑站台滞留乘客的安全性和列车有效运能利用的均衡性的前提下，构建以线路乘客滞留惩罚值最小为目标的模型。线路进站客流的协同控制有助于缓解需求压力，确保过度拥挤的城市轨道交通车站的安全，而列车运行调整停车有助于平衡列车的使用容量，提升了站车协同管控方案的全局前瞻性。

7.4.2 问题描述

高峰时段部分线路超负荷运行，车内拥挤，站台处乘客滞留积压严重，造成了极大的客流安全隐患。同时，列车运能匹配不均衡和车站大客流冲击引发的列车延误和乘客“吊车门”现象，可能导致网络内列车和乘客延误的传播。在高峰时段，如果未采取进站客流管控措施，往往会导致大量乘客被滞留在站台上。当站台上乘客的密度超过临界密度时，极有可能会造成乘客拥挤甚至踩踏事故。为了缓解大客流出行需求的压力，迫切需要尽快疏散站台的滞留乘客。在发车频率已经很高的情况下，很难进一步增能，特别是在高峰时段。而合理的列车跳停策略则可以有效地平衡列车容量，并在过度拥挤的情况下快速运送乘客。因此，在保障乘客安全的前提下，采取线路限流与列车跳停协同优化方案可以实现快速疏散客流的目的。

考虑列车跳停模式的站车协同优化方案如图 7-16 所示。当列车容量被上游车站快速占用时，容易造成线路下游车站的拥挤，例如，当车站 $(i+1)$ 的候车客流量超过站台的安全容量时，必须控制车站 $(i+1)$ 的进站客流量以确保乘客的安全。然而，列车 k 的容量主要被车站 i 和车站 $(i-1)$ 的乘客快速占用，仅采取进站客流控制策略不足以减轻车站 $(i+1)$ 的拥挤。因此，客流控制策略应该与停站模式相结合，即列车 k 跳过上游车站[车站 i 或车站 $(i-1)$]，将列车 k 的容量预留给下游车站 $(i+1)$ 的乘客，从而确保车站 $(i+1)$ 的乘客安全。

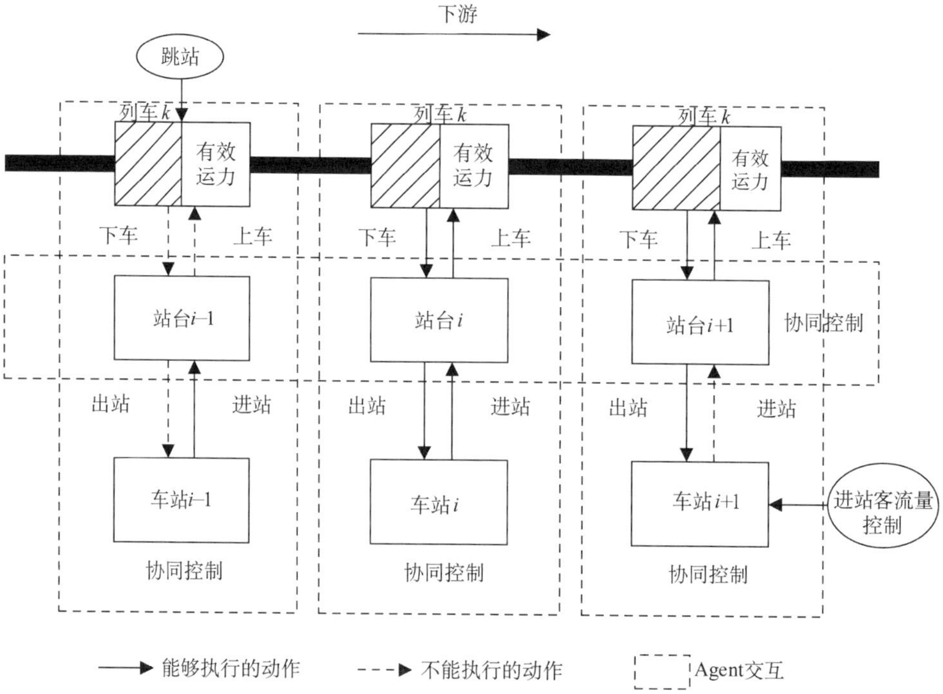

图 7-16 考虑列车跳停模式的进站客流协调控制

在图 7-16 中，一方面，当列车 k 跳过车站 $(i-1)$ 时，在站台 $(i-1)$ 等待的乘客不得不再次滞留。另一方面，在车站 $(i+1)$ 采取进站客流控制策略，以确保乘客的安全。列车 k 的容量保留给车站 i 和车站 $(i+1)$ 处的乘客，因此，在车站 i 和车站 $(i+1)$ 处滞留的乘客可以登上列车 k，从而能够有效减轻过度拥挤的车站 i 和车站 $(i+1)$ 的安全风险。

要解决的问题关键是如何制订出合理的城市轨道交通线路列车跳停与进站客流管控协调优化方案。更具体地说，要做出的决策包括何时在哪些车站采取进站控制策略、单位限流时段内限流车站的最佳限流率以及列车的最佳停站模式。在制订站车协同方案时，客流需求、列车和站台的剩余有效容量、乘客进站控制和列车的停站模式等因素彼此之间具有强烈的相互作用。进站限流率决定了乘客是否可以成功进站，列车的有效容量及其停站模式与站台上的候车客流量密切相关。从车站间客流协同控制的角度来看，线路上滞留乘客的分布决定了协调控制的车站，及其相应的限流率以及最佳的列车跳停模式。

7.4.3 模型构建

1. 参数说明和假设

1）参数说明

表 7-6 列出了与站车协同优化相关的集合与符号参数。

表 7-6 站车协同相关集合和参数说明

集合/参数	定义
I	车站(站台) i 的集合
J	乘客 j 的集合
K	列车 k 的集合
T	时刻 t 的集合
C_k	列车 k 的容量
φ	列车最大满载率，$\varphi=0.8$
A_i	站台 i 的容量
θ	站台最大满载率，$\theta=1.2\sim1.4$
$t_{i,k}^{w}$	列车 k 在站台 i 的停站时间
$t_{i,k}^{o}$	列车 k 在站台 $(i-1)$ 与站台 i 区间的运行时长
$H_{\min}$	列车安全追踪间隔
s_j^{O}	乘客 j 的始发站
t^{e}	从起始站出入口至站台的走行时间

（续表）

集合/参数	定义
p_j^{O}	乘客 j 的起始站台
$T_{i,j}^{\mathrm{A}}$	乘客 j 进入起始站 i 的时刻，$i=s_j^{\mathrm{O}}$
$T_{i,j}^{\mathrm{B}}$	乘客 j 到达起始站 i 站台的时刻，$T_{i,j}^{\mathrm{B}}=T_{i,j}^{\mathrm{A}}+t^{\mathrm{e}}$
$T_{j,k}^{\mathrm{C}}$	乘客 j 登上列车 k 的时刻
$T_{i,k}^{\mathrm{d}}$	列车 k 离开站台 i 的时刻
$T_{i,k}^{\mathrm{a}}$	列车 k 到达站台 i 的时刻
$P_{i,n}^{\mathrm{q}}$	在时间段 n 到达车站 i 的客流量

2）决策变量的定义

站车协同优化相关的决策变量，如表 7-7 所列。

表 7-7　决策变量定义

变量	定义
$\alpha_{i,n}$	第 n 个时段车站 i 的限流率
$h_{i,k}$	0-1 变量，如果列车 k 在车站 i 停车，那么，$h_{i,k}=0$；如果列车 k 跳过车站 i，那么，$h_{i,k}=1$
$q_{i,j,t}^{\mathrm{d}}$	0-1 变量，如果乘客 j 在 t 时刻被滞留在车站 i，那么，$q_{i,j,t}^{\mathrm{d}}=1$，否则，$q_{i,j,t}^{\mathrm{d}}=0$
$q_{i,j,t}^{1}$	0-1 变量，如果乘客 j 在 t 时刻在 O 站的站台 i 候车，那么，$q_{i,j,t}^{1}=1$，否则，$q_{i,j,t}^{1}=0$
$q_{j,k}^{2}$	0-1 变量，如果 $T_{i,j}^{\mathrm{B}}\leqslant T_{i,k}^{\mathrm{d}}$，$i=p_j^{\mathrm{O}}$ 并且乘客 j 在列车 k 上，那么，$q_{j,k}^{2}=1$，否则，$q_{j,k}^{2}=0$
d_j	乘客 j 被滞留在 O 站的次数
$X_{i,(t1,t2)}$	t_1 到 t_2 从站台 i 离开的车辆数
$P_{i,n}^{\mathrm{p}}$	车站 i 在时段 n 的累积客流量
$P_{i,n}^{\mathrm{e}}$	车站 i 在时段 n 的累积进站客流量
$P_{i,t}^{\mathrm{r}}$	t 时刻站台 i 的累积候车客流量
$P_{i,k}^{\mathrm{in}}$	列车 k 到车站 i 时车内客流量
$P_{i,k}^{\mathrm{b}}$	列车 k 在站台 i 的上车人数
$q_{i,k}^{\mathrm{c}}$	列车 k 离开站台 i 时剩余的有效容量
$q_{i,k}^{\mathrm{a}}$	列车 k 在站台 i 处的下车人数

3）模型假设

（1）同一个车站不能被两列相邻列车跳过；

（2）同一列车不能连续跳过相邻的两个车站。

2. 模型目标和约束

1）模型目标

随着拥挤程度的增加，乘客的总旅行时间和乘客滞留在站台的频率也将增加。乘客被滞留在整条线路上的惩罚值可用于表示列车运能利用的均衡程度和乘客安全。因此，站车协同的目标是最大限度地减少整条线路上被滞留乘客的惩罚值。这意味着，乘客的滞留惩罚值越低，乘客出行越安全，线路运营效率也越高。模型目标函数如式(7-2)所示：

$$\min Z=\sum_{i=1}^{I}\sum_{j=1}^{J}\sum_{t=1}^{T}q_{i,j,t}^{\mathrm{d}}\cdot d_j,\ d_j\in D \tag{7-2}$$

采取站车协同策略前后滞留乘客的分布如图 7-17 所示。

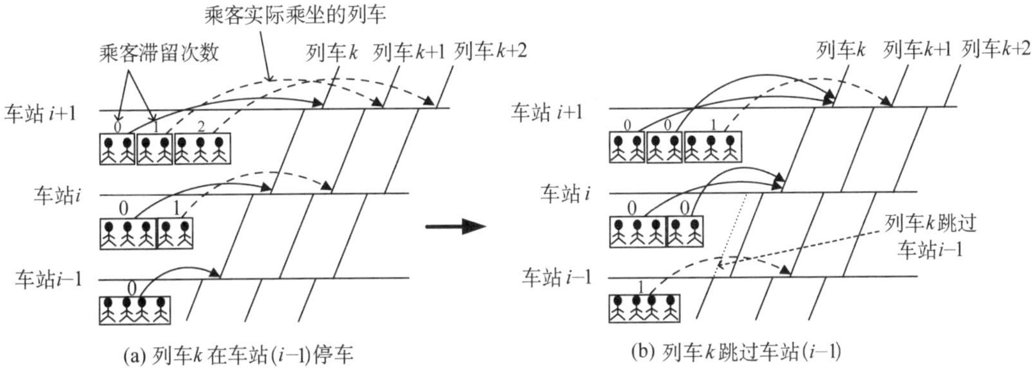

图 7-17 采取站车协同策略前后站台滞留乘客的分布

假设列车剩余有效运能可容纳 7 名乘客，如图 7-17(a)所示，如果列车 k 在车站 $(i-1)$ 停站，则在车站 $(i-1)$ 等候的 4 名乘客可以全部登上列车 k。这将导致 2 名乘客在车站 i 被滞留 1 次，在车站 $(i+1)$ 有 2 名乘客被滞留 1 次、3 名乘客被滞留 2 次。相应地，总惩罚值等于 $Z=2\times1+2\times1+3\times2=10$。如图 7-17(b)所示，如果列车 k 跳过车站 $(i-1)$，则惩罚值为 $Z=4\times1+0+3\times1=7$。显而易见，当列车 k 跳过车站 $(i-1)$ 时，可以降低惩罚值并有效地确保下游拥挤站台上滞留乘客的安全。

2）模型约束

（1）客流控制约束：

$$P_{i,n}^{\mathrm{p}}=P_{i,n}^{\mathrm{q}}+P_{i,(n-1)}^{\mathrm{p}}\cdot\alpha_{i,(n-1)},\ i\in s_j^{\mathrm{O}},\ n\in N \tag{7-3}$$

$$P_{i,n}^{\mathrm{e}}=P_{i,n}^{\mathrm{p}}\cdot(1-\alpha_{i,n}),\ i\in s_j^{\mathrm{O}},\ n\in N \tag{7-4}$$

（2）站台候车乘客约束：

$$q_{i,j,t}^{1}=\begin{cases}1,\ t\in[T_{i,j}^{\mathrm{B}},T_{j,k}^{\mathrm{C}}),\ i=p_j^{\mathrm{O}},\ j\in J,\ k\in K\\0,\ 否则\end{cases} \tag{7-5}$$

$$P^{r}_{i,t} \leqslant \sum_{j \in J} q^{1}_{i,j,t},\ i \in I,\ t \in T \tag{7-6}$$

$$P^{r}_{i,t} \leqslant A_i \cdot \theta,\ i \in I,\ t \in T \tag{7-7}$$

$$T^{C}_{j,k} = T^{d}_{i,k},\ q^{2}_{j,k} = 1,\ i = p^{O}_{j},\ j \in J,\ k \in K \tag{7-8}$$

$$\sum_{k \in K} q^{2}_{j,k} = 1,\ j \in J \tag{7-9}$$

(3) 站台滞留乘客约束：

$$q^{d}_{i,j,t} = \begin{cases} 1,\ q^{1}_{i,j,t} = 1,\ d_j \geqslant 1,\ t \in [T^{B}_{i,j}, T^{C}_{j,k}),\ i = p^{O}_{j},\ j \in J,\ k \in K \\ 0,\ \text{否则} \end{cases} \tag{7-10}$$

$$d_j = X_{i,(T^{B}_{i,j}, T^{C}_{j,k})} - 1,\ i = p^{O}_{j},\ j \in J,\ k \in K \tag{7-11}$$

(4) 乘客与列车交互约束：

$$P^{b}_{i,k} = P^{c}_{i,k} \cdot h_{i,k},\ i \in I,\ k \in K \tag{7-12}$$

$$P^{c}_{i,k} = C_k \cdot \varphi - P^{in}_{i,k} + P^{a}_{i,k},\ i \in I,\ k \in K \tag{7-13}$$

$$P^{in}_{i,k} = P^{in}_{(i-1),k} - P^{a}_{i,k} + P^{b}_{i,k},\ i \in I,\ k \in K \tag{7-14}$$

$$P^{in}_{i,k} \leqslant C_k \cdot \varphi,\ i \in I,\ k \in K \tag{7-15}$$

(5) 列车时刻表约束：

$$T^{d}_{i,k} = T^{a}_{i,k} + t^{w}_{i,k} \times h_{i,k},\ i \in I,\ k \in K \tag{7-16}$$

$$T^{a}_{i,k} = T^{d}_{(i-1),k} + t^{o}_{i,k},\ i \in I,\ k \in K \tag{7-17}$$

$$T^{d}_{i,k} - T^{d}_{(i-1),k} \geqslant H_{\min},\ i \in I,\ k \in K \tag{7-18}$$

(6) 列车跳停运行约束：

$$h_{i,k} + h_{i,(k+1)} \leqslant 1,\ i \in I,\ k \in K \tag{7-19}$$

$$h_{(i+1),k} + h_{i,k} \leqslant 1,\ i \in I,\ k \in K \tag{7-20}$$

限流时段 t 内进站客流需求包括时段 t 内到达车站的新增客流量和时段($t-1$)内的滞留客流量。为了保障进站客流的安全和效率,需要保证进站客流需求在车站非付费区承载能力范围内。约束条件式(7-3)和式(7-4)与进站客流限流率相关,其分别计算在每个时段的车站和进入车站 i 的累积客流量。约束条件式(7-5)—式(7-9)表明乘客进入车站后在站台上等待的安全性,以确保进站客流控制策略的合理性。乘客的滞留次数取决于列车的有效容量和停站模式。约束条件式(7-10)和式(7-11)表示乘客被滞留在站台上。约束条件式(7-12)—式(7-15)显示了乘客和列车之间的交互过程,包括乘客上车、下车和在列车内的过程。约束条件式(7-16)—式(7-18)规定了满足实际运行需求的列车时刻表。约束条件式(7-19)意味着两趟连续的列车不能跳过相同的站。约束条件式(7-20)

规定了同一趟列车不能连续跳过两个相邻的车站。

7.4.4 Q 学习算法的站车协同优化

Q 学习算法可以从与环境互动获得的经验中受益，表 7-8 列出了与 Q 学习算法相关的集合和符号。

表 7-8 Q 学习算法符号集合

集合/符号	定义
A	动作 a 的集合
s_n	时段 n^{th} 的状态，$n \in N$
a_v	时段 n^{th} 的动作，$v = 1, 2, \cdots, 6$
$R_i(s_n, a_v)$	在状态 s_n 下采取动作 a_v 后车站 i 的反馈值
$Q(i, s_n, a_v)$	时段 n^{th} 在状态 s_n 下采取动作 a_v 后车站 i 的 Q 值
β	Q 值的学习率
γ	反馈值的打折率
τ	用于控制探测程度的温度参数

图 7-18 描绘了站车协同优化方案中 Q 学习算法的 Agent 与环境之间的交互过程。

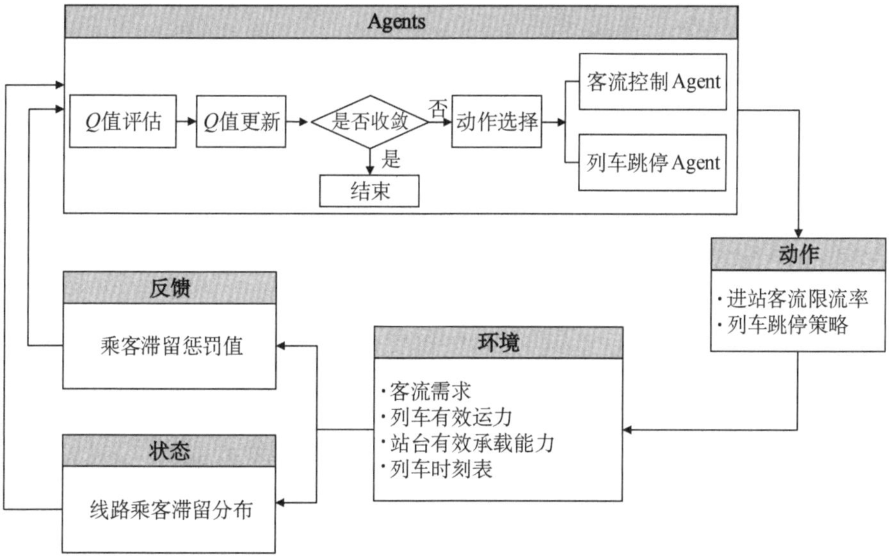

图 7-18 Q 学习算法中 Agent 与环境之间的相互作用

Agent 通过采取车站限流和列车跳停策略与环境交互，并且环境通过改变其状态来响应这些操作。此外，环境还与 Agent 交互以确定通过执行这些动作所获得的奖励值。奖励值可以用来衡量 Agent 为实现优化目标而采取动作的有效性。在 Q 学习过程中，学习 Agent 旨在找到车站各时段的最佳限流率，通过与环境的反复试验来获得最大化奖励。Agent 观察环境的状态并决定执行的动作。在执行动作之后，环境将其状态切换到最新状态，并将动作引起的奖励或惩罚给予 Agent，Q 值函数相应更新。奖励或惩罚表示所选动作的效用在短期内是较优的，而价值函数指从长远来看动作产生的价值是否仍旧是有益的。

在站车协同方案优化问题中，Agent 对应于站车协同策略中每个车站采取的停站模式和乘客进站限流率，而环境包括车站和区间的客流需求、列车、车站和时刻表。Q 值函数用于计算特定动作和状态的性能及有效性，对应的 Q 值可以通过式(7-21)进行更新：

$$Q(i, s_n, a_v)=(1-\beta)Q(i, s_n, a_v)+\beta[R_i(s_n, a_v)+\gamma\max Q(i, s_{n+1}, a_v) \tag{7-21}$$

Q 学习方法需要在选择最佳动作的策略中确保开发和探索之间的平衡，通过随机采取不同的动作来避免局部最优。在现有的确保探索和开发之间的良好平衡的概率分布模型中，玻尔兹曼分布是常用的分布，可以采用式(7-22)进行计算：

$$\pi[a_v \mid s_n]=\frac{\exp[Q(i, s_n, a_v)/\tau]}{\sum\limits_{a_v\in A}\exp[Q(i, s_n, a_v)/\tau]} \tag{7-22}$$

随着学习过程的深入，减小 τ 的值以便 Agent 总是选择具有最高 Q 值的动作来实现目标。为了解决 Q 学习的协调问题，下面将详细描述环境及其状态、动作空间集和奖励函数。

1. 环境搭建

站车协同优化方案的环境搭建涉及三个要素：第一个要素是实时客流需求，包括城市轨道交通线路上的 OD、每个车站的进站客流量、每个站台的等待客流量以及每个乘客被滞留的时间/次数；第二个要素是列车，其特征为列车停站模式、到发时刻以及到达每个车站时列车的剩余有效运能；第三个要素是车站，其属性是站台满载率。

城市轨道交通线路上每个车站的乘客出行过程可以分为三个子过程：到站，进站，上下车和出站过程，如图 7-19 所示。

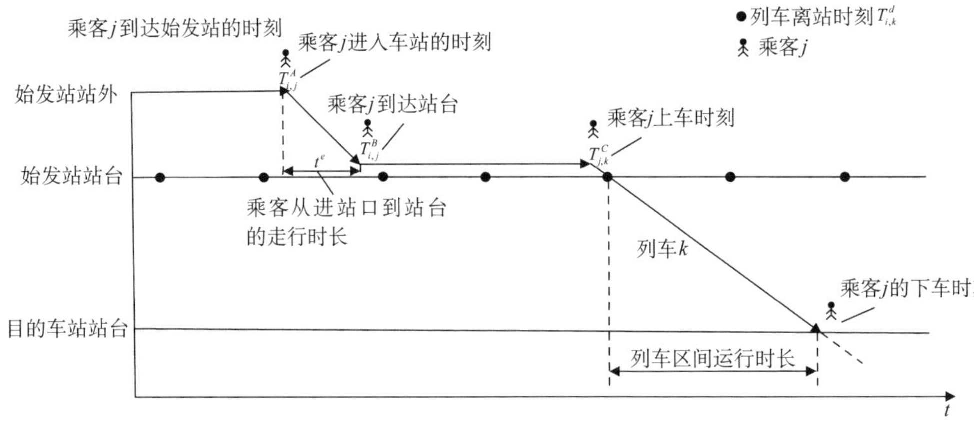

图 7-19　乘客站内出行过程

乘客进站过程与每个时段内车站的限流率有关，由站台的可用容量确定。如果进站限流率为0，则到站乘客可直接到达站台。如果进站限流率大于0，那么乘客将在车站外等候。通常，乘客和车站之间的相互作用与进站客流的限流率相关联。列车和乘客之间的相互作用则反映在上、下车过程中，上车和滞留的客流量取决于列车在每个车站的剩余有效运能。当列车跳站时，意味着没有可用的列车运能，因此，乘客被滞留的时间增加。列车停站时，表示可为乘客提供有效的列车运能。两个相邻车站之间的区间运行时间和停站时间由计划时刻表制订。

2. 状态描述

环境状态可以被定义为对应于环境的各个参数。设 s_n 表示限流时段 n 的状态，在站车协同优化问题中可将状态定义为

$$s_n = \{P^{\mathrm{d}}_{i,n}, \varphi_{i,n}, \theta_{i,n}\}, i \in I, n \in N \tag{7-23}$$

式中 $P^{\mathrm{d}}_{i,n}$ ——时段 n 在车站 i 滞留的累积客流量；

$\varphi_{i,n}$ ——在时段 n 到达站台 i 时列车的平均满载率，可用于描述列车的状态；

$\theta_{i,n}$ ——站台 i 在时段 n 的平均满载率。

参数 s_n 用于表示每个站台的状态，为了确保在站台上所有乘客的安全，站台满载率 $\theta_{i,n}$ 和列车满载率 $\varphi_{i,n}$ 可以分别使用式(7-24)和式(7-25)得到：

$$\theta_{i,n} = \frac{P^{\mathrm{r}}_{i,n}}{A_i}, i \in I, n \in N \tag{7-24}$$

$$\varphi_{i,n} = \frac{P^{\mathrm{in}}_{i,n}}{C_n}, i \in I, n \in N \tag{7-25}$$

式中 $P^{\mathrm{in}}_{i,n}$ ——在时段 n 到达车站 i 时列车内的客流量；

C_n ——列车容量；

$P^{\mathrm{r}}_{i,n}$ ——在时段 n 车站 i 的候车客流量。

3. 动作空间

动作集 A 包含每个车站的进站客流限流率和列车停站模式，考虑到实际情况下的可操作性，将动作空间定义为：$A = \{(0, 0), (0.5, 0), (1, 0), (0, 1), (0.5, 1), (1, 1)\}$。例如，假设在限流时段 n 有200名乘客到达车站 i，如果执行动作 $a_2 = (0.5, 0)$，则在时段 n 允许进入该站的客流量将减少到100人，并且列车在车站 i 停站。而动作 $a_5 = (0.5, 1)$ 表示在时段 n 允许进入该站的客流量减少到100人，并且列车跳过车站 i。

4. 反馈函数

本书旨在最大限度地降低城市轨道交通线路的客流安全风险。由于乘客被滞留的时间是安全风险的主要影响因素，在状态 s_n 中，执行动作 a_v 之后车站 i 的奖励 $R_i(s_n, a_v)$ 可定义为

$$R_i(s_n, a_v) = -\sum_{i=1}^{I}\sum_{j=1}^{J}\sum_{t=1}^{T} q^{\mathrm{d}}_{i,j,t} \cdot d_j, d_j \in D \tag{7-26}$$

7.4.5 案例分析

1. 案例数据描述

选取某城市轨道交通线进行案例分析，该线全长 36.1 km，有 28 座车站，采用 4 节编组的 C 型车，其在某城市轨道网络中的位置及线路车站布局如图 7-20 所示，从港城路站到东方体育中心站为下行方向。

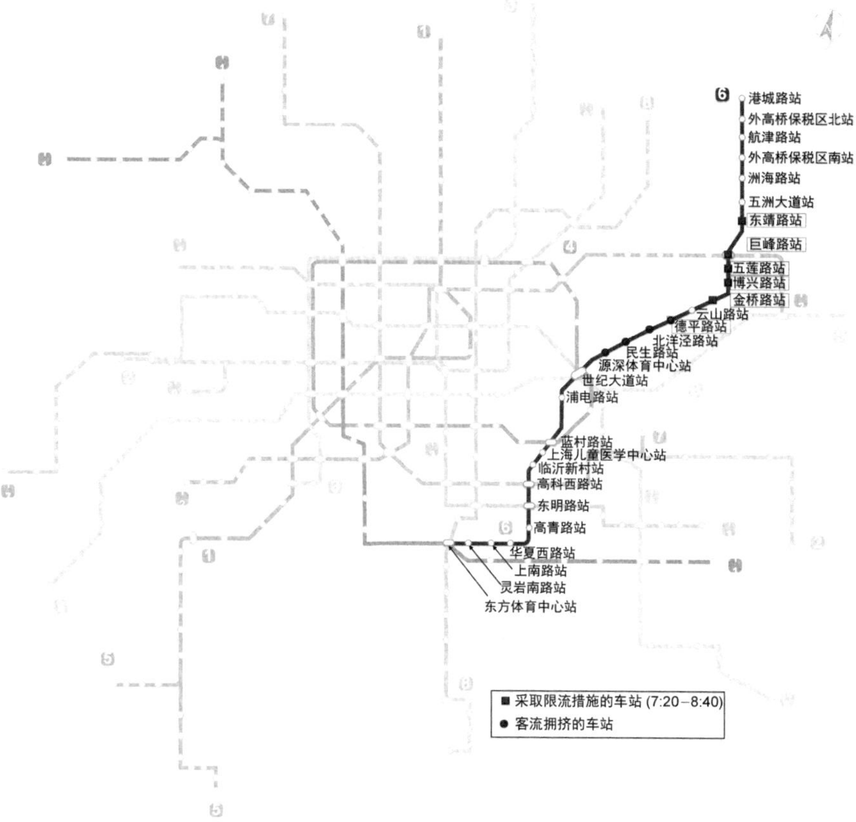

图 7-20 某城市轨道交通线现行客流控制方案

该线客流拥挤车站有：德平路站、北洋泾路站、民生路站和源深体育中心站。根据某城市轨道交通官网公布的进站客流控制方案，该线早高峰限流时段为 7:20—8:40，限流车站有 6 个，分别是：东靖路站、巨峰路站、五莲路站、博兴路站、金桥路站和德平路站，目的是缓解北洋泾路站等下游车站的客流拥挤情况。

使用结构化查询语言从 Oracle 数据库中选择 2016-3-3 的 95 850 对 OD 客流数据作为模型的客流输入。城市轨道交通某线的客流需求（包括进站乘客和换入乘客），如图 7-21 所示。

在图 7-21 中，早高峰时段是早上 7:00—9:00。分别统计上、下行方向每个车站从 7:00—9:00 的进站客流量，如图 7-22 所示。

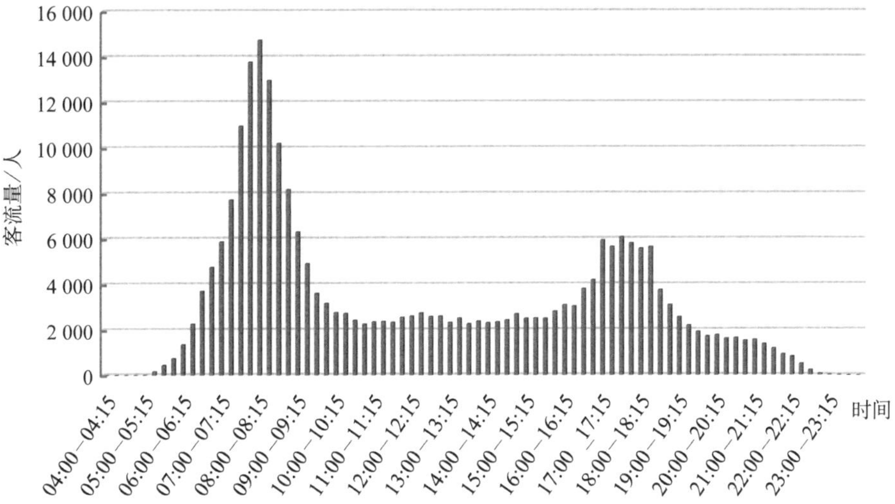

图 7-21 某线客流需求分布

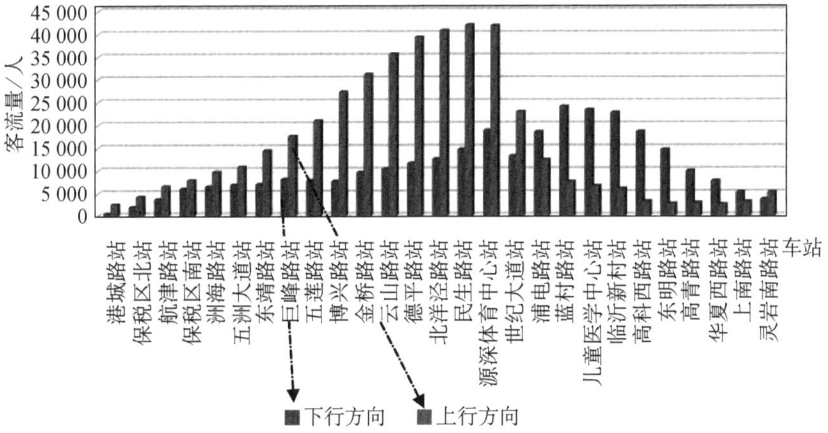

图 7-22 某线早高峰上、下行方向各车站的进站客流量

早高峰时段(7:00—9:00)港城路到东方体育中心方向发生客流拥挤,使用列车计划运行图编制软件(TPM)得到该线 2016-3-3 的实际工作日运行时刻表,名为 622_1。高峰时段两趟连续列车的平均发车间隔是 140 s。使用最大载荷系数 1.2,每列车的容量为 1 008 名乘客,即 $210\times4\times1.2=1\,008$。

2. 计算结果分析

本书采用 Visual Studio 2013 和 Matlab R2014 软件进行计算,计算机性能为:3.20 GHz 的 Intel Core i5-3470M CPU 和 Windows10 64-Bit 下的 8GB RAM。模拟时间范围涵盖早高峰时段(7:00—9:00)。Q 学习方法的参数为:$\beta=0.1$,$\gamma=0.7$,$\tau=0.5$,$t^{e}=2$ min,$t^{c}=15$ min。动作空间为:$A=\{(0,0),(0.5,0),(1,0),(0,1),(0.5,1),(1,1)\}$。

1) 站车协同优化方案

采用 Q 学习算法计算得到的站车协同优化方案包含限流时段、限流车站、限流率和列车的停站模式,如表 7-9 所列。没有采取任何策略调整的车站没有在表 7-9 中列出。

表 7-9 某城市轨道交通线的站车协同优化方案

各站采取的动作								
时段	五洲大道	东靖路	五莲路	博兴路	金桥路	云山路	德平路	北洋泾路
7:30—7:44	(0,0)	(0.5,0)	(1,1)	(1,0)	(1,1)	(1,0)	(0,0)	(0,0)
7:45—7:59	(0,0)	(1,1)	(1,0)	(1,1)	(1,0)	(0.5,0)	(1,0)	(0,0)
8:00—8:14	(0,1)	(1,0)	(0.5,1)	(1,0)	(1,1)	(1,0)	(0.5,1)	(0,0)
8:15—8:29	(0,0)	(0.5,1)	(0.5,0)	(1,0)	(0.5,0)	(1,0)	(0.5,0)	(0,1)
8:30—8:44	(0,0)	(0,0)	(0.5,0)	(0,1)	(0.5,0)	(0,0)	(0.5,0)	(0,0)
8:45—8:59	(0,0)	(0,0)	(0,0)	(0.5,0)	(0,0)	(0.5,0)	(0,0)	(0,0)

从限流车站的空间分布来看,限流的车站共有 6 座,均属于上行方向的上游车站。虽然限流车站数量没有减少,但是每个车站限流时段内的限流率变得更加精确。比较优化前后站车协同方案可以发现,平均进站客流限流持续时长从 80 min 减少至 70 min。此外,优化方案中限流车站新增了云山路站,而原有限流措施中的巨峰路站取消了限流措施。由于巨峰路站是两线的换乘站,优化后的限流车站更加符合先进站后换乘的限流顺序原则。由于世纪大道站以北车站的客流需求较大,列车的运能容易被上游车站快速占用,从而引起下游车站乘客滞留,因此,优化方案中在 8:00—8:14 列车跳过五洲大道站的目的是前瞻性地为下游车站预留运能。图 7-23 给出了线路的列车跳停优化方案。

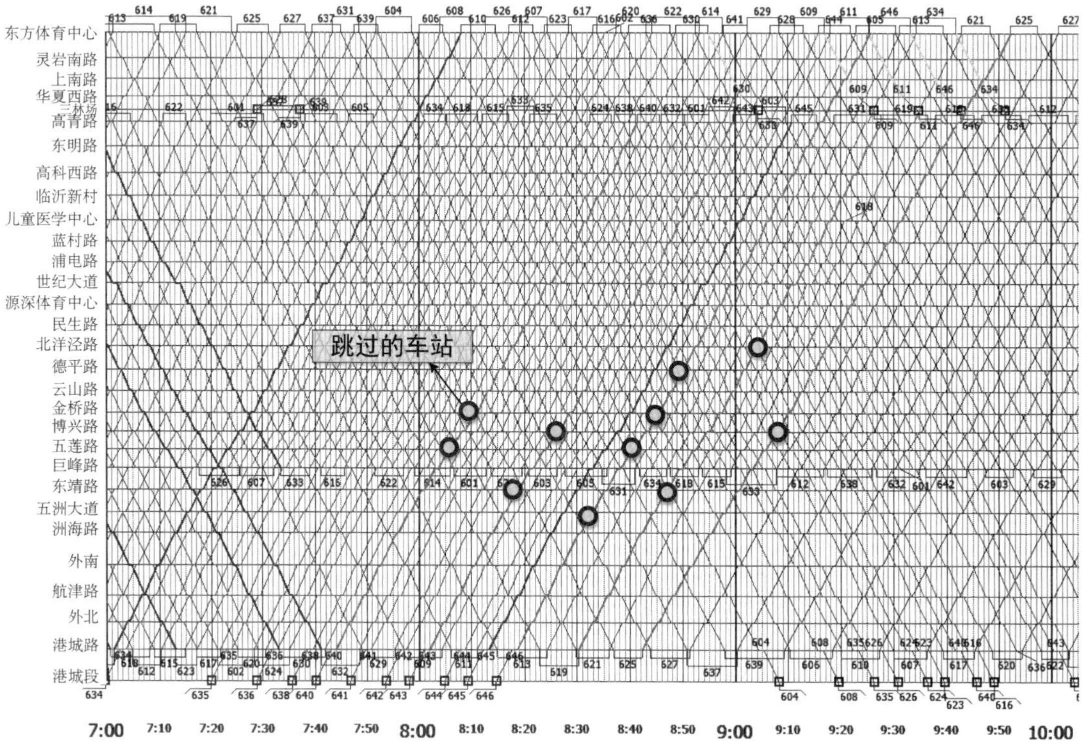

图 7-23 某线列车跳停优化方案(彩图见附录)

图中蓝线和红线分别代表服务中的列车，黄线表示轨道车。采取了跳停优化策略的 5 趟列车在图中标记为绿色，从左到右的列车编号是 640、643、646、619、625。实际运营中，这些列车的满载率很高，验证了计算结果与实际运营相符。

2) 乘客滞留惩罚值对比

模型求解获得的学习曲线如图 7-24 所示。训练曲线表明，随着学习的深入，探索率降低，乘客被滞留的惩罚值随着迭代次数的增加而降低。滞留乘客的惩罚值大概在第 400 次迭代时收敛。

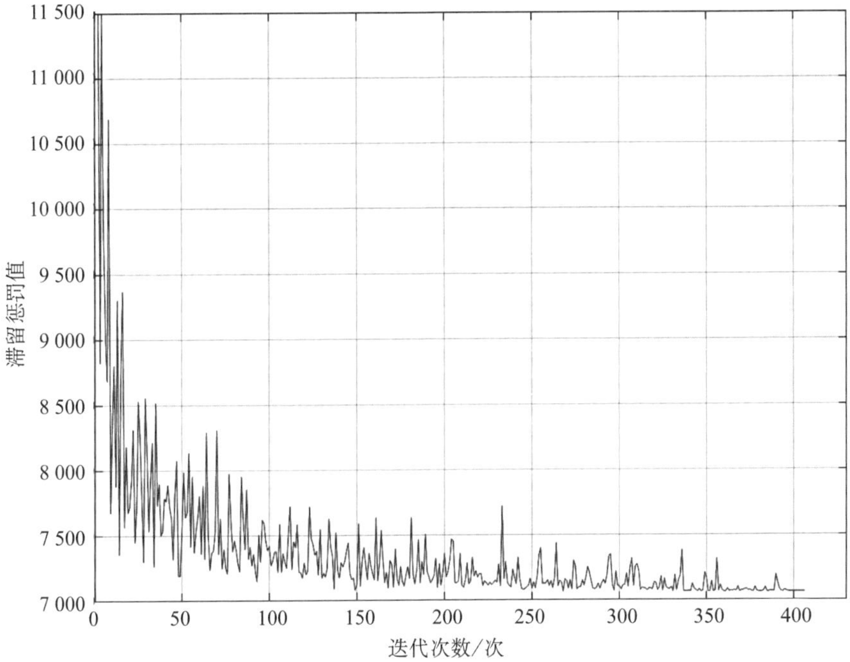

图 7-24 Q 学习算法计算获得的学习曲线

列车停站方式的调整将影响滞留乘客的分布，站车协同方案优化前后站台上乘客滞留惩罚值对比如表 7-10 所列。

表 7-10 站车协同方案优化前后乘客滞留惩罚值对比

限流车站	策略				
	限流前	仅采取车站协同策略		采取站车协同策略	
	滞留惩罚值	滞留惩罚值	变化率	滞留惩罚值	变化率
博兴路	109	2	−98.2%	4	−96.3%
金桥路	303	255	−15.8%	168	−44.6%
云山路	708	543	−23.3%	1 086	+53.4%
德平路	1 347	1 903	+41.3%	1 836	+36.3%
北洋泾路	2 025	1 726	−14.8%	310	−84.7%

（续表）

限流车站	策略				
	限流前	仅采取车站协同策略		采取站车协同策略	
	滞留惩罚值	滞留惩罚值	变化率	滞留惩罚值	变化率
民生路	5 783	5 675	−1.9%	3 488	−39.7%
源深体育中心	75	139	+85.3%	146	+94.7%
儿童医学中心	0	73	+73(人)	32	+32(人)
总惩罚值	10 350	10 316	−0.3%	7 070	−31.7%

表 7-10 中，采取协调优化策略后，乘客滞留总惩罚值降到 7 070，相对限流前和仅采取限流措施的乘客滞留惩罚值降幅分别达到 31.4%和 31.7%，有效地减少了乘客在车站滞留的次数。采取站车协同优化策略后，北洋径路站和民生路站的乘客滞留惩罚值分别降低了−84.7%和−39.7%，说明乘客进站控制和跳停策略的结合可以极大地缓解乘客拥挤压力，平衡线路上列车的容量利用率。虽然在表 7-9 中，源深体育中心站没有采取任何策略，但由于在上游车站采取了协同优化策略，到了下游车站如儿童医学中心站的乘客滞留惩罚值增加了，表明为了平衡滞留的客流量和列车容量，上游车站的拥挤将会影响下游车站。

参考文献

[1] 江志彬，朱冰沁，周明.城市轨道交通网络限流方案的制定与评估及其应用[J].城市轨道交通研究，2017，20(3)：5-10.

[2] JIANG Z B, GU J J, FAN W, et al.Q-learning approach to coordinated optimization of passenger inflow control with train skip-stopping on a urban rail transit line[J].Computers & Industrial Engineering，2019，127：1131-1142.

[3] JIANG Z B, FAN W, LIU W, et al.Reinforcement learning approach for coordinated passenger inflow control of urban rail transit in peak hours[J].Transportation Research Part C：Emerging Technologies，2018，88：1-16.

[4] 谷金晶.基于语义轨迹的城市轨道交通客流趋势预测及站车协同管控[D].上海：同济大学，2019.

[5] 中华人民共和国国家质量监督检验检疫总局，中国国家标准化管理委员会.城市轨道交通运营管理规范：GB/T 30012—2013[S].北京：中国标准出版社，2013.

[6] 申碧涛.城市轨道交通客运服务[M].2 版.北京：人民交通出版社，2015.

[7] 刘莉娜.城市轨道交通客运组织[M].北京：人民交通出版社，2010.

[8] 刘栋材.地铁站内定位导航系统设计[D].广州：华南理工大学，2018.

[9] 姚向明.城市轨道交通网络动态客流分布及协同流入控制理论与方法[D].北京：北京交通大学，2015.

[10] 苗秋云.上海赛车场站一级方程式赛车散场客流的限流与分流组合方案[J].城市轨道交通研究，2013，16(2)：43-45，51.

[11] 刘莲花,蒋亮.城市轨道交通网络客流控制方法研究[J].铁道运输与经济，2011,33 (5):51-55.

[12] 王纪芳.广州地铁线网车站大客流控制策略[J].现代城市轨道交通，2013(1):73-76.

[13] 姚向明,赵鹏,乔珂,等.城市轨道交通网络客流协同控制模型[J].中南大学学报(自然科学版)，2015，46(1):342-350.

[14] 石俊刚,杨静,杨立兴.以安全为导向的地铁高峰时段多车站客流协同控制模型[J].交通运输系统工程与信息，2019，19(1):125-131.

[15] 易晨阳.城市轨道交通大型活动散场客流传播与协调控制[D].北京:北京交通大学，2015.

[16] 曾璐,刘军,秦勇,等.基于网络可控性的城市轨道交通客流网络限流优化控制方法[J].铁道学报，2018，40(04):1-8.

[17] YIN J T，CHEN D W，YANG L X，et al. Efficient real-time train operation algorithms with uncertain passenger demands[J]. IEEE Transactions on Intelligent Transportation Systems，2016，17(9):2600-2612.

[18] GAO Y，KROON L,SCHMIDT M，et al. Rescheduling a metro line in an over-crowded situation after disruptions[J]. Transportation Research Part B: Methodological，2016，93:425-449.

[19] NIU H M，ZHOU X S. Optimizing urban rail timetable under time-dependent demand and oversaturated conditions[J]. Transportation Research Part C：Emerging Technologies，2013，36：212-230.

[20] NIU H M,ZHOU X S，GAO R H. Train scheduling for minimizing passenger waiting time with time-dependent demand and skip-stop patterns: Nonlinear integer programming models with linear constraints[J]. Transportation Research Part B：Methodological，2015,76:117-135.

[21] LI S K，DESSOUKY M，YANG L X，et al. Joint optimal train regulation and passenger flow control strategy for high-frequency metro lines [J]. Transportation Research Part B：Methodological，2017，99:113-137.

附　录

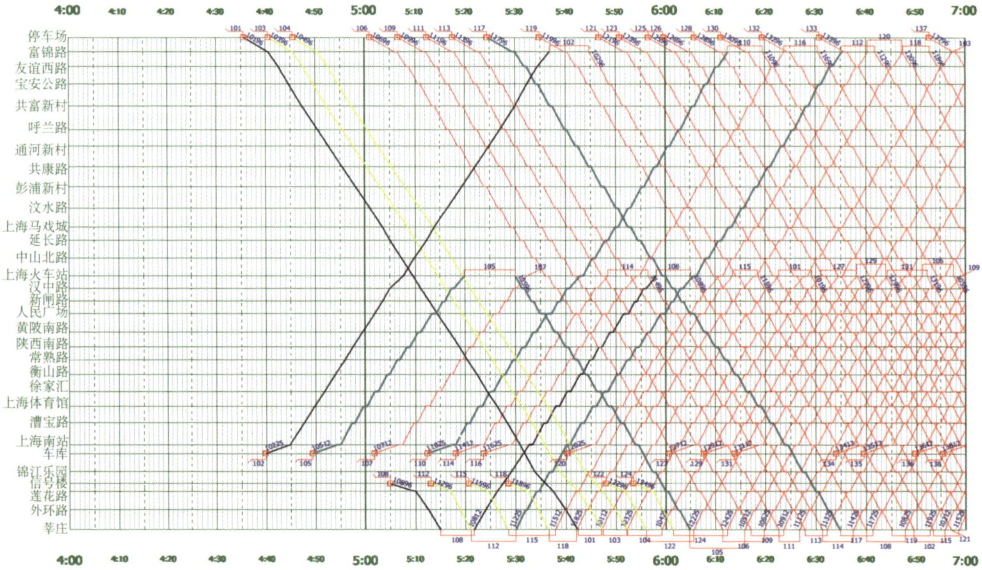

图 1-4　城市轨道交通列车运行图

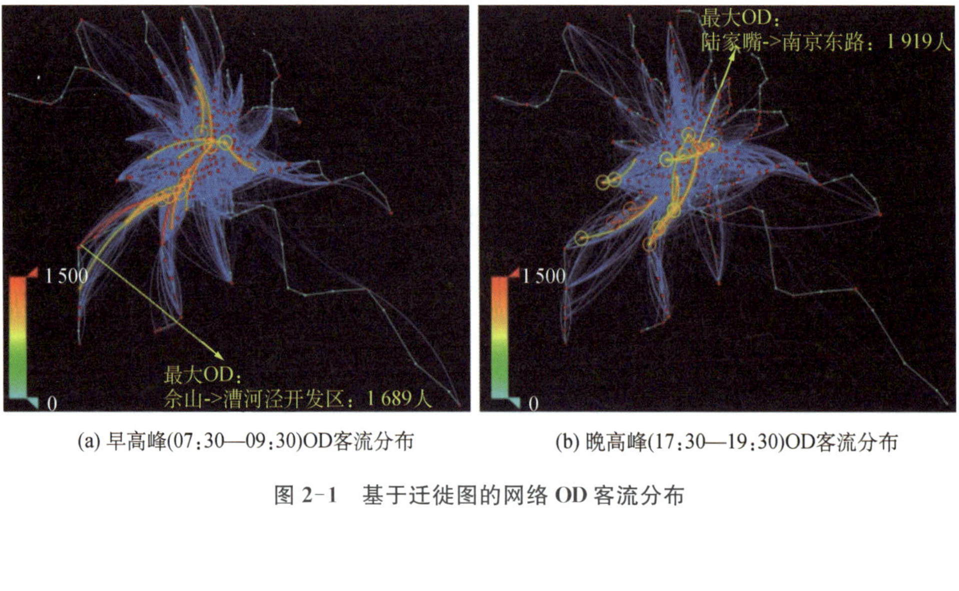

(a) 早高峰(07:30—09:30)OD客流分布　　(b) 晚高峰(17:30—19:30)OD客流分布

图 2-1　基于迁徙图的网络 OD 客流分布

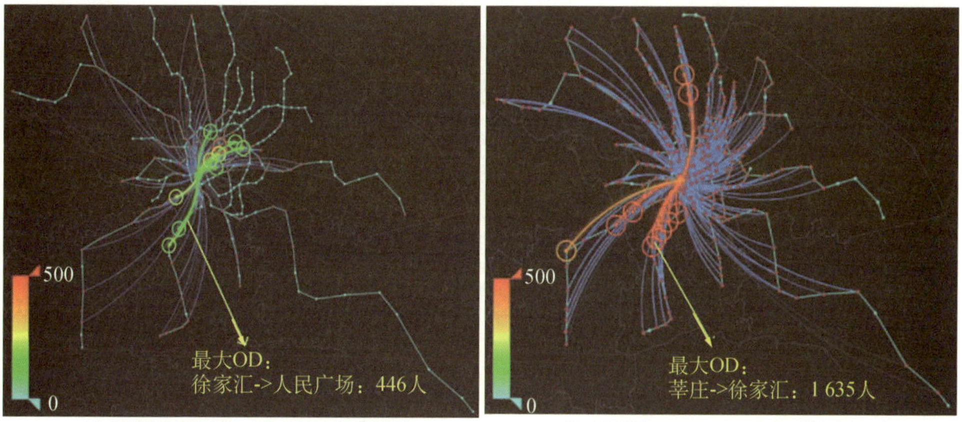

(a) 早高峰(07:30—09:30)以徐家汇站为O点的所有OD分布　　(b) 早高峰(07:30—09:30)以徐家汇站为D点的所有OD分布

图 2-2　基于迁徙图的某车站出发与到达 OD 分布

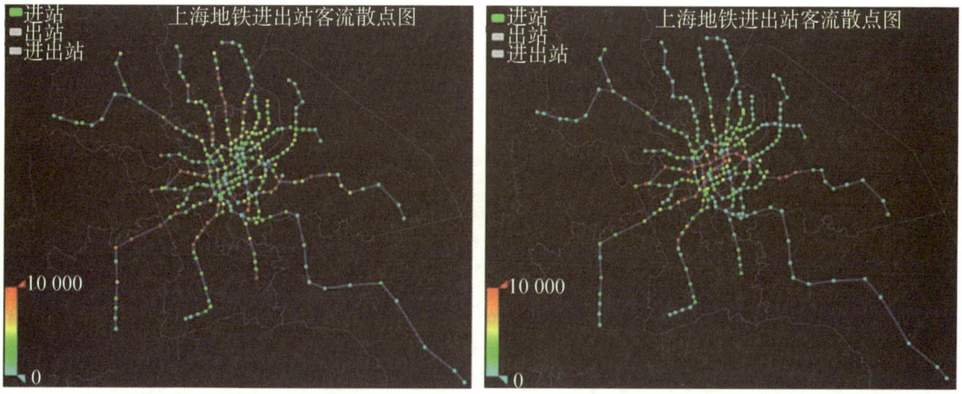

(a) 早高峰(07:30—09:30)进站　　(b) 晚高峰(17:30—19:30)进站

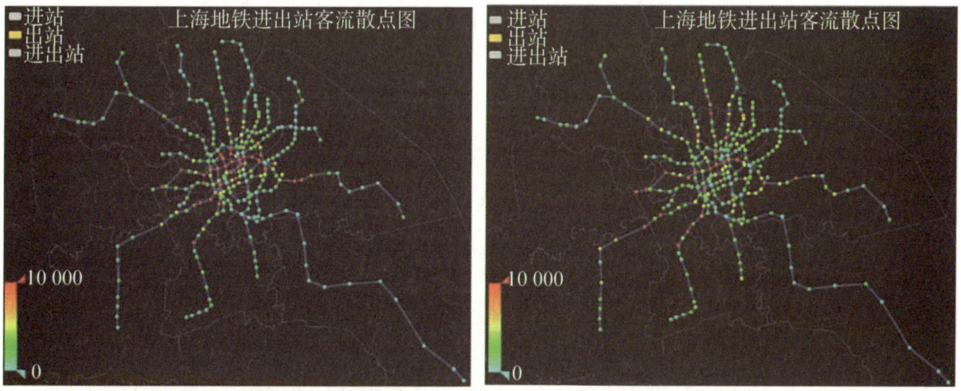

(c) 早高峰(07:30—09:30)出站　　(b) 晚高峰(17:30—19:30)出站

图 2-3　基于散点图的轨道交通网络早晚高峰进出站客流分布

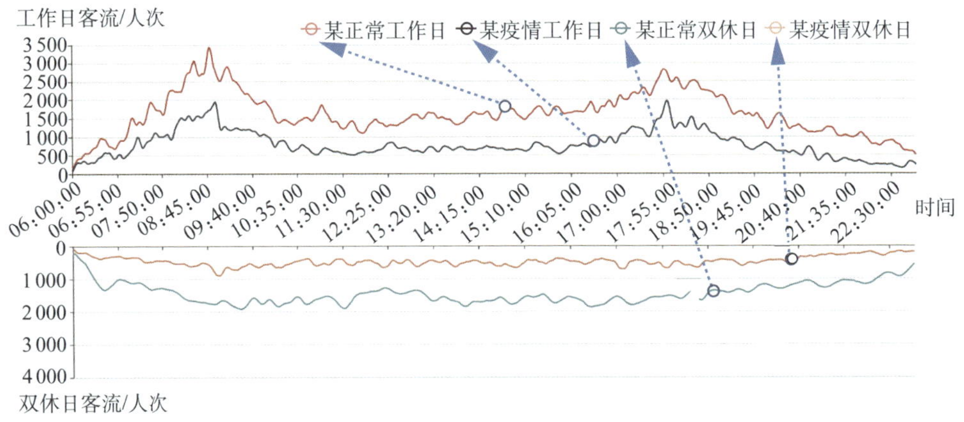

图 2-6　不同日期在站客流对比

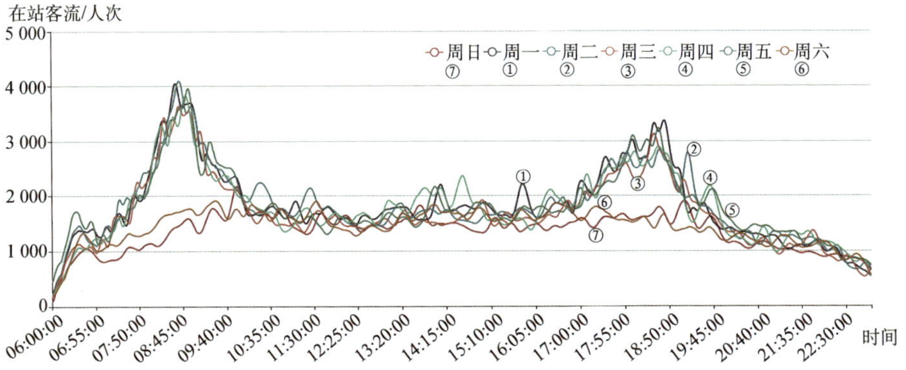

图 2-7　某一周的在站客流曲线

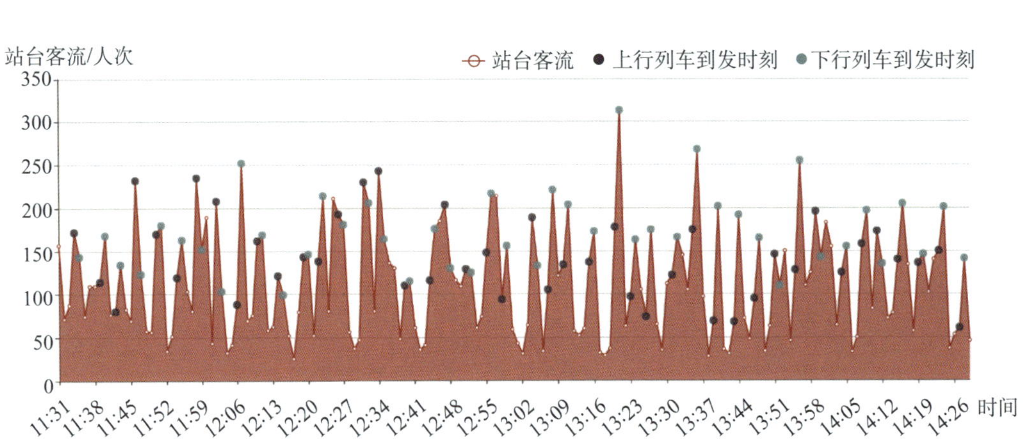

图 2-8　列车到发时刻与站台客流的关系

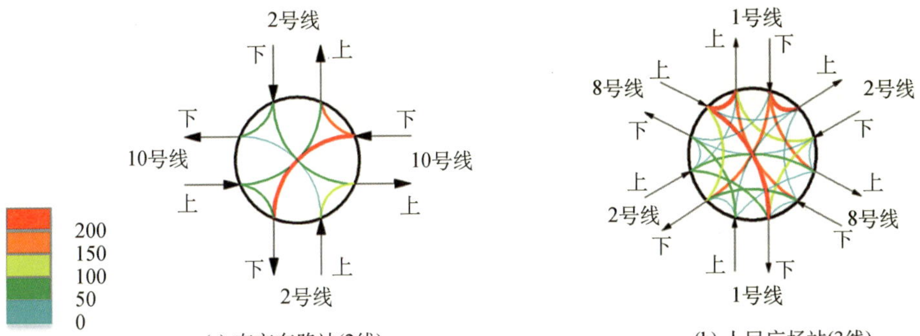

(a) 南京东路站(2线)　　(b) 人民广场站(3线)

图 2-9　多线换乘站的分方向换乘客流分析

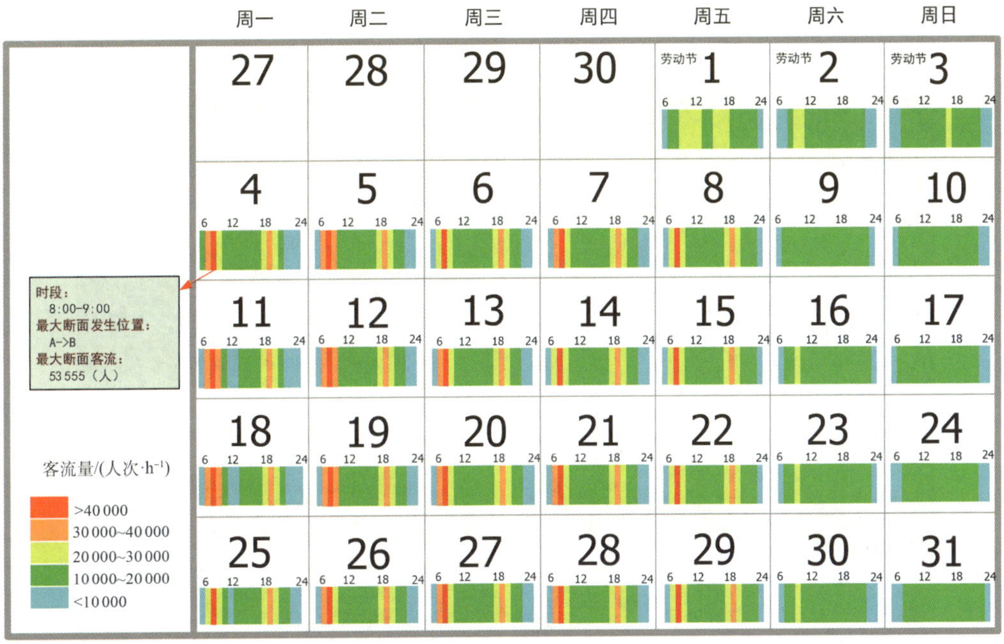

图 2-10　基于甘特图与日历图结合的单月分时最大断面客流分析

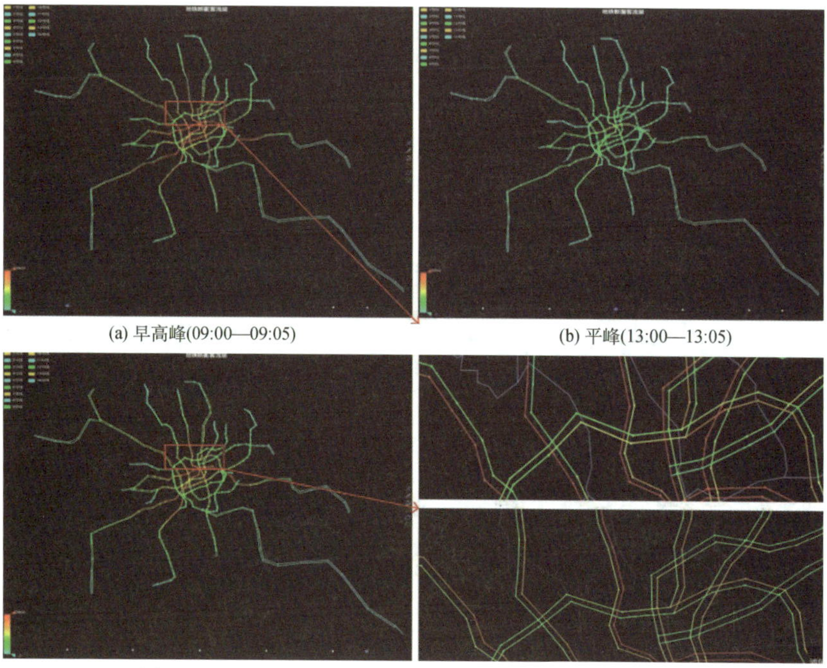

(a) 早高峰(09:00—09:05)　(b) 平峰(13:00—13:05)

(c) 晚高峰(19:00—19:05)　(d) (a)图与(c)图的局部放大

图 2-11　基于空间特性的网络断面客流可视化展示

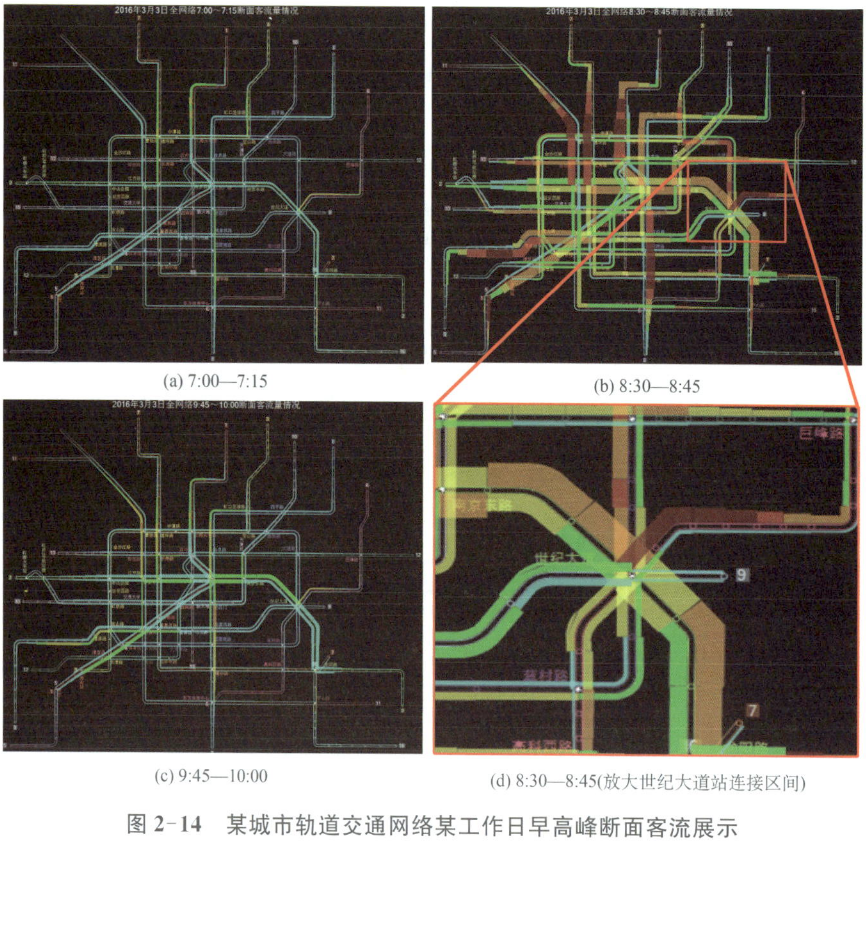

(a) 7:00—7:15　(b) 8:30—8:45

(c) 9:45—10:00　(d) 8:30—8:45(放大世纪大道站连接区间)

图 2-14　某城市轨道交通网络某工作日早高峰断面客流展示

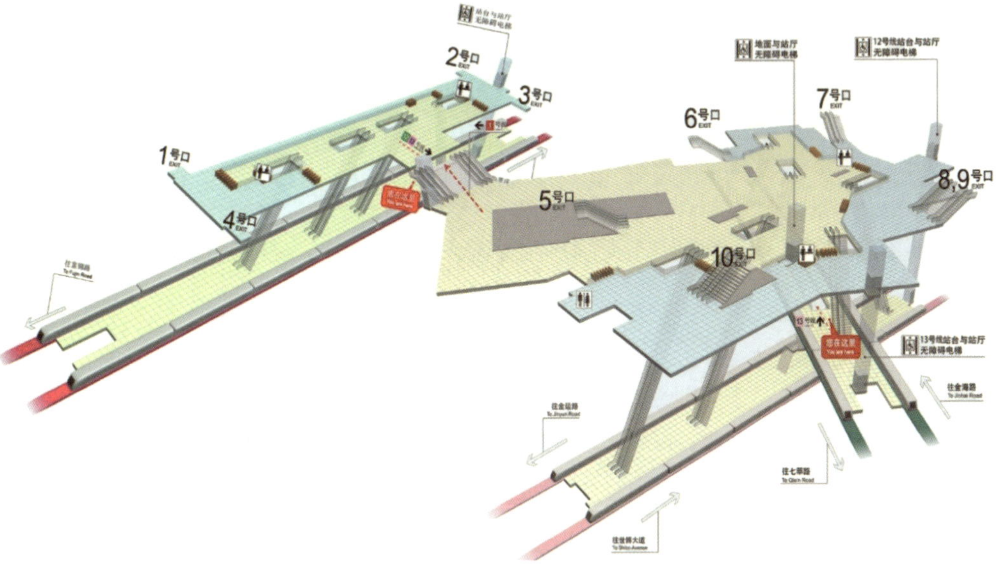

图 3-7　H 站立体布局

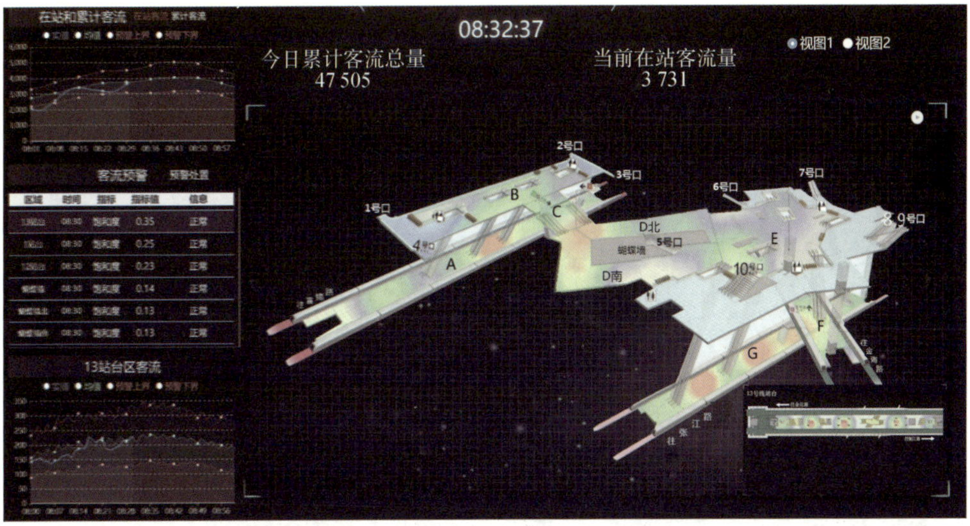

图 3-8　H 站客流实时监测平台

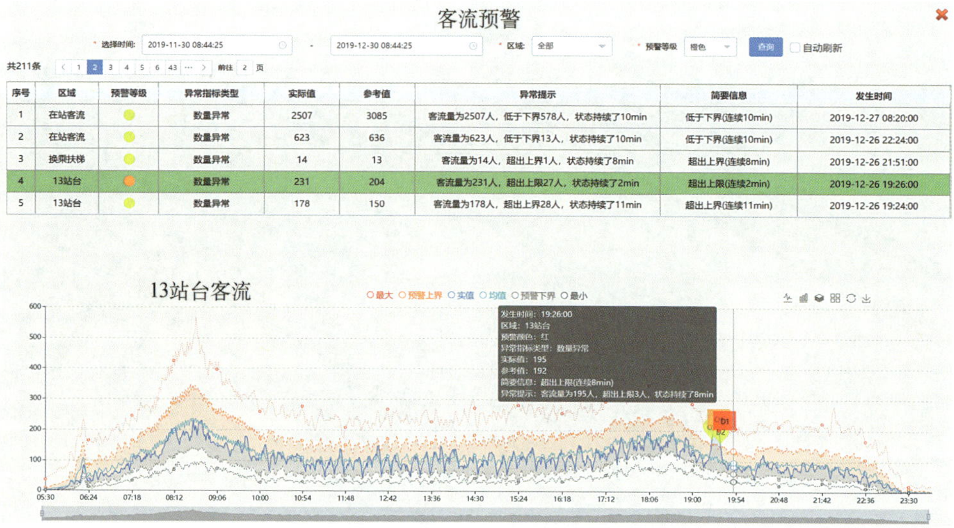

图 3-9　H 站区域客流预警平台

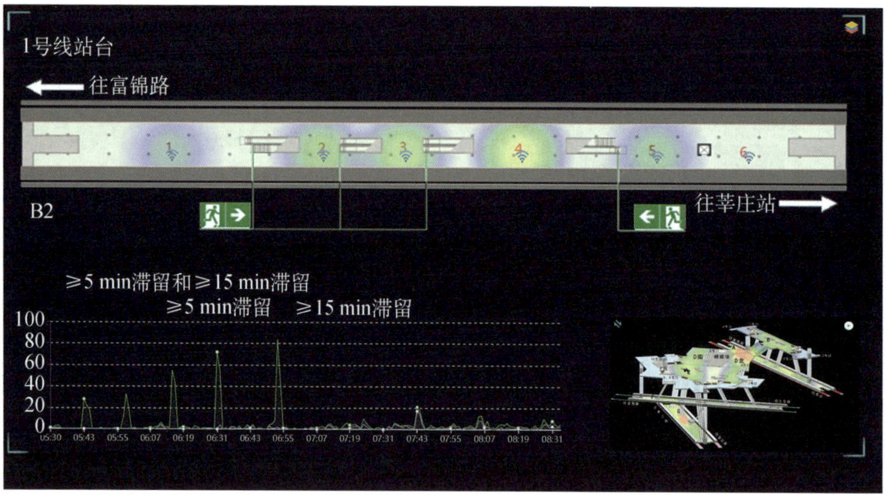

图 3-10　H 站区域客流异常监测

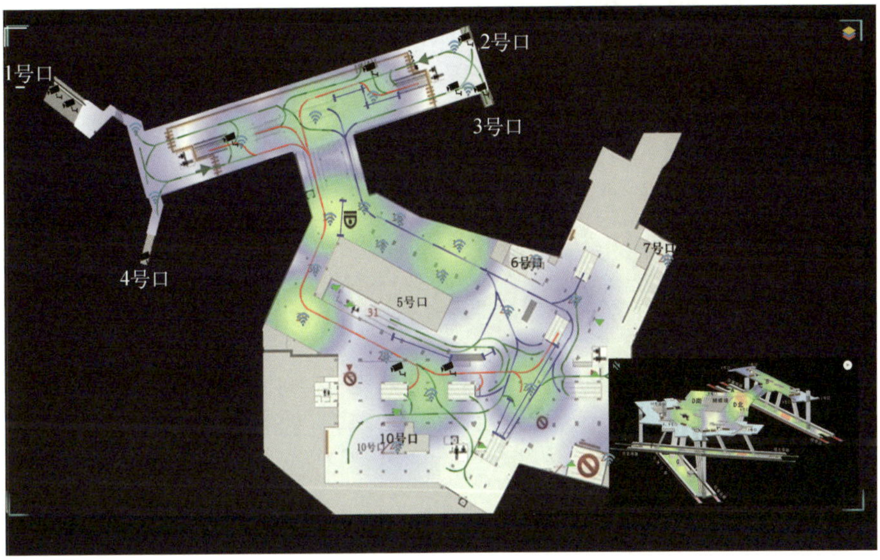

图 3-11　H 站流线关键冲突点分析

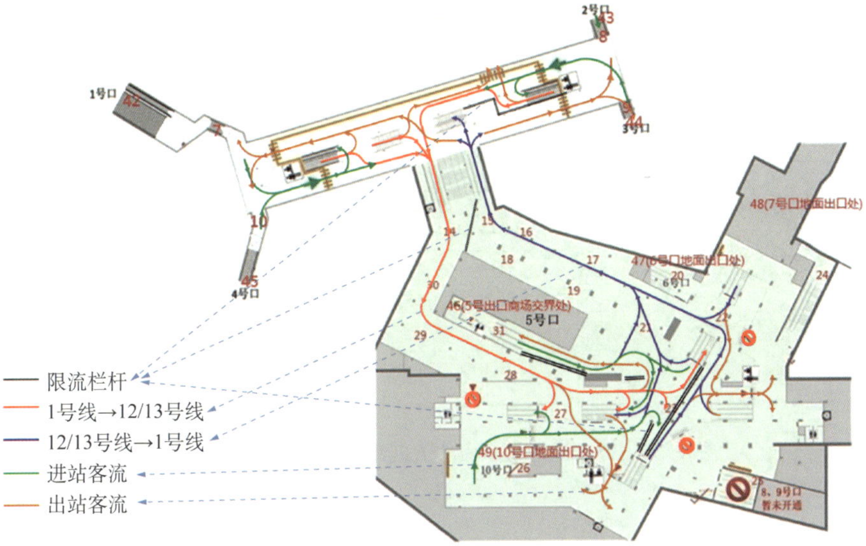

图 4-23　高峰时段车站流线分布

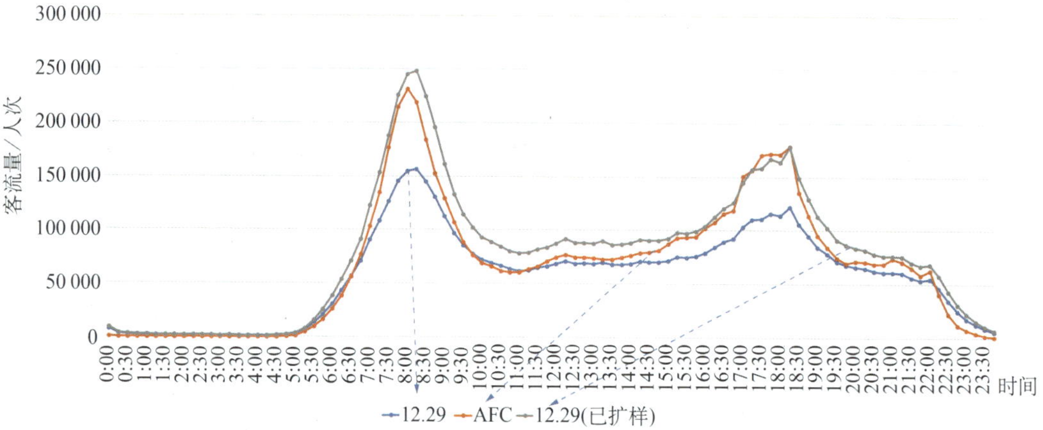

图 5-10　全网客流加工结果

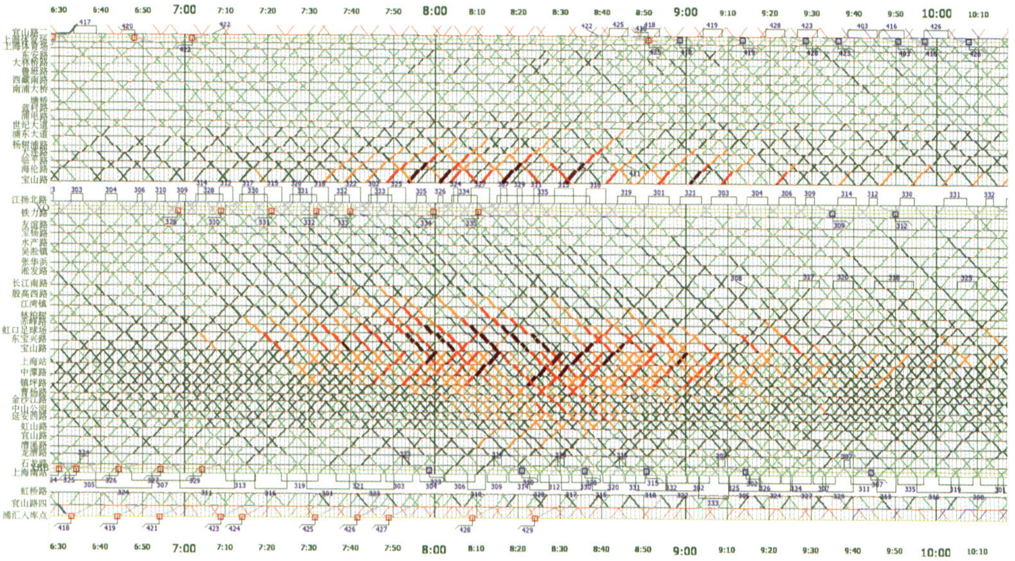

图 5-30　列车能力与断面客流匹配的运行图可视化展现

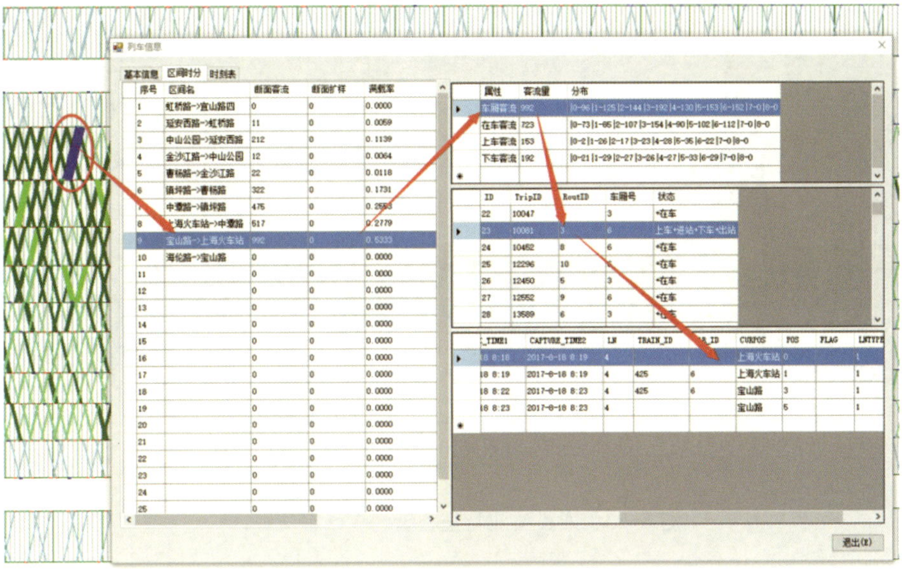

图 5-32 列车断面的客流组成

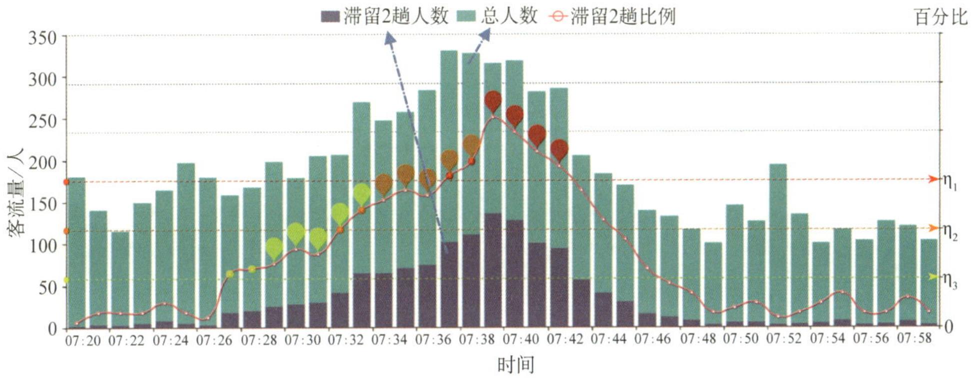

图 6-20 站台乘客滞留比例指标分级异常提醒

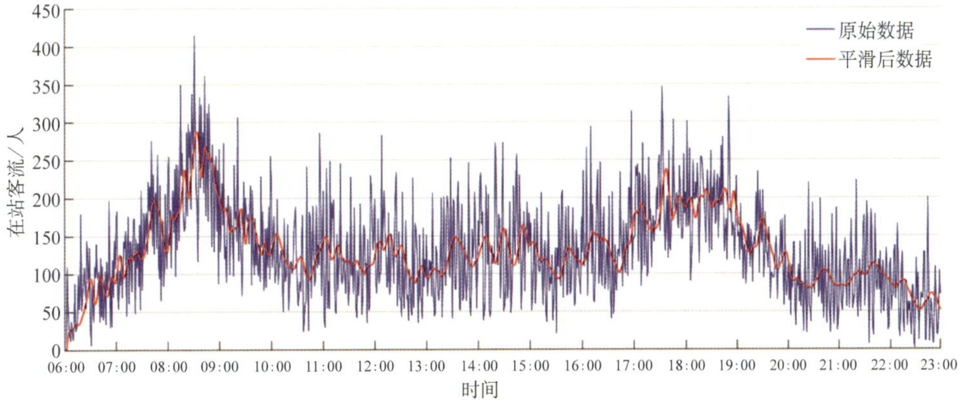

图 6-21 某工作日站台客流数据平滑效果

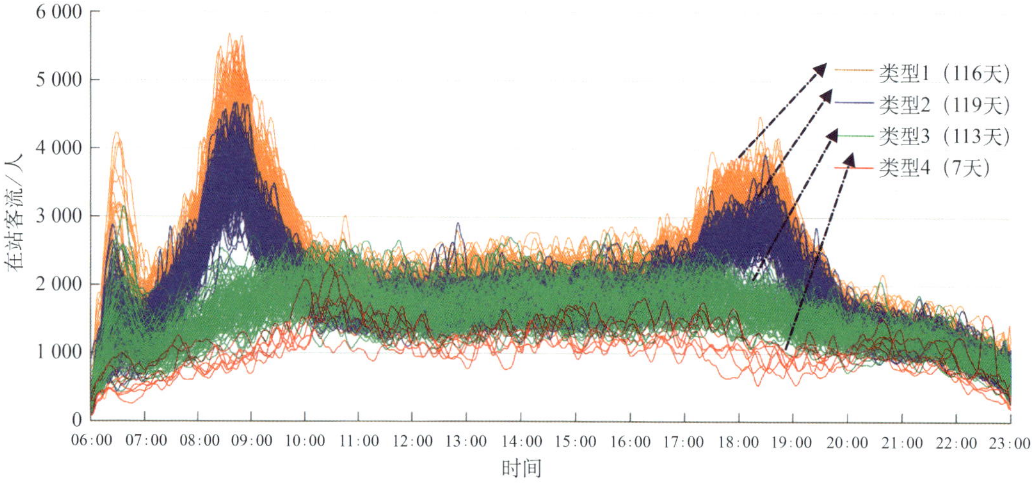

图 6-23　四类客流特征类型的在站客流统计

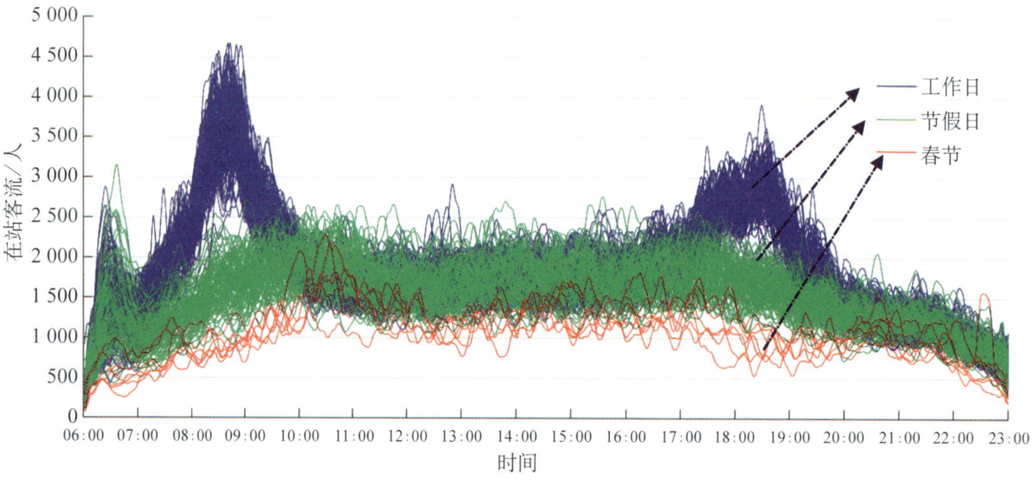

图 6-24　最终三类客流特征的在站客流

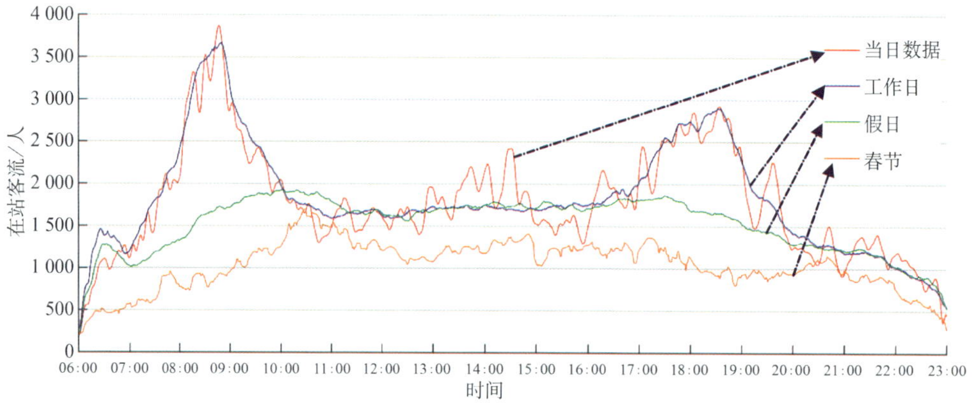

图 6-28　短期客流特征归类的特征库比对

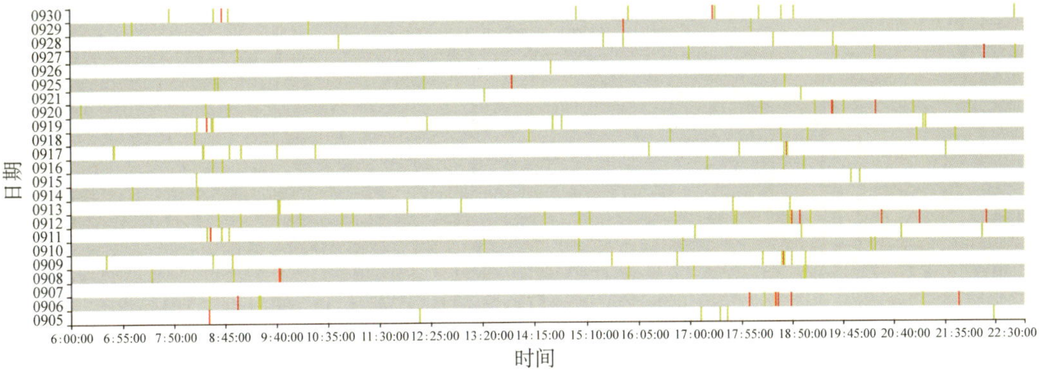

图 6-29　2019 年 9 月份站台客流异常提醒分布情况

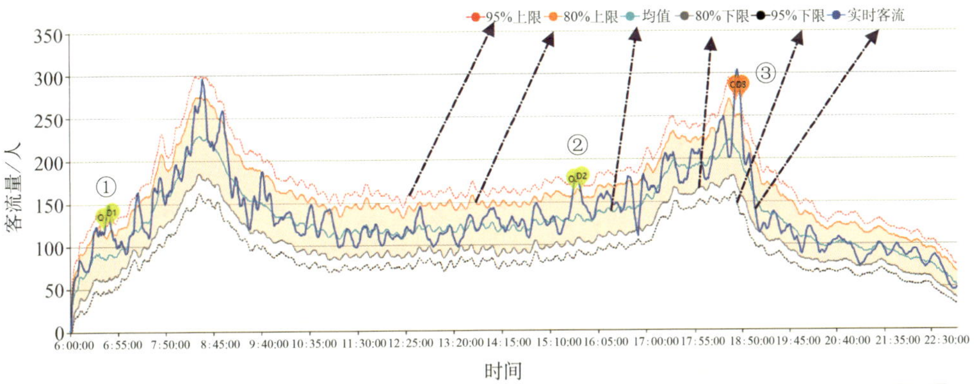

编号	区域	等级	指标类型	异常提醒信息	发生时间
①	站台	黄色	客流数量	客流量为124人，超出80%上限4人，状态持续了11 min	2019-09-09 06:37:00
②	站台	黄色	客流数量	客流量为163人，超出80%上限3人，状态持续了10 min	2019-09-09 15:36:00
③	站台	橙色	客流数量	客流量为270人，超出95%上限1人，状态持续了8 min	2019-09-09 18:42:00

图 6-30　某工作日站台区域客流量及异常提醒

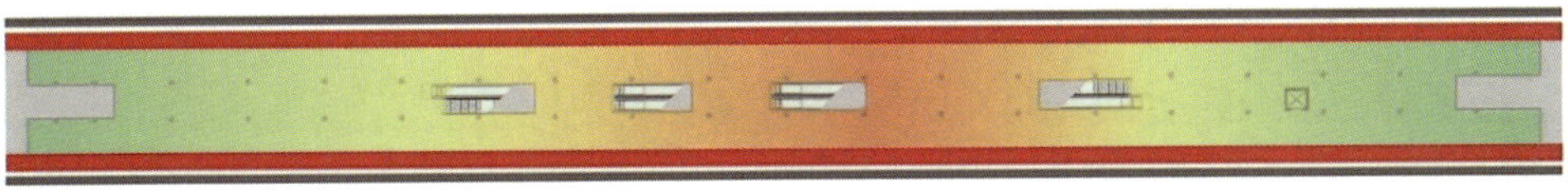

图 6-31　某工作日某时刻站台区域客流饱和度情况

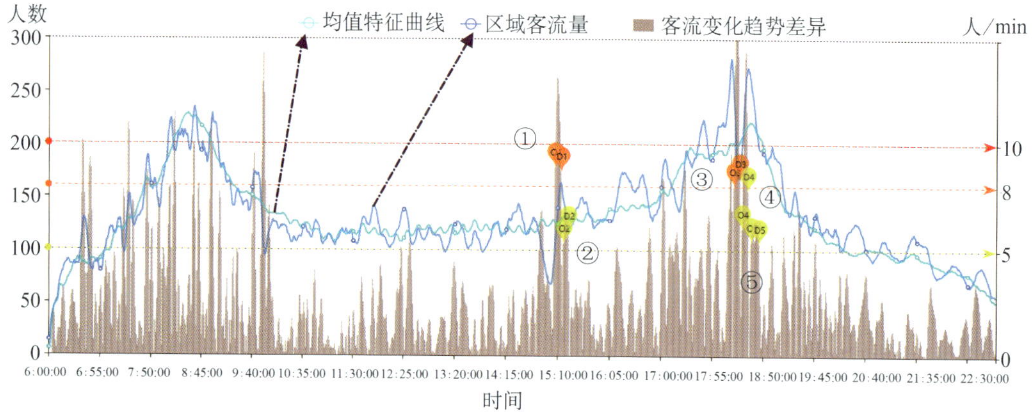

序号	区域	等级	指标类型	异常提醒信息	发生时间
①	站台	橙色	变化趋势	变化趋势差异为8.7 人/min，超出II级0.7 人/min，状态持续了7 min	2019-10-25 15:07:00
②	站台	黄色	变化趋势	变化趋势差异为5.9 人/min，超出III级0.9 人/min，状态持续了6 min	2019-10-25 15:16:00
③	站台	橙色	变化趋势	变化趋势差异为8.4 人/min，超出II级0.4 人/min，状态持续了7 min	2019-10-25 18:18:00
④	站台	黄色	变化趋势	变化趋势差异为7.8 人/min，超出III级2.8 人/min，状态持续了7 min	2019-10-25 18:27:00
⑤	站台	黄色	变化趋势	变化趋势差异为5.3人/min，超出III级0.3 人/min，状态持续了9 min	2019-10-25 18:37:00

图 6-32　某工作日车站站台客流数量及客流变化趋势差异异常提醒

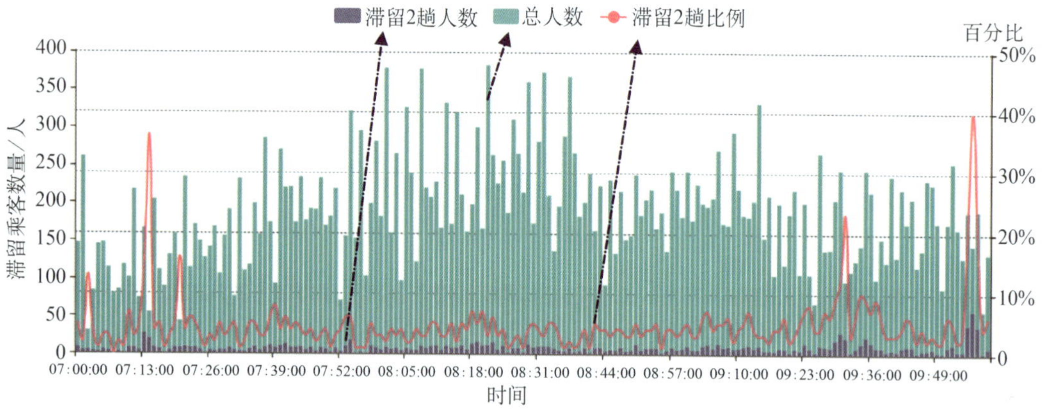

图 6-33　某工作日早高峰站台滞留乘客情况及滞留比例

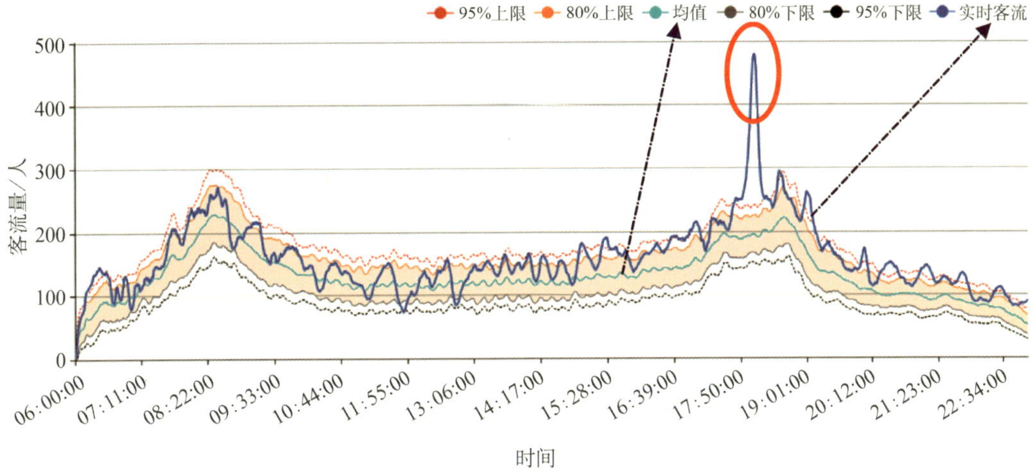

图 6-34　某车辆故障条件下 H 站 1 号线站台客流量

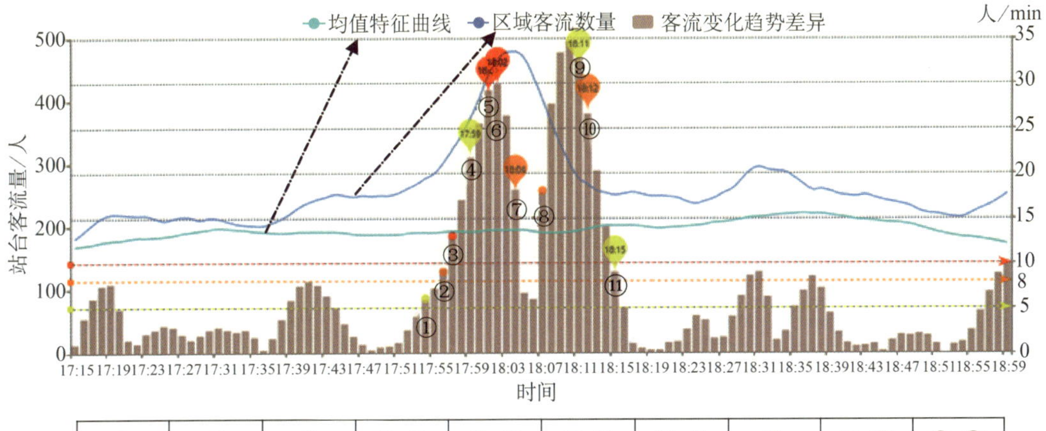

①	②	③	④-⑤	⑤-⑥	⑥-⑦	⑦-⑨	⑧	⑨-⑩	⑩-⑪
17:54	17:56	17:57	17:59 — 18:00	18:01 — 18:02	18:03 — 18:04	18:05 — 18:11	18:07	18:11 — 18:12	18:13 — 18:15
开始达到黄色界限	开始达到橙色界限	开始达到红色界限	黄色异常提醒	红色异常提醒	橙色异常提醒	黄色异常提醒	开始达到橙色界限	橙色异常提醒	黄色异常提醒

图 6-35　站台客流量变化异常提示

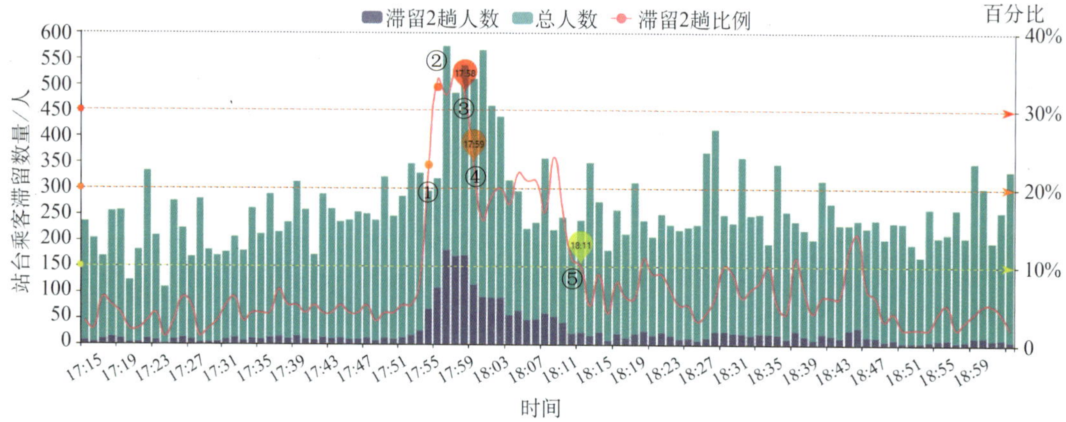

①	②	③	④	④-⑤
17:54	17:55	17:58	17:59	18:00 — 18:11
开始达到 橙色界限	开始达到 红色界限	红色异常提醒	橙色异常提醒	黄色异常提醒

图 6-36　站台乘客滞留异常提醒进程回顾

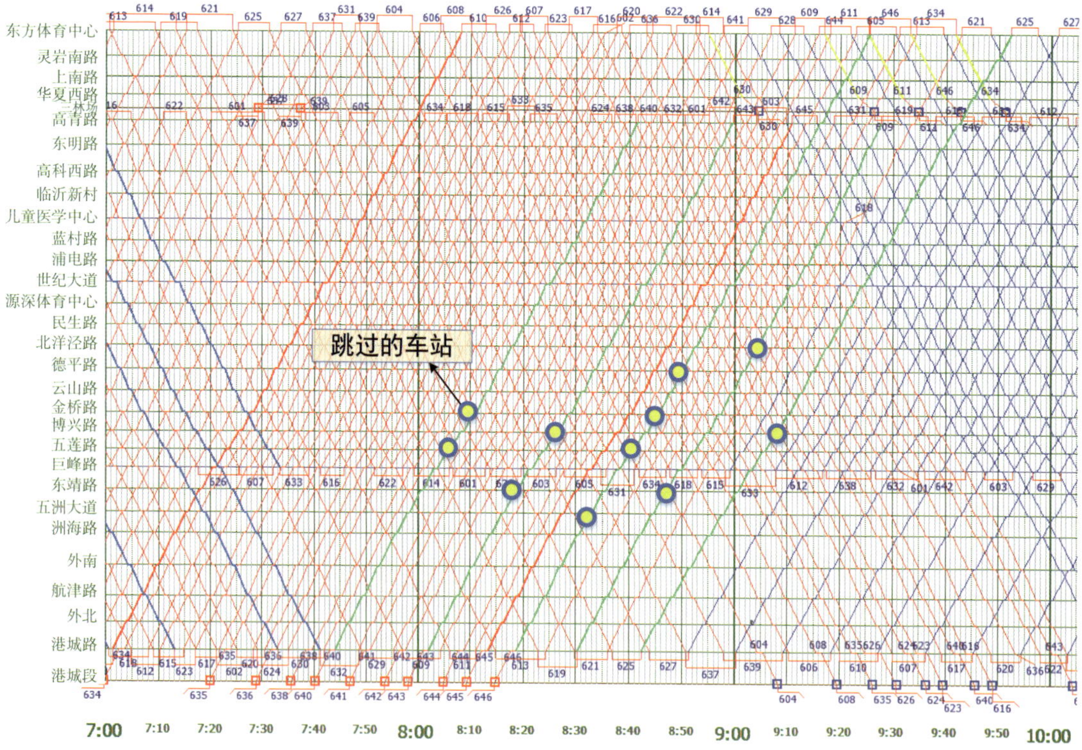

图 7-23　某线列车跳停优化方案